多向互动作文

——用思维导图学作文

（中级）

顾亚莉　主编

光明日报出版社

图书在版编目（CIP）数据

多向互动作文：用思维导图学作文：中级 / 顾亚莉主编 . -- 北京：光明日报出版社，2021.4

ISBN 978-7-5194-5884-3

Ⅰ. ①多… Ⅱ. ①顾… Ⅲ. ①作文课—教学研究—小学 Ⅳ . ① G623.242

中国版本图书馆 CIP 数据核字（2021）第 057533 号

多向互动作文：用思维导图学作文：中级

DUOXIANG HUDONG ZUOWEN:YONG SIWEI DAOTU XUE ZUOWEN:ZHONGJI

主　　编：顾亚莉

责任编辑：李月娥　　责任校对：张　幽

封面设计：中联华文　　责任印制：曹　诤

出版发行：光明日报出版社

地　　址：北京市西城区永安路 106 号，100050

电　　话：010-63169890（咨询），010-63131930（邮购）

传　　真：010-63131930

网　　址：http://book.gmw.cn

E - mail：liyuee@gmw.cn

法律顾问：北京德恒律师事务所龚柳方律师

印　　刷：三河市华东印刷有限公司

装　　订：三河市华东印刷有限公司

本书如有破损、缺页、装订错误，请与本社联系调换，电话：010-63131930

开　　本：170mm × 240mm

字　　数：287 千字　　印　　张：20

版　　次：2021 年 4 月第 1 版　　印　　次：2021 年 4 月第 1 次印刷

书　　号：ISBN 978-7-5194-5884-3

定　　价：68.00 元

编委会

目　录

CONTENTS

读《汤姆·索亚历险记》有感 …………………………… 177

一幅漫画的启示 ……………………………………298

01 我的心爱之物

胡岳松

每个人都有自己特别钟爱的东西，像琦君笔下故乡的桂花、冯骥才眼中可爱的珍珠鸟。你的心爱之物又是什么呢？

是你最爱的玩具小熊，还是你亲手制作的陶罐？

是你养了一年多的绿毛龟，还是你在海滩上拾到的贝壳？

是爸爸奖励你的旱冰鞋，还是妈妈在寒冷冬夜为你赶织的围巾？

是好朋友转学时送你的风铃，还是舅舅在你生日时送的瓷虎？

…………

想想你的心爱之物是什么，写写它是什么样子的，你是怎么得到它的，为什么会成为你的心爱之物。

围绕心爱之物，写出自己的喜爱之情。

办一期“我的心爱之物”习作专栏，贴上作文和图片并与同学分享。

一 对话名师，明确要求

星星：老师，这次作文要求写“我的心爱之物”，那么我可以选择写什么内容呢？

老师：本次作文内容选择的范围很广，因为我们每个人都有自己特别钟爱的东西，只要是自己喜爱的事物，都可以成为本次写作的对象。可以写你收到的礼物，也可以写你养的小宠物，还可以写对你来说有着特殊意义的物品。

文文：这次习作的重点应放在什么地方呢？

老师：写作时除了要写出心爱之物的外形，也可以回忆一下你是如何得到这个心爱之物的，也就是你和心爱之物之间发生的难忘的事情。最重要的一点，要写出是什么原因让你对它产生了喜爱之情。这样，才能让读者真切地感受到这个物件确实是你的心爱之物。

星星：那么，我们在写作时有什么要注意的地方吗？

老师：很多同学在写我的心爱之物时，会用大量的笔墨来写心爱之物的外形，甚至写成了说明性文章，那样你就没有抓住本次习作的重点。文章重点是要写出你对它的喜爱之情，贵重物品可以是心爱之物，普通的东西也可以是心爱之物，重要的是心爱之物对自己来说有特别的意义。

二 对话课文，感悟表达

老师：我们先来走进第一组课文，学习一下作家是如何“写一种事物，表达自己的情感”的。我们先看本单元的《白鹭》这篇文章，看看从中可以借鉴哪些表达方法。

星星：我最喜欢读郭沫若先生写的《白鹭》。课文的第二至第五自然段，作者生动地描写了白鹭“色素的配合，身段的大小，一切都很适宜”。

通过白鹤、朱鹮、苍鹭的鲜明对比，以及对白鹭的蓑毛、长喙、脚的具体描写，彰显白鹭颜色、身段的精巧及和谐之美，字里行间都流露出对白鹭的喜爱。

文文：是的，我读着也有这样的感觉。我们写作时也要学会抓住心爱之物的外形特点进行描写。或许是“心爱之物”的样子特别漂亮、可爱，让人爱不释手，自然而然心生喜爱之情。

老师：我们再来研读《落花生》《桂花雨》《珍珠鸟》等课文，寻找作者写作的秘诀。

星星：读了《落花生》，我知道了这篇课文虽然没有像《白鹭》一样具体描写事物的外形特点，但是作者通过对比，写出了落花生的朴实无华却有用的特点，蕴含着深刻的哲理。

文文：琦君笔下的桂花雨真美啊！《桂花雨》描写了桂花香和摇花乐，寄托了作者最深的思乡之情，细腻生动的描写，让人仿佛身临其境。

星星：冯骥才先生的《珍珠鸟》，写了人与鸟之间逐步建立信任的过程，小鸟传神的动作、神态让人心生喜爱，我被人与鸟之间互相信赖的情感深深打动。

文文：是呀，课文里这些好的写作方法就像一串串珍珠在字里行间闪闪发亮。我们可以运用这些方法来完成我们这次的习作。

我感悟的方法

三 对话高手，学习方法

认识一下作文高手赵歆彤。

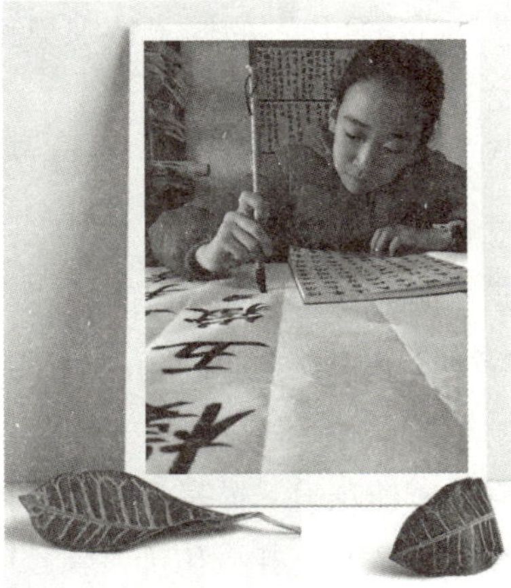

她，爱玩爱笑，能和同学打成一片。她，爱看书，爱写作文，爱画画，能闹能静。她，长大了想当一名宇航员，去看看与现在世界不一样的美景，把看到的美景写成书、画成画跟大家分享。

我的心爱之物

赵歆彤

如果我跟你说我的心爱之物只是一根放在猫粮边上的逗狗绳，你是否会惊讶？其实，我也说不清楚这是为什么。

扭过头去，在记忆中，去找那些发出金光的美好瞬间吧！

记得那是前年，我拥有一只忠诚而又机智的中华田园犬，我希望它每天开开心心，于是给它起名为Happy，那根逗狗绳的原主人就是它。

那是一只可爱的狗，一身黄色的毛，两只大眼睛像两个水晶球。每当我拿出逗狗绳，Happy的目光会跟着逗狗绳走，紧紧盯着蓝紫相间的绳子中的一个黄球。

每当这时，我会得意得很。有时，我会故意把逗

星星的点评

设置悬念，引起读者阅读兴趣。

时空转换，时间切换到曾经的那段美好回忆。

狗绳放在Happy跟前，在它马上就要咬到时，“嗖”的一下抽回来，急得它“呜呜”直叫；有时，我会故意放得很高，让它怎么也够不到。只见它使出浑身解数——两只后腿使劲站立着，将两只前爪放在胸前。只有当它急了眼，我才会将逗狗绳往前一扔，它便像一匹脱疆的野马一般，拼命地向前跑，叼住逗狗绳后一路小跑回来，真是可爱极了。

通过动作、神态等描写，写出了作者和小狗Happy的美好时光，这是小作者心里铭记的。

直到有一天，它不告而别，这根逗狗绳便失去了玩伴。

拟人手法，生动刻画出逗狗绳和小狗Happy的关系密切。

去年，我家又来了一只稳重的阿拉斯加犬。我兴奋地拿出这根逗狗绳靠近它，它将爪子放在我的手臂上，往边上一推，示意不要玩，然后就闷头吃东西，原来它是一个“吃货”，只对吃感兴趣。从那时起，这根逗狗绳便放在一个纸箱里，逐渐被我遗忘了。

一直到这次寒假，我和邻居家的猫成了朋友。在玩耍中，我又想起了这些美好回忆。于是，逗狗绳又被我翻了出来，成了猫的玩具。

这本是一根普通的逗狗绳，却因这些美好的回忆而变得不再平凡。

总结性结尾，简单中可以品味出对美好回忆的怀念之情。

星星梳理的思维导图：

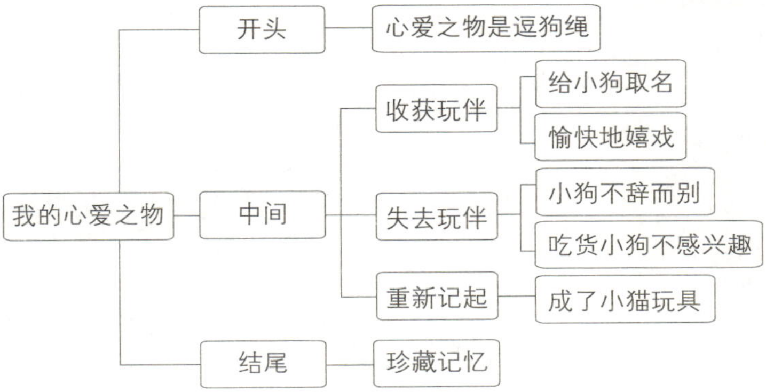

星星：歆彤，我认真欣赏了你的作文，还梳理了文章的思维导图。但我很好奇，你为什么会选择逗狗绳作为你心爱之物来写呢？

赵歆彤：每当我看到这根逗狗绳，我总会想起我的那只可爱的中华田园犬 Happy，总会想起和它在一起的欢乐时光，曾经的欢乐和笑声仿佛就在我的身边。我把自己对 Happy 的喜爱之情全部寄托在这根逗狗绳上了。

文文：我明白了，其实心爱之物不一定是多么漂亮、多么珍贵的物品，只要它的身上有着我们曾经的美好记忆，有着一段难忘的故事，它一定会成为我们的心爱之物。

赵歆彤：是的，我们在作文选材时，可以另辟蹊径。这根不起眼的逗狗绳，可能在很多人眼里算不上什么。但是对于我来说，真是太难忘了。我想大家通过我的作文，一定能明白我为什么如此喜爱它了。

星星：我还发现你在回忆中写了 Happy 活泼可爱的一面。它的一举一动，尤其是你拿着逗狗绳和它玩耍时的场景写得真好！正是通过这些细节描写，把自己的情感也融入其中，是这样吗？

赵歆彤：是的！因为逗狗绳太普通了，所以我没有像其他同学一样重点写它的外形。我选择通过回忆和 Happy 的美好时光，以及阿拉斯加犬对逗狗绳的毫无兴趣作比较，更加突出我对那段快乐时光的珍爱。眼前的逗狗绳也成了那段时光的美好寄托！

我的发现

四 对话佳作，开拓思路

毛绒北极熊

陈页廷

生活中的礼物就像沙滩上五彩斑斓的贝壳，而我的心爱之物——毛绒北极熊，便是这美丽贝壳中，最闪亮、最耀眼的一个。它是我爱不释手的一个。

那是我们全家到青岛海洋馆游玩时，我一眼就喜欢上的毛绒北极熊。妈妈架不住我的软磨硬泡，终于让我如愿以偿。我抱着北极熊左看看、右看看，亲了又亲。它的模样憨憨的，看起来还有一些呆萌，身上覆盖着一层厚厚的白色绒毛。两只眼睛黑黝黝的，还透着光泽，仿佛两颗黑宝石。小小的椭圆形鼻子上还有两个小孔，这样的细节不得不让我感叹做工的精致与逼真。鼻子下面是北极熊笑成月牙形的嘴巴，好像在说："小主人，我愿意陪伴你，我愿意为你效劳！"它的四肢里面装着两个小沙袋，很有垂感，能够牢牢趴在某个地方。毛绒北极熊的整个身体很柔软，我躺在它的身上舒服极了。每当夜幕降临，它就像妈妈一样抱着我入睡。

我和毛绒北极熊可不止这一个故事。我们全家去爬山时，我也不会忘记我的北极熊，它懒洋洋地趴在我的肩上。山路陡峭难行，爸爸妈妈都累得气喘吁吁，我也费了九牛二虎之力。就快要登到山顶时，被喜悦淹没的我一时大意，踩到一颗小石子，脚一滑，身子一歪就向后倒去，这可吓坏了我的爸爸妈妈。我更是吓得面无血色，可摔到地上后，我反应过来——怎么不痛呢？原来肩上的毛绒北极熊承受了我身体的

文文的点评

开题点明小作者的心爱之物。

先整体后局部，用比喻和拟人的修辞生动形象地表现了毛绒北极熊的做工精致、憨态可掬，字里行间流露出小作者对北极熊的喜爱之情。

外貌吸引人的毛绒北极熊不仅可供观赏，还可以拥小作者入眠。

重量，在我摔倒时给我当了垫子，没有让我受到伤害。我心里想："还好有这个可爱的熊熊替我'挨痛'。它真是我的守护神呀！危急时候幸亏它的'挺身而出'，护我周全。"我爬起来，高兴地举起毛绒北极熊，把它高高抛到空中再接住。那一刻，它就是我的超级英雄！

经过这事，我更加喜爱我的毛绒北极熊了。空闲时间总喜欢跟它玩，跟它抛高高。我经常用它的前爪蹭我的脸，柔软的皮毛弄得我痒痒的。每当我不开心的时候，我会把烦心的事一股脑地说给它听。说完了，我感觉自己心情舒畅多了，而它依然默默地倾听着。

毛绒北极熊是"我"倾诉的对象，让"我"排解情绪，使"我"心情舒畅。

夜晚来临时，是它为我壮胆助我入眠。千钧一发时，是它帮我化解危机。它给了我力量，也让我想到要用自己的能力去保护身边的人。我的心爱之物不仅仅是一个物件，更是我的精神动力。

毛绒北极熊虽然只是一个物件，但是能够拥"我"入睡、护"我"周全、听我倾诉，是"我"的精神寄托。

文文梳理的思维导图：

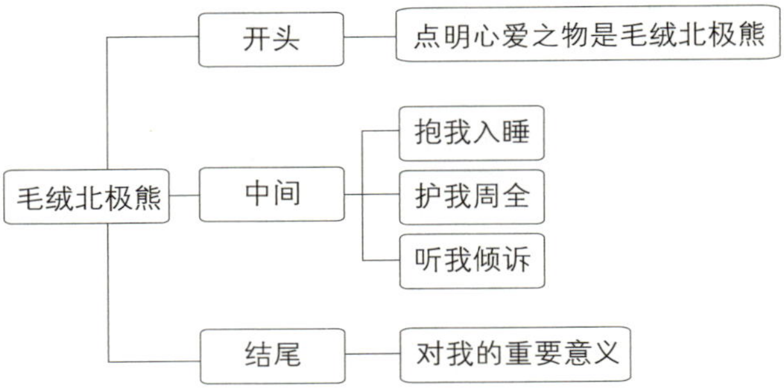

外婆家的大公鸡

王熙灿

俗话说：萝卜青菜，各有所爱。说起心爱之物，有的人喜爱刀枪剑弩，有的人对洋娃娃情有独钟，还有的人则对自家的小宠物颇为怜惜……而我却对外婆

星星的点评

（我能帮星星补充完整余下部分）

以列举的方式开

家的那只大公鸡爱不释手，它给我的童年生活平添了很多乐趣……

外婆家的大公鸡那可不一般。它体格强健，身上的毛金黄金黄的，在阳光下熠熠生辉，犹如披了一件黄金战甲，再加上尾部那一簇碧蓝的鸡毛，让大公鸡显得更神气十足了。它的鸡冠非常大，火红火红的，就像一把正在熊熊燃烧的火炬。相比之下，它的鸡爪就显得很小巧了。但是你别看它小，却极具杀伤力。如果你的手被它不小心挠一下，那可是会留下非常惨烈的抓痕，会让你感到一阵钻心的疼。鉴于它的样子英武、神气，又带有十分厉害的“杀伤性武器”，所以我给它取名——“战斗机”。

“战斗机”还有一件秘密武器——鼻子。它那小得不能再小的鼻子就如同装上了GPS定位系统，在千米之外食物的味道都会被它迅速“接收”到，继而收为囊中之物。这只GPS灵敏鼻，还引发过一次“世界大战”。

那天，我在外婆家院子里吃玉米，不小心掉了一些玉米粒，我还没瞧见呢，那“战斗机”便以迅雷不及掩耳之势冲了过来。可它还是来迟了一步，几只小母鸡早已虎视眈眈地围着玉米粒站着了，双方对峙了一会儿。看这架势免不了一场“腥风血雨”。且看那“战斗机”依然是一脸的神气与傲慢！它冷冷地瞥了一眼敌方，“喔……”仰天一声长鸣，随即冲到几只母鸡跟前，双方你顶我，我撞你，谁也不放过谁。我看着“战斗机”以男欺女，生怕体质柔弱的小母鸡受伤，便轻轻绊了它一脚。妈呀，这下可好，激怒了它，它起身一跃，飞了起来，都快飞过我头顶了，吓得我赶紧跑，可它还在后面紧追不舍。这光跑也不是办法，我

头，突出小作者的心爱之物是外婆家的大公鸡，明确中心，预示下文着重介绍大公鸡。

运用了比喻、拟人的修辞手法，对鸡毛、鸡冠、鸡爪这三方面进行了生动细致的描写，一只神气活现的大公鸡形象跃然纸上。

就壮起胆站着跟它对峙。我指着它说："你不要以为平日里我宠爱你，你就可以无法无天了，今天看我怎么收拾你！"不知是被我的阵势吓住了还是突然蒙圈了，只见它愣住一动不动，足足持续了10秒钟。我正扬扬得意呢，没想到它一个箭步蹿上来啄了我，我疼得直掉泪。眼见我败下阵来，"战斗机"像打了兴奋剂一样，转身向那几只小母鸡冲过去，一头将它们全撞开了，其中两只甚至被撞出了几米远。"战斗机"环顾四周，见我们都没了"招架之力"，它便踱着方步，大摇大摆地走到玉米粒跟前，一粒不剩地将玉米粒吃进自己的将军肚里，一顿吃饱喝足之后，便扬长而去。

这场"世界大战"最终以"战斗机"雄赳赳气昂昂地离去而收尾。看着它神气活现的样子，我可真是无可奈何，谁叫我这么喜爱它呢？

虽然时不时会跟"战斗机"闹点小矛盾，但是在大多数情况下，我们都能友好相处，在一起玩得很开心。它陪伴我度过了好多日子，给我留下了许多美好的回忆。如果说我的童年是一片夜空，那么我的心爱之物——"战斗机"就是夜空中的星星，而且是最闪亮的那一颗……

我能帮星星补充完整余下部分的导图：

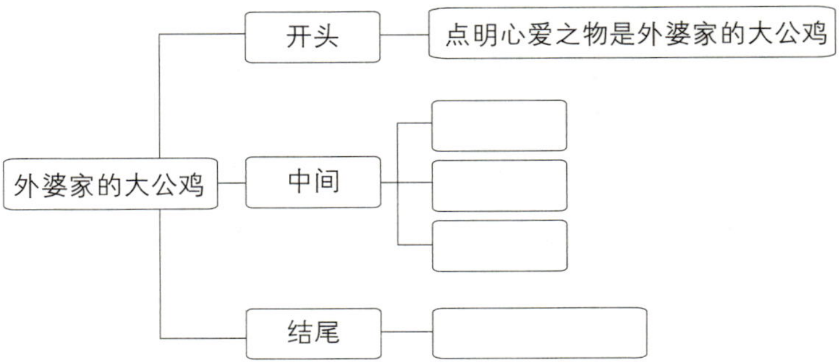

直升飞机模型

冯宗浩

我的点评

我有一架小型的直升机模型，它是爷爷奶奶送给我的生日礼物。它不仅精巧美观，而且非常好玩，给我的课余生活增添了无限的乐趣。

这架直升机模型穿着有一道道白色条纹的红外衣，在阳光下特别引人注目。直升机的顶上有一个巨大的红白相间的螺旋桨，一发动起来，它就快速旋转，发出“呼呼呼”的声音。它的身子像一只庞大的海豚，机舱前有两块遮光玻璃，它能保护飞行员的视力，遮挡外边的强光。机舱内并不宽敞，只容得下三四个人。机尾尖尖的，像一只大蜻蜓的尾巴。它还有两个黑色的高高大大的起落架，稳稳当当地托住了直升机的全身。

我一有时间，就“驾驶”直升机到宽阔道路上进行飞行训练。我拿着遥控器，看着直升机，“命令”它开始训练。上冲、下俯、左躲、右闪、直行、转弯……哇！好酷呀！我越来越崇拜它了。看着眼前这个“骄傲自大”的直升机，我决定给它增加点难度，并给它设置了一次“闯关”。闯关关卡分别有“火圈”穿梭、碟子“隧道”与“狂风”冲击。我得意地想：“这次它肯定得撞‘死’。”可直升机却毫发未伤地通过了。它出色的表现让我欣喜若狂，高兴得手舞足蹈，对它更是佩服得五体投地了。望着那精美别致、小巧玲珑的直升机模型，我仿佛戴上了专属头盔，穿好了飞行服，坐在机座上，熟练地操纵着直升机，飞在蔚蓝的天空上，飞过祖国的大好河山。在飞行中，救助灾难中的人们，也运送军事物资，将敌军打得落花流水、屁滚尿流……

忽然间，我从幻想中回到了现实。我暗暗下定决心：我今后一定要好好学习，当一名飞行员。不单单开直升机，还要开运输机，运输救灾物资，更要开“空中战士”战斗机来保家卫国，保卫祖国的这片大好河山。

我梳理的思维导图：

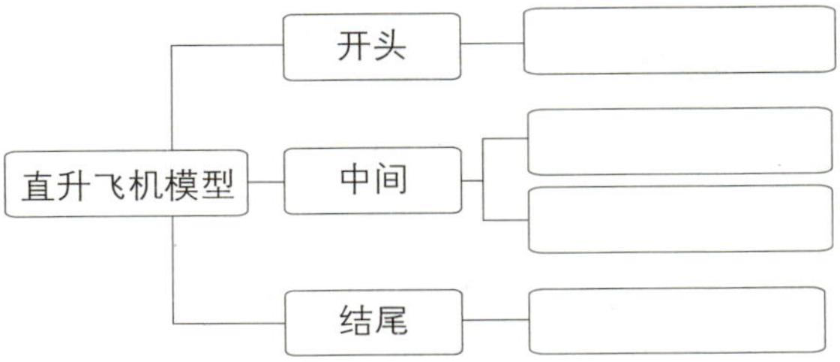

五 对话体验，整理素材

老师：我们身边可以描写的物品太多了，那么到底哪些算得上是自己的心爱之物呢？这就需要同学们打开思路，在脑海里搜寻自己的“心爱之物”，为习作锁定一个描写的对象。我们和伙伴们一起去寻找吧！

星星：我发现习作导语中列举了许多可以描写的事物，如玩具、手工制品、动物、衣物……可见我们描写的“心爱之物”范围很广，可以写的事物也很多。但是我想这些看似平凡的事物，并不是每一个都是自己的心爱之物。我们可以选取含义深刻的、能以小见大的事物作为文章的材料。比如，我养了一年多的绿毛龟，它不仅活泼可爱，而且还成了我形影不离的好朋友，我就可以去写写它。

文文：是的，我觉得可以选自己熟悉的，确实觉得喜爱并有话可写的事物作为心爱之物。那样我们不光有内容可写，而且更容易写出自己的真情实感。我没有养过绿毛龟，写得肯定没有你那么有经验。但是我有一支精美的钢笔，是我一个已经转学的最好的朋友送给我的，这支钢笔对我来说意义非凡，我想这就是我的作文与众不同的地方。

星星：我觉得心爱之物选取的物品要联系生活，表达积极向上的情感。同时我们也需要仔细观察，把心爱之物的样子写清楚。比如，介绍一种蔬菜或水果，应该充分调动视觉、味觉、嗅觉，从它的外形、颜色、口感来描写；介绍电器、文具、玩具应重点从其外形、结构、功能等方面来入手，要注意按照一定的顺序抓住特点来写。

文文：当然，我觉得联想和想象是作文制胜的一大法宝，写作时能够合理展开有意义的想象，也能拓展我们的习作空间。

我的心爱之物

星星：去年生日的时候爸爸送我一个地球仪，我对它爱不释手，我想从下面几方面来介绍一下它：

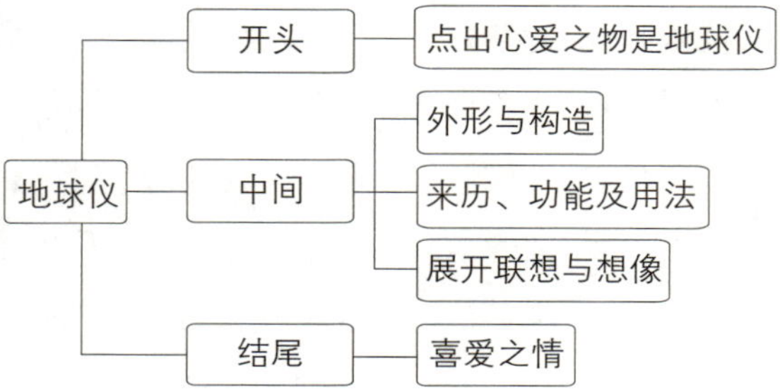

文文：我准备写我家那只可爱的小狗，我对它太了解了，它也是我最好的伙伴，我打算从以下几方面去写：

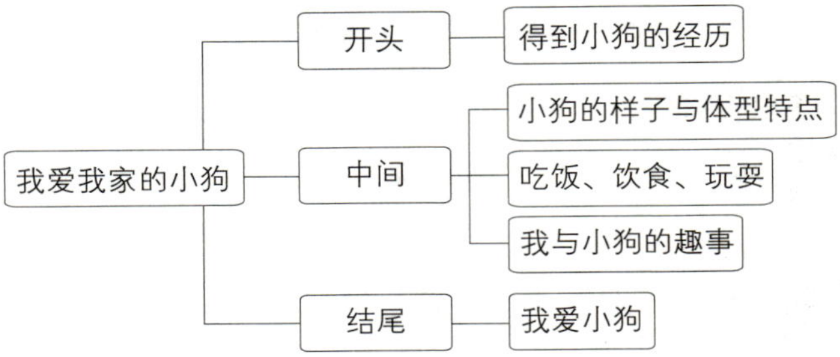

我的思维导图

六 对话积累，激活语言

我收集了许多备用词句，我会根据表达需要选用好词佳段。

一、词语盘点

描写植物：香气袭人 郁郁葱葱 婀娜多姿 亭亭玉立 含苞欲放
枝繁叶茂 姹紫嫣红 春意盎然 争奇斗艳 欣欣向荣

形容动物：细嚼慢咽 慢条斯理 可怜巴巴 活蹦乱跳 耀武扬威
饿虎扑食 气喘吁吁 贪吃好睡 古灵精怪 抓耳挠腮

表达喜爱：惹人喜爱 心满意足 亲密无间 形影不离 善解人意
忠心耿耿 心花怒放 爱不释手 情有独钟 如数家珍

二、佳句集萃

1. 江南的雪，可是滋润美艳之至了；那是还在隐约着的青春的消息，是极壮健的处子的皮肤。雪野中有血红的宝珠山茶，白中隐青的单瓣梅花，深黄的磬口的蜡梅花；雪下面还有冷绿的杂草。蝴蝶确乎没有；蜜蜂是否来采山茶花和梅花的蜜，我可记不真切了。——鲁迅《雪》

2. 小猫满月的时候更可爱，腿脚还不稳，可是已经学会淘气。一根鸡毛，一个线团，都是它的好玩具，要个没完没了。一玩起来，它不知要摔多少跟头，但是跌倒了马上起来，再跑再跌。它的头撞在门上，桌腿上，撞疼了也不哭。它的胆子越来越大，逐渐开辟新的游戏场所。

——老舍《猫》

3. 但兴趣并不专在看花，种了这小东西，庭中就成为系人心情的所在。早上才起，工毕回来，不觉总要在那里小立一会儿。那藤蔓缠着麻线卷上去，嫩绿的头看似静止的，并不动弹；实际却无时不回旋向上。在先朝这边，停一歇再看，它便朝那边了。前一晚只是绿豆般大一粒嫩头，早起看时，便已透出二三寸长的新条，缀一两张长满细白绒毛的小叶子，叶柄处是仅能辨认形状的小花蕾，而末梢又有了绿豆般大一粒嫩头。

——叶圣陶《牵牛花》

4. 没有一个人将小草叫做“大力士”，但是它的力量之大，的确是世界无比。这种力，是一般人看不见的生命力。只要生命存在，这种力就要显现，上面的石块，丝毫不足以阻挡。因为它是一种“长期抗战”的力，有弹性，能屈能伸的力，有韧性，不达目的不止的力。——鲁迅《野草》

5. 世界上的生物，没有比鸟更俊俏的。多少样不知名的小鸟，在枝头跳跃，有的曳着长长的尾巴，有的翘着尖尖的长喙，有的是胸襟上带着一块照眼的颜色，有的是飞起来的时候才闪露一下斑烂的花彩。——梁实秋《鸟》

6. 君子兰花香很淡，而花色极浓，几十朵相拱而立，能够立到几十天！它们群立在你的面前给你力量，给你鼓舞。因此我虽然也喜爱玫瑰的浓香和桂花的幽香，但在数日之内，便瓣落香消，使人惆怅，而使我敬佩的还是君子兰！——冰心《话说君子兰》

三、精彩首尾

开头：

1. 即使在不怎么冷的日子，我也喜欢围上围巾。虽然它是一条不起眼的围巾，但它的抚触亲暖，犹如南风中的琴弦，把世界遗留在恻恻轻寒中，我的脖间自有一圈暖意。（开门见山，运用比喻，铺垫下文）

2. 我爱繁花老干的杏，临风婀娜的小红桃，贴梗累累如珠的紫荆，但最恋恋不舍的是西府海棠。（运用排比，强调重点，点出喜爱之情）

3. 香气就是从马樱花的这一片绿云里洒下来的，洒满了整个院子，洒满了我的全身，使我仿佛在香海里游泳。（运用比喻，生动形象，人景合一）

4. 我有张小小的书桌，它又窄又矮，破旧极了。在外人眼里简直不成样子，上面的漆成片地剥落下来，残余的漆色变得灰暗发黑，连我自己都认不准它最新是什么颜色。桌面又满是划痕硬伤，还有热水杯烫成的一个套起来的深深浅浅的白圈儿。它一边只有三个小抽屉，抽屉的把手早不是原套了，一个是从破箱子上移来的铜把手，另外两个是后钉上去的硬木条。别看它这副模样，三十年来，却一直放在我的窗前，我房间透进光来的地方。（描写细致，让人印象深刻）

结尾：

1. 有这样的韧性，能这样引起我的幻想，我爱上了夹竹桃。（总结全文，表达赞美之情）

2. 书，与我而言，是不可或缺的。没有了书，就像一个人没有了亲人，没有了朋友，只剩下孤零零的自己，那生活也就毫无意义了。书，我的心爱之物。（比喻贴切，表达喜爱）

3. 时间如白驹过隙，我从曾经的懵懂孩童，变成了独立懂事的少年。洋娃娃呢，似乎变了，又似乎没变。变，它变黑变旧了；没变，是它始终在微笑着倾听着。洋娃娃，眼睛不会眨，嘴巴不说话，是我成长旅途中无言的伙伴。（通过对比，表达情感）

4. 太阳照射的时候，三角梅的每朵花都泛溢着红色的光晕。而风儿一吹，它的每朵花都像一只火红的蝴蝶张开了翅膀，扇动着，奋争着，仿佛要挣脱枝头，翩翩飞去。生命，真是有着说不清道不明的奥秘和潜能呢！（意蕴深长，回味无穷）

七 对话自我，升格提优

一、左右对比，巩固写作要点

原文：

我心爱的乐高玩具

黄子桦

提到乐高玩具，想必许多人像我一样喜欢到了心底，为什么我不喜欢其他玩具，而对乐高情有独钟呢？

这个乐高玩具是我十岁时的生日礼物。当我拿到它时，我很开心。我打开一看，里面有许多零件，看说明书可以拼出很多造型，拼出来的图案也是五花八门，看上去很漂亮。

我准备开始拼我喜欢的造型了，这么多的零件拼起来可真不容易，我一会儿按，一会儿转，一会儿贴，想尽各种办法，只是搭建了初步模型，那一刻我真想放弃了。

提升点：

开头要直接点题，让读者知道你最喜欢的玩具是乐高。

乐高玩具到底是什么样子的，可以展开介绍。

如何拼装乐高可以描写更详细些，这也是乐高带给你的乐趣。

把自己在玩乐高时的心理活动真实写出来，文章就更真实了。

当乐高拼装成功时，看着眼前的成果，你应该有很多话可以述说。

升格文：

我心爱的乐高玩具

黄子桦

我的家里有各式各样的玩具，但提到这种玩具我对它则是爱不释手、情有独钟，那就是我的乐高玩具了。

这个乐高玩具是我十岁生日时的礼物。当时我一拿到它，兴奋不已，迫不及待地拆开包装盒，发现里面藏了好几包小零件。这些零件的颜色鲜艳丰富，有红色，有绿色，有黄色，有紫色……形状也是各不相同，有长方形，有圆形，还有梯形的呢！

我赶紧找出了乐高图纸，开始仔细地研究拼装步骤。我一边看着图纸，一边寻找匹配的零件，将它们一一按照图标的方向，正确地连接在一起。为了拼装这些小零件，我可是使出了十八般武艺：按、转、插、旋、摁、装、贴……真是费了九牛二虎之力。

时间不知不觉地流逝，我把手

但是我转念一想，我可不能这样轻易放弃，老师说过我们做事情不能半途而废，我又接着开始拼装。没过一会儿我喜爱的造型终于拼好了，是一个乐高水上世界，真酷啊！

乐高带给我快乐，也让我明白做事要认真，我好喜欢乐高啊！

结尾稍显简单，建议总结式结尾可以使主题更加突出。

指都按疼了，脖子也酸了，此时我真有点想放弃，但我立即打消了这个念头，又接着埋头苦干了。

终于，我的努力没有白费，我设计的乐高水上世界完美建成啦！展现在眼前的是一座巨大的城堡，里面有长长的滑梯、大型游泳池，还有火车轨道……两个小人从滑梯上飞速地滑下来，太有趣了！看着眼前的场景，我笑得合不拢嘴。

乐高玩具不仅让我在学习之余动手动脑，还培养了我做事耐心细致、坚持到底的好习惯。听了我的介绍，你们一定也爱上乐高玩具了吧！

二、与同学互改互评

同学的修改建议

三、自我修改评价

我的评价

四、此次作文评价参考标准

评价参考标准

1. 内容具体，语句通顺。（加1★）
2. 用了三个以上好词好句。（加1★）
3. 写出物品的特点，有条理。（加1★）
4. 写出心爱之物的来历，叙事清楚。（加1★）
5. 写出自己的喜爱之情，能给读者留下深刻印象。（加1★）

02 “漫画”老师

洪丽娜

你喜欢看漫画吗？漫画里的人，特点非常突出，配上独特的画风和夸张的情节，往往能给我们留下深刻的印象。

如果要给一位老师画漫画，你会选择谁呢？

是总爱穿裙子，说话像连珠炮的语文老师？

是整天笑眯眯，走路像一阵风的数学老师？

还是上课时“怪招”迭出，课后和同学们打成一片的体育老师？

…………

让我们把这些可爱的老师用文字“画”出来吧！

先想想你的老师在外貌、性格、喜好等方面有什么突出的特点，再选择一两件能突出其特点的事情来写。

写完后，可以读给你写的这个老师听，问问他对你的习作有什么意见或建议。

一 对话名师，明确要求

星星：老师，这次作文要求写“漫画”老师，那么可以写哪些老师呢？

老师：本次作文写作内容的范围很广，只要是自己印象深刻的老师，都可以成为本次写作的对象。可以写自己比较熟悉的语文、数学、英语学科的老师，也可以写某些性格特征比较突出的科学、音乐、体育等小学科老师，只要是在外貌、性格、喜好等方面有什么突出特点的老师都可以选择来写。

文文：怎样才能写好这篇文章呢？

老师：写作时首先要注意通过细心观察，明确这位老师最突出的特点是什么。其次，人物的特点要通过具体的事情来体现，所以要挑选出一两件具体典型的事例来刻画老师的人物形象。也就是说事例的选择一定是要与人物的特点一致，比如，写老师的性格是幽默有趣的，那么事例的选择也要突出幽默有趣这个特点，前后要一致。

星星：写作时有什么要注意的地方吗？

老师：这是一篇写人的文章，那么我们在叙事的过程中要着重对人物进行细节描写，如外貌、语言、动作、神态、心理等，使文章显得生动、形象而真实。另外，既然是“漫画”老师，那我们在叙述上可以诙谐幽默些，也可适当运用夸张的手法来进行描述，增强文章的“漫画”味儿。

二 对话课文，感悟表达

老师：我们先来学习第二组课文，看看作者是怎样通过具体事例来写出人物的特点的，我们可以借鉴哪些表达方法。

星星：我发现刘章爷爷的《搭石》看似是在说搭石，其实却是通过讲家乡人们“摆搭石、踏搭石、走搭石、让搭石”等事例来反映家乡人们那种无私奉献、一心为他人着想的美好品质。

文文：我觉得司马迁爷爷在《将相和》中把蔺相如这个人物描写得非常形象生动。他通过“完璧归赵”“渑池会面”“负荆请罪”这三个事例刻画了蔺相如勇敢机智、以国家利益为重、不畏强权、顾全大局的精神。

星星：是的，我也感受到了。还有在“负荆请罪”这个故事中，我们也能看出廉颇将军性格直率，虽然有些居功自傲，但他在听完蔺相如的话后知错就改，人物的个性特点在故事的叙述中也得到了充分的体现。

文文：我发现《冀中的地道战》作者周而复先生，通过讲述冀中人民借助地道与敌人做斗争的故事，体现冀中人民的顽强斗志和无穷无尽的智慧。

我感悟的方法：

三 对话高手，学习方法

认识一下作文高手童梓焜。

他，吹得一手婉转悠扬的笛子，喜欢唱歌，天生的一副好嗓子，多次参加学校的合唱团，梦想长大当一名歌手，唱出让人心情愉悦的美妙歌曲。嘴永远闲不下来的他也喜欢各种语言类节目，不过他更喜欢看各种类型的书，享受徜徉其中的乐趣。

我的"黑白双面"老师

童梓焜

有些老师会随着岁月的流逝在我们的记忆中逐渐模糊，有些老师的模样或某个举动却会永远定格在我们的脑海中。我现在的班主任对我来说肯定是难以忘怀的，因为她性格非常鲜明，一个人身上能散发出两种截然不同的气质，就像漫画中的人物——"黑白双面"一样。

我的班主任老师姓洪，中等身材，一头棕黄色的长发总是垂在肩头。一双神采奕奕的眼睛笑起来就像月牙儿似的，不算高的鼻子下面有着一张樱桃小嘴，显得格外温柔可亲，让人感觉她永远不会发脾气。可如果你真是这样认为，那你可就只猜对了一半。

洪老师"白面"的时候，风趣和蔼。有一次我们吃完午饭回教室上课，可能是因为中午饭后的原因，大家都很犯困，教室里死气沉沉的。洪老师走进教室一看，微皱了一下眉头，随即她嘴角微微一翘，脸上浮起一丝搞怪的笑容，紧接着说道："别动，待俺老孙去外面把你们的魂找回来。"此话一出，效果立竿见影！我们都哈哈大笑起来，有些笑点低的同学直接笑趴在桌子上。这一顿笑，让我们个个都睡意全无，有精神听课了。

洪老师"黑面"的时候，那可就一点也不可爱啦！一张脸铁青着，那声音也比平时高了好几个调呢，让人感到像是在一个四面八方都是扩音器的房间里一样。比如，有一次，几个胆大顽皮的同学在自习课上大吵大闹。当那些同学玩得正"嗨"时，洪老师

星星的点评

开头点题，也直接写出了这位老师最大的特点就是性格上的两面性。

此处外貌描写写出了老师的温柔。

"只猜对了一半"，令人好奇，激发读者兴趣。

通过对老师的神态和语言描写，将洪老师的风趣和蔼展现了出来。

过渡自然，通过运用夸张的修辞手法，鲜明地突出了老师特点的同时，又让文章的语言幽默生动了些。

通过神态及动作描写，正面写出了洪

走了过来，见他们玩得如此无法无天，便迅速“变脸”，转为“黑面”，好似燃起熊熊怒火，三步并作两步，上前一把捉住了那些同学，提高嗓门劈头盖脸地训斥了他们一顿。虽然在那儿挨批的不是我们，但我们围观的同学也都低下了头，生怕洪老师转而向我们“开炮”。老师走后，那些挨了批的同学像变了一个人似的，自己带头不讲话，而且还去阻止别人自习讲上讲话。看来，他们算是被老师“治”得服服帖帖的了。这就是“黑面”洪老师。

老师训斥学生时生气的模样。

通过同学们的表现侧面说明洪老师“黑面”时的严厉。

真希望，洪老师能成为一个永远不发火的老师。但不管是“白面”还是“黑面”，表扬还是训斥，我知道洪老师都是为了让我们变得更好。所以，我很喜欢这位漫画里面走出来的“黑白双面”老师！

结尾点题，首尾呼应，文章浑然一体。

星星梳理的思维导图：

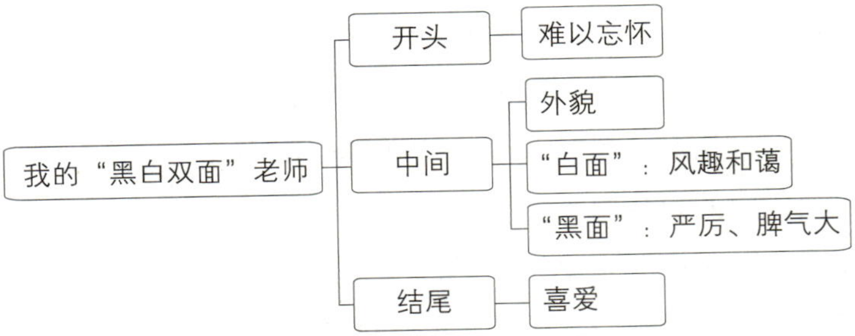

星星：童梓焜，我发现你是以两个对立的面来写你的“漫画”老师，为什么这样安排呢？

童梓焜：像这样由两个对立的面来展开描写，才能更好地说明洪老师性格上的两面性啊，而且我觉得这样叙述起来有“漫画味儿”，还能吸引读者呢！

文文：我发现你在写作时把洪老师的神态、动作这些描写得特别生动，你是怎么做到的呢？

童梓焜：这个呀，我觉得平时多留心观察是很重要的。只有这样，才能为我们的写作积累更多的素材，才能帮助我们在描写写作对象的时候做到具体、生动、形象。

星星：看来，不管写什么类型的作文，留心观察都很重要。

童梓焜：是的。除此之外，我们也要多多积累一些好词好句，还要适当运用一些写作手法，如正面描写和侧面描写相结合的方法、首尾呼应等。

我的发现

四 对话佳作，开拓思路

大肚腩老师

严彦彤

我见过我外公的肚子，一趴便像没了筋骨的软体动物一般立马塌陷了下去。可我从没见过我的体育老师赖老师这般模样的大肚腩。赖老师的肚皮可真圆啊，圆得就像那只与我擦肩而过，一弹一跳，一跳一弹，圆咕隆咚的大篮球；赖老师的肚皮可真大啊，就算包着毛衣也挡不住大肚子随时都要袒露出来的欲

文文的点评

对比式开篇引人入胜，激发读者兴趣。

运用比喻、拟人等手法写出赖老师大

望；赖老师的肚皮可真柔啊，活像个剥了壳的液体鸡蛋，跳起来一抖一抖的，碰一碰，就好比气球荡起了秋千，晃晃悠悠，悠悠晃晃，让人忍俊不禁。

“叮铃铃——”体育课铃声刚响，便见赖老师摇摆着身姿，挥动着那双打惯了太极的手，招呼我们整队上课。别看赖老师肚子大，里面可装着不少东西呢！凡是与体育搭边的似乎没有他不懂的，从球队说到球星，从运动说到养生，知识面可广了！特别是说话时，双手要么放在肚子前要么背在身后，像一位“翩翩公子”似的，但表情却十分可笑。

赖老师肚子大，也是“宰相肚里能撑船”，特别宽容大度。上课时总有那么几个淘气男生会故意跟老师做一样的动作，说一样的话，逗得大家哈哈大笑。这时的赖老师便会“凶”他们一句，可“凶”了一句，一转弯，又变成了幽默搞笑风。特别是体育测验时，赖老师总会和我们开各种玩笑，让我们紧提着的心，落下了那么一点点。

赖老师也特别善解人意。每次课将上完时，赖老师总不忘说一句“你们自由活动好咧！”看似漫不经心，实则正合了同学们的心意。大家欢呼雀跃四奔而散的时候，他则微眯着双眼，脸上露出了舒心的笑容，随后坐到操场边的木椅上，满眼慈爱地看着我们。我们几个同学喜欢去找赖老师，在他旁边，说话逗赖老师，所有人都是一脸笑意。下课后，跟赖老师说说话，似乎已经成了常态。

“叮铃铃——”每逢体育课的铃声响起，忍不住又想起大肚子的赖老师。那胖胖的肚腩，一下一下地跳动着，微风拂起一阵喃喃的话语。

肚子的特点，令人忍俊不禁。

通过神态、动作的描写生动地刻画了大肚子老师可爱的样子。

三个例子准确地表达宽容大度幽默的“大肚腩”的形象。

生动的语言、动作、神态描写，让人物形象栩栩如生。

想象诗意式结尾，让人回味无穷。

文文梳理的思维导图：

- 大肚腩老师
  - 开头
    - 圆
    - 大
    - 柔
  - 中间
    - 知识丰富
    - 宽容大度
    - 善解人意
  - 结尾
    - 难忘

我的“藏原羚”老师

范歌书

我的“藏原羚”老师高高瘦瘦的，有着一头乌黑的短发，总是架着一副金色边框的眼镜，看起来很是斯文。但让我们总是挂在嘴边讨论的是他那跟藏原羚一样敏锐的“千里眼”“顺风耳”和那张幽默风趣的嘴巴。

为什么说他有“顺风耳”呢？给你们举个例子吧！有一天“藏原羚”老师路过走廊时，听到离他足有三间教室远的校长在说要举行广播操比赛。听到这个消息后，他顿时皱起眉头，一副若有所思的样子，之后马上奔进教室和同学们说了这个消息，让大家早日行动起来练习。借着“顺风耳”的“情报”，我们抢占了先机，比其他班多练了好几天，最后获得了第一名的好成绩，这可都要感谢他的“顺风耳”哩。

说他有“千里眼”和一张趣嘴，这体现在同一件事上。那一天他在上课，有个角落里的两只“小虫子”开始搞起了小动作，这不，被老师的千里眼看到了。这时刚好讲到“聚精会神”这个词语的造句，他用搞笑

星星的点评

（我能帮星星补充完整余下部分）

“藏原羚”老师，很是新鲜。

点明“藏原羚”称谓的由来。

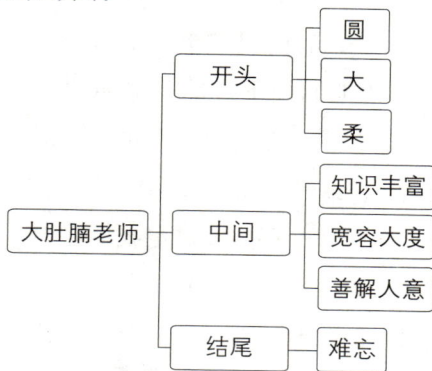

又严厉的眼神看着那两只“小虫子”，便顺口说道：“同学们都聚精会神地听课，有两只“小虫子”却在玩‘桌下党’游戏，希望他们接下去能认真听讲。”同学们听了，都哈哈大笑起来。那两只“小虫子”课后还在那儿嘀咕：“我们坐那么后面，又靠着墙，还把书本立起来挡着了，老师怎么还是能看清我们在干什么啊！唉，看来以后都要打起精神来上课咯！”

这就是我那幽默风趣的“藏原羚”老师，相信他也给你们留下了深刻的印象吧！

我能帮星星补充完整余下部分：

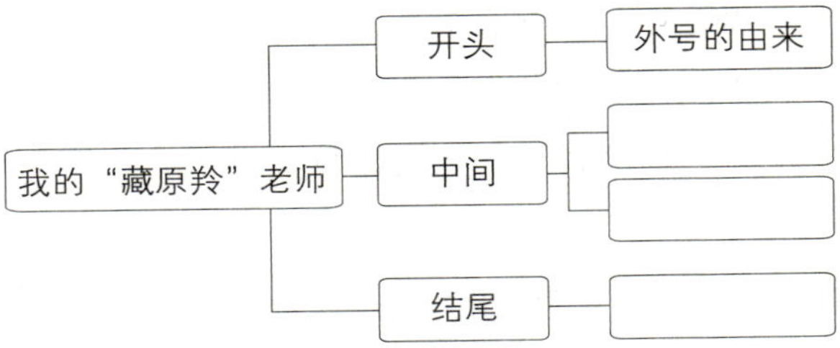

“川剧变脸”赵老师

尤王宁

我的点评

记得三年级时，我们班调来了一位新老师，她就是赵老师。赵老师很年轻，大学刚毕业，一条长长的马尾辫搭在她的后背。她的脸很白，但脸上却有雀斑，就像一锅白汤里加了几颗红枸杞似的，不过这丝毫不影响她的美丽。她的眉毛浓浓的，眼睛又大又圆，炯炯有神，嘴巴很大，同学们私下里都开玩笑说她能一口吞下一个大鹅蛋呢！

她有一个外号叫“大变脸”，变脸比翻书还快。

记得那是周二的第一节课，坐在我后面的同学叫储子俊，不但成绩差，上课还总爱往嘴里塞些小零食。可那一次他竟然胆子“肥了”，吃起了汉堡，搞得教室里的汉堡味可重了。这样的气味自然也传到了赵老师的鼻子里，只见她皱了一下浓眉，转而嘴巴微微扬起，笑着从口袋里变魔术似的抓出一把糖，说：“谁要是知道‘犯人’并上报给我，谁就可以拿一块糖。”谁知，储子俊举手说：“老师，我知道！‘犯人’是我前桌！”什么？他竟然污蔑我！我一把把他课桌里的半个汉堡抓出，说：“老师，‘犯人’不是我，是他！”

赵老师笑着给了我一颗糖，转向储子俊时，我分明看到她的脸渐渐变了颜色，眉毛拧到了一起，眼睛里迸发出一道道刀一般锋利的光，大声呵斥道：“储同学，请你明天买40份汉堡，每位同学一份！现在，先去办公室站着！”几位同学在下面小声议论：“天，赵老师又演川剧啦。”“变脸比上次快了0.1秒。”只见赵老师又对着我们笑嘻嘻的了，还用试探性的眼神看着我们并威慑道：“谁在下面说小话？”天哪，又“变脸”了，这一次只用了0.01秒吧！全班瞬间鸦雀无声。

四年级时我转校了，赵老师也转班了，我很想她，想她的怒，想她的笑，想她的“变脸”。

我梳理的思维导图：

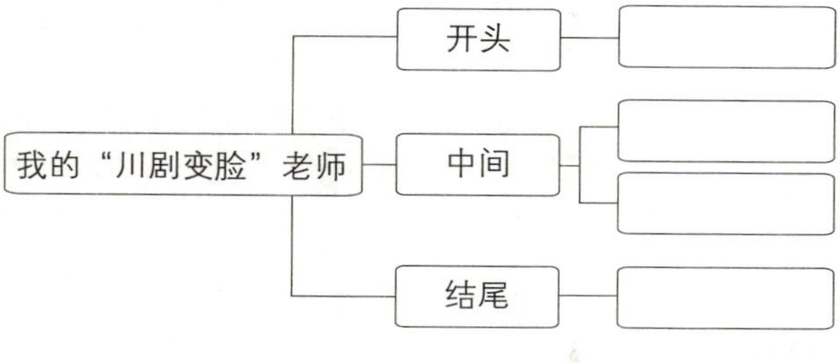

五 对话体验，整理素材

老师：教过我们的老师很多，他们风格迥异，其中也有不少个性鲜明、特点突出，给我们留下了深刻的印象。那我们到底选择写哪一位老师呢？我们先和伙伴们一起回忆回忆自己的老师吧！

星星：一提起印象深刻的老师我就想到教我的信息技术吴老师，她的课总是很有趣，经常把我们逗得哈哈大笑。记得上次学习制作电脑文件时，吴老师竟然也跟着我们一起做，甚至说要跟我们比赛呢，还嚷嚷着不许我们比她快，最后大家都不聊天了，纷纷投入文件制作中，那算是我们最安静的一堂课了吧。哈哈，想起来可真有意思！

文文：你说的吴老师不但有趣还很聪明呢，看似在跟你们比赛，实则是在激发你们的“斗志”呢！我们班有个王老师，我们私下里都叫他“王炸”。为什么呢？因为他一看到我们哪里有“行差踏错”的地方就像被点燃的炸弹似的，向我们“开炮”。

星星：是的。我们班的班主任陈老师也是这样，发起火来简直太“可怕”了，吓得我们平常都不敢惹她生气呢！不过呀，她虽然严厉，却常“犯糊涂”。我们班里同学常在讨论：“这是同一个人吗，怕不是某个‘糊涂虫’附身了吧！”

文文：看来在我们的记忆中这样的老师可真不少呢，让我们来把这些可爱的老师用文字“画”出来吧！

我的老师

星星：我想介绍一下我们班的“武林高手”徐老师：

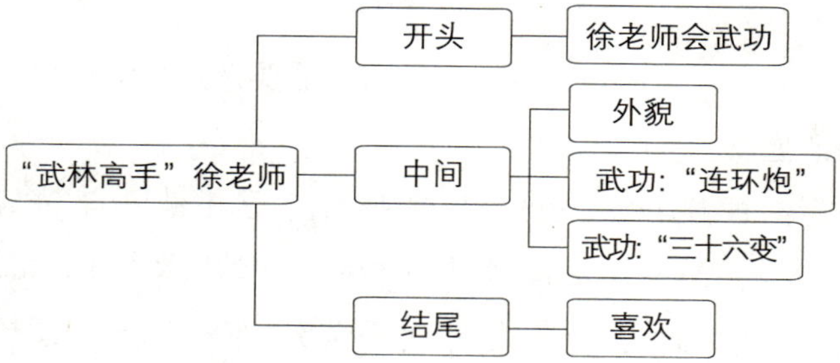

文文：我准备写我们班的“挑战王”胡老师：

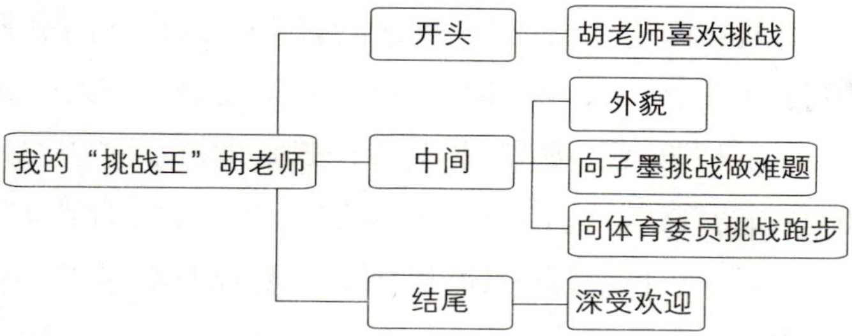

我的思维导图

六 对话积累，激活语言

我收集了许多备用词句，我会根据表达需要选用好词佳段。

一、词语盘点

外貌描写：眉清目秀 一表人才 明眸皓齿 弱不禁风 容光焕发
亭亭玉立 虎背熊腰 相貌堂堂 仪表堂堂 膀大腰圆

神态描写：怒发冲冠 垂头丧气 神采奕奕 神采飞扬 得意扬扬
眉飞色舞 眉开眼笑 愁眉苦脸 目瞪口呆 满面春风

动作描写：蹑手蹑脚 健步如飞 面面相觑 怒目而视 左顾右盼
虎视眈眈 泣不成声 摩拳擦掌 昂首挺胸 指手画脚

心理描写：垂头丧气 心灰意冷 心花怒放 悲喜交加 义愤填膺
心惊胆寒 心如刀割 忐忑不安 心烦意乱 心乱如麻

语言描写：斩钉截铁 语重心长 吞吞吐吐 牙尖嘴利 口若悬河
结结巴巴 直言不讳 拐弯抹角 侃侃而谈 喋喋不休

二、佳句集萃

1. 同学们完全被她讲的课给吸引住了，随着她脸上的表情，时而凝神深思，时而神采飞扬，时而频频点头，时而低头含笑。

2. 老师讲的这些话多有劲呀，每一句话都像小锤一样敲打在我的心上。

3. 一双大大的眼睛，一张能说会道的嘴，留着好似芭比娃娃的卷发，经常披在肩头。不管在什么时候，你都能看到她的背上背着一个米黄色的包，无论在课堂还是课间，都是如此，难怪同学们都叫她“包包”老师。

4. 严肃——她那收不住的笑容不允许；严格——她体胖心宽的本性压根没过这打算；严厉——我的天，她大概除了“火山爆发”之外就没有过太过激烈的言辞。不会严教严说，只会用圆圆的、可爱的身子穿梭在三班、四班之间。

5. 教室里同学们正打得乌烟瘴气，毛老师气冲冲地站在门口，他头上冒着热气，鼻子尖上冒着几颗亮晶晶的汗珠，眉毛怒气冲冲地向上挑着，嘴却向下咧着。看见我们，他惊愕地眨了眨眼睛，脸上的肌肉一下子僵住了，纹丝不动，就像电影中的“定格”。我们几个也都像木头一样，钉在那里了。

三、精彩首尾

开头：

1. 看！向我们走来的那位高高瘦瘦的老师。就是他，他是老师中最吸引眼球的焦点人物。我们从来没有见过表情如此丰富的老师。（开门见山法）

2. 曹老师，这学期开学，当我第一次踏进五（2）班的教室，第一次见到他的时候，便被他那温和的神情感染了：白皙的脸庞上，一双大大的眼睛总能显现出一丝灵气，加上那秀气的嘴巴，给我的第一感觉是那么温婉秀美、恬静聪慧。（外貌描写法）

3. 人们常说，老师是园丁。但我觉得我们班的陈老师就像一本书，一本让人越读越爱的书，一本内容丰富、色彩斑斓的书。（运用修辞法）

4. 都说我们校里有一“怪人”，可这“怪”究竟“怪”在什么地方呢？（设置悬念法）

结尾：

1. 王老师，我敬佩您！我会把您教给我的知识好好掌握，我会用优异的成绩报答您。（直抒胸臆法）

2. 现在你们猜到了吗？告诉你们，所谓的“母狮子”就是我的班主任——李老师。（首尾呼应法）

3. 唉，一不小心就中了老师的“作文计”，但那次写作我却得心应手。老师，你的“心机”让我快乐，我愿掉进您的“陷阱”。（比喻修辞法）

4. 现在你们知道这位“长鼻子”老师到底是谁了吗？对了，他就是我们五（2）班的刘老师！这样的老师，我们能不喜欢他吗？（问句结尾法）

七 对话自我，升格提优

一、左右对比，巩固写作要点

原文：	提升点：	升格文：
我的“漫画”老师 胡可睿 在读书的过程中，都会遇到许多老师，有男的老师、女的老师，有好的老师、坏的老师，也有温柔的老师、严厉的老师，那今天我就来介绍我的这一位“漫画”老师——胡老师。	“男的、女的、坏的”这些形容都没必要。	**我的“糊涂虫”老师** 胡可睿 在我小学过去近五年的学习生涯里，有许多见证我在学习中逐渐成长的老师。其中，我印象最深的就是我那“糊涂虫”数学老师——胡老师。
她长着一张瓜子脸，有一双炯炯有神的大眼睛，漆黑漆黑的头发，戴着一副金框的眼镜，显得十分有知识。	外貌描写可以再细致些。	胡老师长着一张瓜子脸，有一双水汪汪的大眼睛，一眨一眨的就像天空中忽闪忽闪的星星，高挺的鼻梁让她看起来特别有精神，鼻梁上还架着一副金框的眼镜，看起来很有书卷气息。这样的老师你见了肯定也会特别喜欢吧！告诉你，这样的老师却常常犯“糊涂”，你信吗？
她常常犯“糊涂”。记得那是午饭前的一堂课，吃饭铃响了，同学们都收拾好作业要去吃饭了，可胡老师似乎没		记得那是午饭前的一堂课，课上同学们认真地写着作业，而胡老师也专注地批改我们的作业。“铃——”下课铃响了，同学们都收拾好作业，迫不及待要去吃饭了，可胡老师似乎没有听见，仍然批改作业，班级里开始有了小小的“骚动”，五六个同学情不自禁地笑了起来。似乎是上天安排的，胡老师拿起手机看了一眼时间，

有听见，仍然批改着作业。过了很久，她才看了一眼手表，大叫起来：“11：50了，快去吃饭。”同学们终于忍不住了，一个个冲向食堂。

还有一次，她来到教室，可是一到教室门口，她发现手机不见了，她很着急，于是翻看自己的每一个口袋，但还是没找到。后来一位同学突然大声喊：“老师，你那手机就在你的手里！”她对自己说：“我真‘糊涂’啊！”我们也笑着对老师说：“老师，您真‘糊涂’啊！”

这就是我的“漫画”老师。

此处过渡不够生动自然。

两次事例缺少对胡老师的细节描写。

建议结尾可呼应开头，可以使主题更加突出。

我在心里默默地欢呼了一下，期待着老师让我们去吃饭。谁知上天好像开了一个玩笑，胡老师看了一眼竟然又把手机放了下去。这让我大跌眼镜。大约又过了20分钟，胡老师看我们一个个像蔫了的茄子，才又去看了下手表：“呀！都11点50了！怎么不提醒我，快去吃饭！”同学们都无奈地笑了笑，紧接着，一个个如离弦的箭一般飞奔出教室，冲向食堂。

像这样的“糊涂”事儿还有呢！有一次她迈着轻盈的步子来到班级，可是刚到教室门口，她又发现手机不见了，着急地翻看自己的每一个口袋，生怕找漏了。可最后还是没找到，还是一位眼尖的同学喊道：“老师，你那手机就在你的手里！”这时，胡老师的脸刷地红了，摸了摸自己的头，喃喃自语道：“我真‘糊涂’啊！”我们也笑着对老师说：“老师，您真‘糊涂’啊！”

哈哈，我的胡老师“糊涂”吧！可是，在学习上她对我们可细心专注了，一点儿也不糊涂哦，我喜欢我这位“糊涂虫”胡老师。

二、与同学互改互评

同学的修改建议

三、自我修改评价

我的评价

四、此次作文评价参考标准

评价参考标准

1. 内容具体，语句通顺。（加 1 ★ ）
2. 开头点题，语句优美，用了三个以上好词好句。（加 1 ★ ）
3. 有具体事例，且能突出人物个性。（加 1 ★ ）
4. 有一定的细节描写，具体生动。（加 1 ★ ）
5. 结尾有点题，呼应开头，有情感升华。（加 1 ★ ）

03 缩写故事

何聪娟

当你读到一个篇幅长的好故事，想把这个故事简要地介绍给别人，就需要缩写故事内容，让它变得短一些、简单一些。怎样缩写呢？

◇摘录和删减

判断哪些内容必须保留，哪些内容可以删去，不要改变故事的原意。

◇改写和概括

把长句子缩为短句子，把几句话合并成一句话，或者用自己的话把故事中具体的描写改得更简洁。

下面是课文《猎人海力布》1~4自然段的缩写，对照原文，看看保留了什么，删减了什么，哪些句子是概括出来的，哪些句子是改写的。

从前有一个猎人，名叫海力布。他热心帮助别人，大家都非常尊敬他。

有一天，海力布打猎时看见一只老鹰抓住一条小白蛇，他急忙救下了小白蛇。小白蛇告诉海力布，她是龙王的女儿。为了感谢海力布的救命之恩，小白蛇说她家有许多珍宝可以送给海力布。小白蛇还告诉他，龙王嘴里含着一颗宝石，谁含着那颗宝石，就能听懂各种动物说的话。不过动物说的话只能他自己知道，如果对别人说了，他就会变成一块石头。

照样子缩写《猎人海力布》的其他段落，把课文缩写成一个简短的故事，也可以选择其他的民间故事进行缩写。

缩写完成后，与原文比较一下，看看故事是否完整，情节是否连贯，语句是否通顺。

一 对话名师，明确要求

星星：老师，以前我们学过缩写句子，这次作文要求缩写故事，请问什么是缩写故事呢？

老师：缩写故事就是当你读到一个篇幅长的故事，想把这个故事简要地介绍给别人时，就需要缩写故事内容。它是在主要内容和中心思想不变的前提下，压缩原文，把长文章缩成短文章的一种写作形式。比如，书刊内容的提要、重要文章的梗概、影视戏剧内容的简介等都属于对原作的缩写。

文文：那怎样缩写呢？有什么好的方法吗？

老师：缩写最常用的方法是摘录和缩减。我们首先要学会判断哪些内容必须保留，哪些内容可以删去，不要改变故事的原意。其次，缩写常用的第二个方法是改写和概括。把长句缩为短句，把几句话合并成一句话，把抒情性的句子改成一般陈述句，或者用自己的话把故事中具体的描写改得更加简洁。

星星：老师，缩写故事是要注意些什么呢？

老师：缩写故事要注意三个关键点：

1. 要按照原文的顺序进行缩写，不要改变故事原意。
2. 分清故事的主次内容，重点部分要详写，次要部分要略写。
3. 缩写完成后，需对照原文，要做到故事完整，情节连贯，语句通顺。

二 对话课文，感悟表达

老师：我们先和伙伴们一起回忆习作要求中列举的《猎人与海力布》1~4 自然段的缩写，对照原文，看看保留了什么，删减了什么，哪些句子是改写的，哪些句子是概括的。

星星：第一自然段“从前有一个猎人，名叫海力布。他热心帮助别人，大家都非常尊敬他。”保留了原文，采用了摘录法，简洁地介绍了主人公海力布的身份、性格特点和大家对他的态度。

文文：第二自然开头第一句删去了老鹰抓小白蛇的细节，保留了这一情节的主要内容。

星星：余下这部分缩写运用了概括和改写法。概括了小白蛇要对海力布报答的话，改写了小白蛇要如何报答海力布的语言，用陈述性的语言点出了宝石的作用和禁忌。

我感悟的方法

三 对话高手，学习方法

让我们认识一下作文高手陈肖翰。

他，爱写作，爱画画，参加了校阅读、绘画比赛，获得了一等奖。他更爱探究历史，梦想着自己将来能够成为一位了不起的考古学家。他，喜欢帮助同学解决难题，喜欢玩恐龙模型，还喜欢打篮球，曾在学校运动会的开幕式上表演篮球秀，还和队友们一起参加了宁波市小学生篮球比赛。

牛郎织女

陈肖翰

古时候有个孩子，爹娘都死了，他跟着哥哥嫂子过日子。哥哥嫂子待他很不好，让他睡牛棚。因他每天都放牛，人们就叫他牛郎。

牛郎照看牛挺周到的，还把牛当作知心朋友，把心里话都说给它听。

后来，牛郎长大了。哥哥嫂子要跟他分家，只分给他一头牛和一辆破车。牛郎只好牵着牛，拉着破车，在山前盖了房，安了家。

一天晚上，老牛对牛郎说，明天黄昏，翻过山有片树林，前边湖里有仙女在洗澡，你到湖边捡起那件粉红的纱衣，跑到树林里等，跟你要衣裳的姑娘就是你的妻子。

第二天黄昏，牛郎照老牛的话去做，果然有一个姑娘来找衣裳。

牛郎把自己的身世告诉了姑娘。从姑娘的口中得知，原来她是天上王母娘娘的外孙女，叫织女。她在天上成天成夜织彩锦，没有自由。织女一直想去人间玩耍。终于有一天，王母娘娘由于喝多了酒在打瞌睡，织女和几个仙女就一起来到人间。

织女在牛郎的挽留下，与他结为夫妻。他俩男耕女织，过着幸福的生活，还生下了两个孩子。

一天，老牛说它快不行了，让牛郎在它死后把它的皮留下来，碰上什么紧急事就披上它的皮。

天上的王母娘娘得知仙女们溜到人间的事情，惩罚了她们。她派天兵天将到人间察访，知道了实情，

星星的点评

运用摘录的方法，保留关键性的语句。

删减了牛郎照看老牛的大量文字。对次要内容做了概括性的叙述。

牛郎与老牛的对话概括成叙述性的文字，这种缩写的方法叫概括。

删去了原文中仙女们的对话，对不影响故事发展的次要内容，做了删除。

原文中，关于牛郎织女的幸福生活的描写很具体，在保留主要意思的基础上，概括成了简短的一个自然段。

就亲自来到人间，要将织女带回天庭。织女被王母娘娘抓走。牛郎想到老牛说的话，披上牛皮，用箩筐挑着两个孩子去追织女。一出门，他就飞了起来。

眼看牛郎就要追上了，王母娘娘用玉簪划出了一条天河，牛郎飞不过去了。后来，他们变成了天河两边的牵牛星与织女星。可织女不肯死心，王母娘娘只好允许他们在每年的农历七月初七相会。

原文中牛郎追织女的描写很是精彩，此处是概括的叙述性的语言。

星星梳理的思维导图：

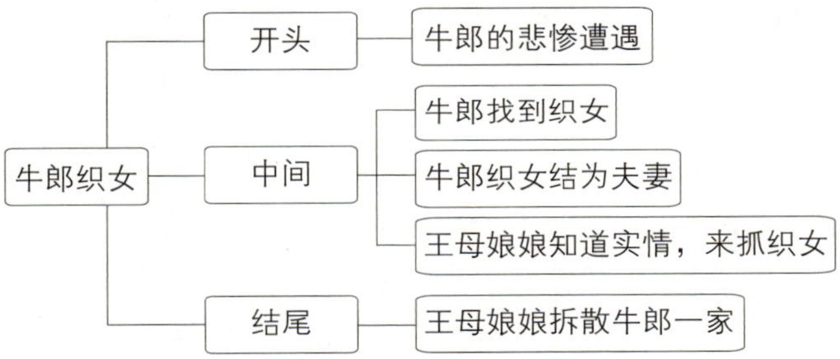
牛郎织女
开头
牛郎的悲惨遭遇
中间
牛郎找到织女
牛郎织女结为夫妻
王母娘娘知道实情，来抓织女
结尾
王母娘娘拆散牛郎一家

星星：陈肖翰，我发现你在缩写时保留了文章的主要意思，删减了许多次要内容，你在写之前已经对文章内容非常熟悉了吧！

陈肖翰：是的，我在缩写之前，反复读课文，读懂内容，充分理解《牛郎织女》这则民间故事的中心、结构等，抓住要点。再根据文章的主要内容，做到“两保留，一减少”：

1. 保留原意和中心思想；

2. 保留文章结构和主要情节；

3. 减少文章字数。

文文：《牛郎织女》的故事洋洋洒洒，你是怎么做到减少文章字数的呢？

陈肖翰：我运用了摘录、删减、概括、改写这些缩写方法。判断哪些内容需要保留，哪些内容可以删减。例如，《牛郎织女》中牛郎的身世、名字的由来，我用了摘录法，保留关键性的语句。原文中具体描述了牛郎照看老牛很周到，我进行了大量删减，概括成三言两语。对保留的内容，不照搬原文，进行适当改写。

涵涵：可见缩写时运用好方法是多么重要呀！我还发现你的文章故事完整，语言很通顺，有什么好办法吗？

陈肖翰：缩写以后，要和原文比较一下，看看是否保留了主要内容，意思是否比较准确、完整，语句是否通顺连贯。另外，段落之间的过渡和连贯也要注意哦！

我的发现

四 对话佳作，开拓思路

夜莺的歌声

胡佑辰

战斗刚刚结束，一小队德国兵进了村庄。

村子里静静的，夜莺的歌声打破了夏日的沉寂。德国士兵们注意听声音，发现了一个小男孩。德国军官问了他一些问题，他故意装傻答非所问。德国军官威逼利诱让这个小男孩带路到苏蒙塔斯村，小男孩只好答应了，和军官并排走在队伍的前方。

小孩有时学夜莺唱，有时学杜鹃叫，胳膊一甩一

文文的点评

摘录原句，保留关键性的语言。

保留关键性语言，即夜莺歌声部分。原文中德国军官和小男孩的对话用该概括性的语言代替，大大缩短了篇幅。

甩地打着路旁的树枝，有时弯下腰去拾球果，还用脚把球果踢起来。他好像把身边的军官完全忘了。

树林深处，有几个游击队员埋伏在那里，他们仔细地听着夜莺传递的消息，一位队员一边数一边用手打着拍子。

当德国兵走到林中空地上的时候，松树林里发出一声口哨响，孩子立刻钻到树林里不见了。枪声打破了林中的寂静。德国士兵还没反应过来，就被子弹击中，一个接一个地倒下。

第二天，孩子又穿着那件绿上衣，坐在河岸边唱起了歌声，他还不时回过头去，望望那通向村子的几条道路，好像在等谁似的。

摘录原句，保留了关键性的语言，即夜莺歌声的部分。

运用概括法把原文中游击队员接受夜莺传递来的消息的部分被压缩成了一个自然段。

故事中一些描写和渲染性的语言都被删减了。

保留夜莺歌声部分，这一线索贯穿全文，不可少。

文文梳理的思维导图：

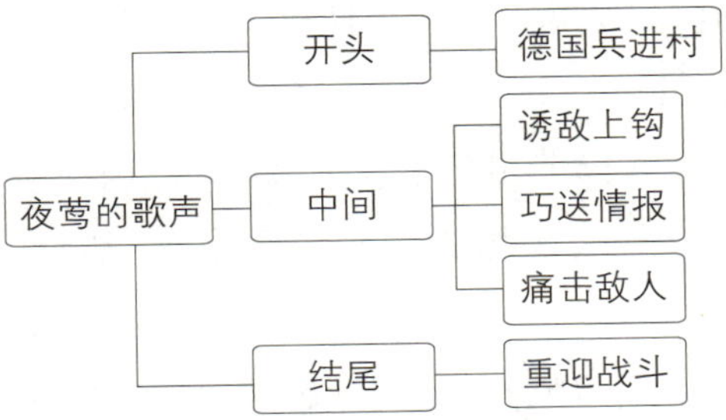

田螺姑娘

葛佳妮

从前，有一个小伙子在地里捡到一个大田螺，拿回家养在水缸里。

一连几天，小伙子回到家，都能吃到香喷喷的饭菜。他很奇怪，以为是隔壁大娘帮他做的，就买了一只鸡去感谢大娘。可大娘却说没帮他做过饭。他发誓

星星的点评

（我能帮星星补充完整余下部分）

简要交代事情的起因。

一定要把事情查个水落石出。

第二天，小伙子比往常早半个时辰回家。从窗户偷偷向屋里张望，只见锅里的水煮得沸腾，可屋里连一个人影也没有。

过了几天，小伙子又比上次早了一个时辰回家，躲在屋外。他看见从水缸里走出一位美丽的姑娘，唱着歌，煮饭，炒菜，打扫房间。

小伙子赶紧溜进厨房，把水缸盖子掀开一看，水缸里只剩下一个田螺的空壳。他明白了这个姑娘是田螺精，后来喜欢上了这位田螺姑娘。

不久，小伙子和美丽的田螺姑娘成亲了。

蚂蟥精得知田螺姑娘嫁给小伙子后，气得暴跳如雷。它变成一位算命先生，从小伙子手中骗走了田螺。蚂蟥精逼着田螺姑娘和自己成亲。

小伙子看不到田螺姑娘，急得到处找。后来他知道都是蚂蟥精在捣鬼！

小伙子在一个老农民的指点下，去救田螺姑娘。他把一大袋盐往蚂蟥精身上撒去。蚂蟥精化成一摊水，死掉了。

小伙子救出了田螺姑娘，和田螺姑娘幸福地生活在了一起。

我能帮星星补充完整余下部分的思维导图：

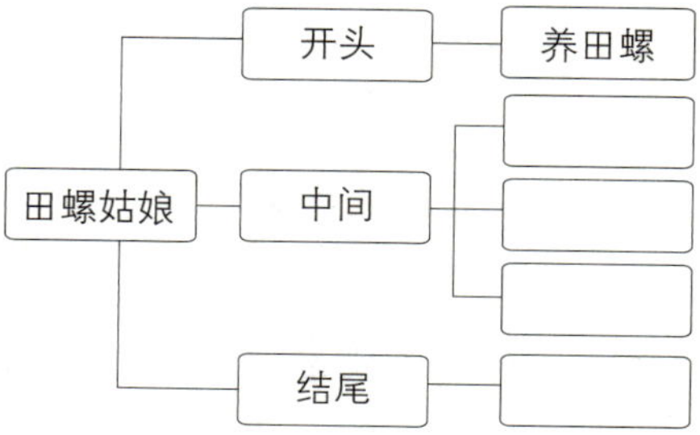

梁山伯与祝英台

孙慧聪

我的点评

从前，有个姓祝的地主，他有一个美丽大方、聪明好学的女儿——祝英台。

古时候女子不能进学堂读书，祝英台就鼓起勇气请求父母同意她去杭州读书，父母禁不住她的撒娇哀求，只好答应。

第二天一清早，天刚蒙蒙亮，祝英台和丫鬟就扮成男装，辞别父母，兴高采烈地去杭州求学了。

在学堂里她认识了学问、人品出众的梁山伯。他们常常一起谈诗论文，相互关心体贴，两人结拜为兄弟。

同窗共读三载，祝英台已经深深爱上了梁山伯。要分别了，两人恋恋不舍地告别。

几个月后，梁山伯去拜访祝英台，发现祝英台是位女子，非常惊喜。于是上门提亲。可祝英台的父亲瞧不上梁山伯，要把祝英台嫁给马文才。得知这个消息，梁山伯顿觉万念俱灰，一病不起，没多久就死去了。

听到梁山伯去世的消息，祝英台假装答应嫁给马文才。花轿路过梁山伯的坟前时，祝英台走出轿来，跪下来放声大哭，霎时间风雨飘摇，雷声大作，“轰”的一声，坟墓裂开了，她微笑着纵身跳了进去。风消云散，雨过天晴，一对美丽的蝴蝶从坟头飞出来，在阳光下自由地翩翩起舞。

我梳理的思维导图：

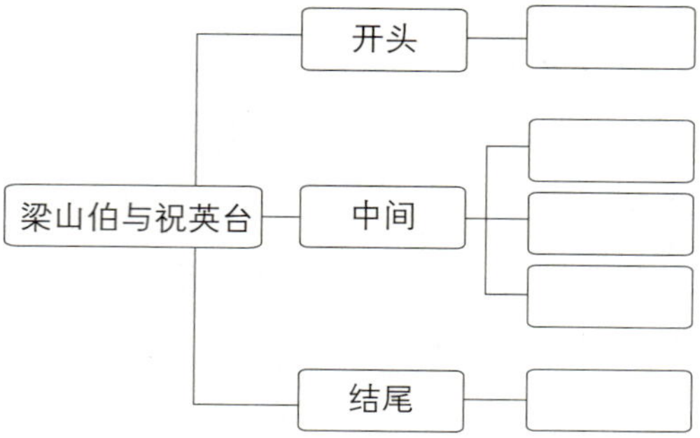

五 对话体验，整理素材

老师：前面品读了好几篇缩写故事的范文，大家对缩写方法应该有所了解了，自己到底要确定缩写哪个故事呢？我们不妨先和伙伴们一起讨论讨论吧！

星星：缩写故事是一件很好玩、很有意思的事情，能将一个复杂的故事变得短一些、简单一些、明了一些，让读者更快速、更高效了解到故事的内容。

文文：对，我也是这样想的。课文里的《猎人海力布》和《牛郎织女》两个民间故事，篇幅长，情节曲折，主人公都是普通的劳动者。故事情节蕴含着丰富的想象，充满浪漫色彩，表达了劳动人民对幸福美好生活的期盼和追求。我觉得，这样的故事用来缩写是最好的。

星星：所以，我觉得缩写民间故事是一个不错的选择！同样，神话故事、成语故事也可以尝试缩写。

文文：我喜欢《牛郎织女》的故事，情节曲折动人。在缩写的时候，我觉得缩写时以牛郎的成长经历为线索，围绕牛郎“童年—成人—成家”的过程，用小标题的形式来概括故事的主要情节，一样可以保留故事动人的情节哩！

星星：文文，你的方法真妙！用概括小标题的方法，缩写故事时就不会改变故事的原意了，再用上老师说的摘录、删减、改写、概括的方法，缩写故事就得心应手了。

我的发现

星星：我准备缩写《后羿射日》。这个民间故事一共发生了两次转折，一是10个太阳由轮流当值到一齐周游天空，使原本和谐的天地处于水深火热之中；二是后羿射落9个太阳，第10个太阳东升西落，大地再次恢复和谐。缩写时这两部分内容要详写，保留故事的趣味性，让读者了解这一民间故事，传递它包含的中心思想。这是我的缩写思维导图：

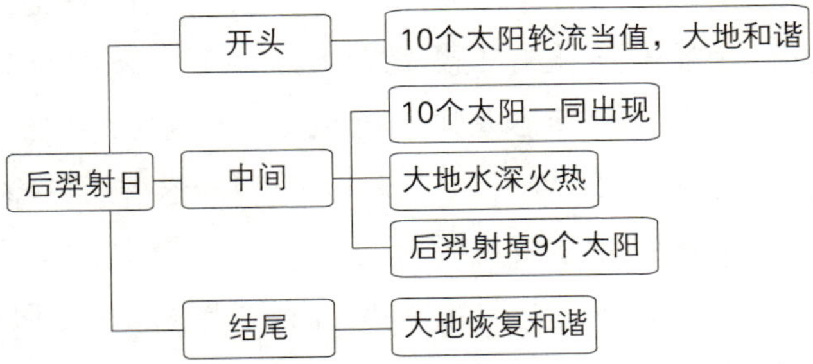
后羿射日
开头
10个太阳轮流当值，大地和谐
中间
10个太阳一同出现
大地水深火热
后羿射掉9个太阳
结尾
大地恢复和谐

文文：我想选择民间故事《孟姜女》，我准备按照这样的思路进行缩写：

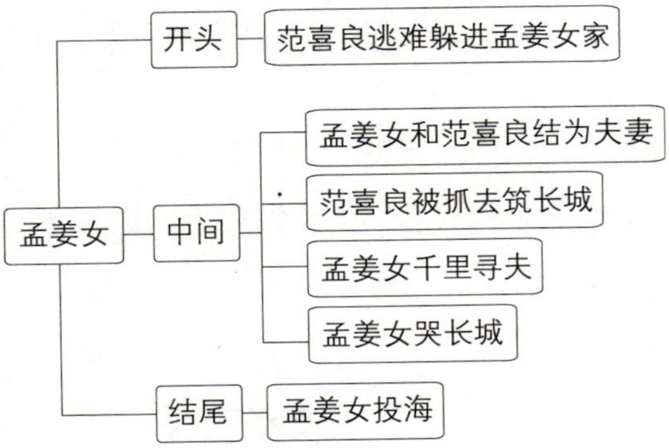
孟姜女
开头
范喜良逃难躲进孟姜女家
中间
孟姜女和范喜良结为夫妻
范喜良被抓去筑长城
孟姜女千里寻夫
孟姜女哭长城
结尾
孟姜女投海

我的思维导图

六 对话积累 激活语言

我收集了许多备用词语，缩写的好句佳段，我会根据需要选用。

一、词语盘点

外貌描写：花容月貌 亭亭玉立 如花似玉 闭月羞花 冰清玉洁
文质彬彬 虎背熊腰 落落大方 眉目清秀 明眸皓齿
鹤发童颜 老态龙钟 饱经风霜 老当益壮 慈眉善目

动作描写：抓耳挠腮 欢呼雀跃 挤眉弄眼 大步流星 左顾右盼
眼疾手快 狼吞虎咽 咬牙切齿 摩拳擦掌 扶老携幼
长吁短叹 抱头鼠窜 痛哭流涕 张牙舞爪 蹑手蹑脚

人物品质描写：舍生忘死 忠贞不渝 大义凛然 肝胆相照 光明磊落
精忠报国 赤胆忠心 碧血丹心 忠心耿耿 以身殉国
自强不息 前仆后继 艰苦卓绝 坚忍不拔 义无反顾

二、佳句集萃

1. 龙王沉思片刻便吐出宝石送给了海力布。

2. 乡亲们非常后悔，他们含着泪连忙往很远的地方搬家。

3. 白娘子见法海拒不放人，只得拔下头上的金钗，迎风一摇，掀起滔滔大浪，水漫金山寺，却也因此伤害了其他生灵，触犯了天条。

4. 刚吃下药，她的身子突然飘了起来，一直飘呀飘，嫦娥飘到了月宫上，但是，她永远也飞不回去了。

5. 自从海力布有了宝石，打猎方便极了。几年后的一天，他在打猎时听到小鸟们议论大山要崩塌，大地要被淹没了。他听到这个消息大吃一惊，急忙回家告诉乡亲们，可是不管海力布怎么劝说，乡亲们就是不相信，眼看着时间一分一秒地过去，灾难马上就要来临，他原原本本地将关于宝石的事情、灾难的消息告诉了乡亲们。当他刚说完，就变成了石头。

三、精彩首尾

开头：

1. 从前有一个猎人，名叫海力布。他热心帮助别人，大家都非常尊敬他。

2. 古时候有个孩子，爹妈都死了，跟着哥哥嫂子过日子。

3. 周瑜忌妒诸葛亮的才干，一直想找个机会报复他。一天，他以造十万支箭为借口为难诸葛亮。诸葛亮将计就计，说只要三天，并立下军立状。

4. 一天，石猴与众猴在山间洗澡。众猴说，谁能钻进去寻个源头，不伤身体者，拜他为王。石猴纵身跳进泉中，发现一个石洞，洞上有一行大字“花果山福地，水帘洞洞天”。

结尾：

1. 人们为了纪念海力布，将这块石头取名为“海力布”。

2. 就这样，牛郎织女化作星辰，只能在农历七月初七见面，一年只能见一次面。这就是牛郎织女的故事。

3. 老班长鼓励我们一定要走出草地，自己却闭上了眼睛。我把鱼钩包好，想等革命胜利了，送到革命烈士纪念馆里，让子子孙孙都来瞻仰它。

4. 这时风消云散，雨过天晴，各种野花在风中轻柔地摇曳，一对美丽的蝴蝶从坟头飞出来，在阳光下自由地翩翩起舞。

七 对话自我，升格提优

一、左右对比，巩固写作要点

原文：

《将相和》缩写

陈梦婷

战国时候，秦国最强，常常进攻别的国家。

有一回，秦王听说赵王得了一件无价之宝——和氏璧，写信给赵王，说愿意拿十五座城池来换和氏璧。

赵王接到了信非常着急，立即召集大臣来商议。正在为难的时候，有人说有个叫蔺相如的，勇敢机智，也许他能解决这个难题。赵王把蔺相如找来问他怎么办。蔺相如说："我愿意带着和氏璧到秦国去。"

赵王和大臣们没有别的办法，只好派蔺相如带着和氏璧到秦国去。

蔺相如到了秦国，献上和氏璧，看到秦王绝口不提十五座城的事，知道他没有拿城换璧的诚意，就借口璧上有毛病，拿回了和氏璧。蔺相如说和氏璧是无价之宝，要举行个隆重的典礼，他才肯交出来。秦王只好跟他约定了举行典礼的日期。蔺相如知道秦王没有诚意，就叫手下人乔装带着和氏璧抄小路先回赵国去了。到了典礼那天，秦王也没有办法，

提升点：

故事缩写可删除次要人物、次要情节，这里商议的过程及派遣可以写得更简洁些。

故事缩写可以删除次要和非关键性的细节，蔺相如用计讨回和氏璧的具体过程不用详细描述，简单概括即可。

升格文：

《将相和》缩写

陈梦婷

战国时候，秦国最强，常常进攻别的国家。

秦王听说赵王得了一件无价之宝——和氏璧，写信给赵王，说愿意拿十五座城池来换和氏璧。赵王左右为难，听从大臣的建议，决定派蔺相如去秦国，解决这一难题。

蔺相如到了秦国，献上和氏璧，看到秦王没有诚意，便用计讨回和氏璧，然后悄悄让手下带着和氏璧抄小路回了赵国。秦王知道后只好客客气气地把蔺相如送回了赵国。蔺相如立了功，赵王封他为上大夫。

过了几年，秦王约赵王在渑池会面。赵王不敢去，蔺相如认为对

只得客客气气地把蔺相如送回赵国。

这就是“完璧归赵”的故事。蔺相如立了功，赵王封他做上大夫。

过了几年，秦王约赵王在渑池会面。赵王不敢去，蔺相如认为对秦王不能示弱，决定自己跟随赵王参会，以助赵王一臂之力。廉颇带着军队到边境上，做好了抵御秦王的准备。到了渑池，秦王要赵王鼓瑟并记录来侮辱赵王；蔺相如以生命为代价逼秦王击缶，也让人记录下来。秦国的大臣不甘心，继续发难，但蔺相如毫不示弱，直到会面结束秦王也没占到便宜，又知道廉颇已经在边境做好了准备，只好让赵王回去了。

蔺相如又立了大功，被赵王封为上卿，职位比廉颇高。

廉颇很不服气，说：“我立下许多战功，蔺相如就靠一张嘴，反而爬到我头上去了，要是碰见他，一定让他下不来台！”蔺相如听后称病不上朝，一直回避廉颇，他手下的人都看不顺眼了。蔺相如解释说：“秦王我都不怕，怎么会怕廉将军。如果我们俩闹不和，就会削弱赵国的力量，秦国必然趁机来攻打我们，我这是为的赵国啊！”

蔺相如的话传到了廉颇的耳朵里，廉颇惭愧不已，便到蔺相如门上负荆请罪。从此他俩成了好朋友，同心协力保卫赵国。

故事的连接部分无须原样照搬，保留主要部分即可。

秦王不能示弱，决定自己跟随赵王参会，以助赵王一臂之力。廉颇带着军队到边境上，做好了抵御秦王的准备。到了渑池，秦王要赵王鼓瑟并记录来侮辱赵王；蔺相如以生命为代价逼秦王击缶，也让人记录下来。这次秦王又没有占到便宜，而且知道廉颇已经在边境做好了准备，只好让赵王回去了。

蔺相如又立了大功，被赵王封为上卿，职位比廉颇高。

廉颇很不服气，扬言要让蔺相如下不了台。蔺相如听后称病不上朝，一直回避廉颇，他手下的人都看不顺眼了。可蔺相如告诉手下的人，一定要以大局为重。蔺相如的话传到了廉颇的耳朵里，廉颇惭愧不已，便到蔺相如门上负荆请罪。从此他俩成了好朋友，同心协力保卫赵国。

二、与同学互改互评

同学的修改建议

三、自我修改评价

我的评价

四、此次作文评价参考标准

评价参考标准

1. 故事完整，语句通顺。（加 1★）
2. 准确把握故事主题，不改变原意。（加 1★）
3. 尝试运用陈述的方式摘录主要，删除次要。（加 1★）
4. 能概括和改写有关描写句子和人物对话（比如语言）（加 1★）
5. 缩写后能保持故事的基本风格。（加 1★）

04 二十年后的家乡

叶贤仁

每个人都有自己的家乡，那是我们成长的地方。二十年后我们的家乡会是什么样的呢？让我们来一次时空穿越，到二十年后的家乡去看一看。

首先要大胆想象，二十年后的家乡会发生什么巨变。例如，环境有什么变化？人们的工作、生活有什么变化？

然后参考下面的例子，把想象到的场景或者事件梳理一下，列一个习作提纲，明确自己要写什么，从哪些方面来写。

习作提纲：

题目：二十年后的家乡

开头：穿越到二十年后，看到了我的家乡。

中间：

1. 环境的变化：河水清澈，绿树成荫。
2. 工作的变化：机器人在照料着果园。
3. 生活的变化：遇到老同学开着3D打印的汽车去郊游。

结尾：表达我对二十年后家乡生活的向往之情。

按照自己编写的习作提纲，分段叙述，把重点部分写具体。

写完后，跟同学互换习作，提出修改建议，再根据同学的建议认真修改习作。

一 对话名师，明确要求

星星：老师，这次作文要求写二十年后的家乡，二十年后谁也不知道是怎样，怎么写呀？

老师：是啊，二十年后到底是怎样，我们现在谁也不知道。这是一篇想象作文，需要我们进行大胆地想象，想象二十年后家乡会是什么样子。每天生活的家乡，这里有你熟悉的街道、学校，也有你熟知的一种生活状态。例如，人们的出行方式、工作模式、理想追求等。虽然这一切每天都在你眼皮底下随时可见，随时可感，真实存在，但也需要你用心去观察、发现并分条进行整理，这样你才会有一个比较立体的认识，才会有展开想象的基础。

星星：有了想象，怎样才能写好这篇文章呢？

老师：写作前，可以像书里一样先列个提纲，准备写哪些内容，写哪几方面家乡的变化，重点写哪一方面，要做到心中有数。最好能够做一个思维导图，这样写作时，就会条理分明、思维通畅，不会出现颠三倒四、不知所云的现象了。

星星：写作时，有什么要注意的地方吗？

老师：写作时重点要写出家乡的发展和变化，要符合二十年后家乡的特点。“二十年后”是个时间限定，现在五年级的你二十年后应该已经参加工作，并有了几年的工作经历。你会成为哪一方面的人才呢？你会在哪个城市从事一份怎样的工作呢？你现在所熟悉的街道、学校等生活环境和你熟知的人们的工作、生活状态会发生怎样的变化呢？这个变化到底有多大？可以不加限制、天马行空地随意想象吗？显然不行！你的想象还需要根据过去与现在、经济与科技发展的现状进行合理地推理，是在“二十年后”这个特定时间限定下进行的大胆而又合理的想象。

二 对话课文，感悟表达

老师：我们先来学习第四组课文，看看作者是如何在文中蕴含丰富的情感。我们先回顾三首古诗，看看有哪些可以借鉴学习的地方。

星星：我读了《示儿》这首诗，仿佛看到了一位老人在生命垂危之际，拉着儿女的手，嘱咐家人的事不是家里的事，而是祖国统一的事。他临死前热切渴望收复失地，至死不忘祖国统一。这份爱国情怀在这短短的四句话中，可以让人强烈感受到。

文文：“暖风熏得游人醉，直把杭州作汴州。”这两句诗把醉生梦死、偷安享乐的权贵们揭露得淋漓尽致。表达了诗人对统治者苟且偷安、荒淫腐化生活的愤怒和诗人对国家命运的深切忧虑。

星星：是啊，《题临安邸》作者用含蓄的方式表达了自己的情感，《己亥杂诗》却直抒胸臆，强烈地呼吁国家应该不拘一格选人才。

文文：学习了这几首诗后，我明白了表达情感的两种方式，可以间接抒情，也可以直接抒情。

老师：我们再来研读《少年中国说》《圆明园的毁灭》和《小岛》等课文，体会他们的写作方法。

星星：《少年中国说》排比句运用得好，用直接抒情的方法，把少年和国家紧紧联系在一起，使每个少年懂得重任在肩。

文文：《圆明园的毁灭》这篇文章作者心中的痛惜、愤怒之情跃然纸上，激发我们记住屈辱的历史、增强民族责任感、热爱祖国灿烂文化的感情。

星星：《圆明园的毁灭》，文中的反衬手法运用得不错，课文用较大篇幅写了圆明园昔日的辉煌，突出了它的宏伟壮观、美不胜收。而就是这样一座举世闻名的皇家园林，竟然在几天之内化为灰烬。这种手法的运用，更能激起读者的痛心与仇恨，激发人们不忘国耻、振兴中华的责任感和使命感。

文文：《小岛》这篇文章的细节描写比较好。例如，“将军觉得鼻子有点发酸，就别过脸去，刚好看见那盘小白菜。”将军为什么觉得鼻子有些发酸？这是因为被战士们对他的爱戴和关切感动了，也被战士们坚强的意志感动了，更被战士们的爱国情怀感动了。

我感悟的方法

三 对话高手，学习方法

认识一下作文高手章楚悦。

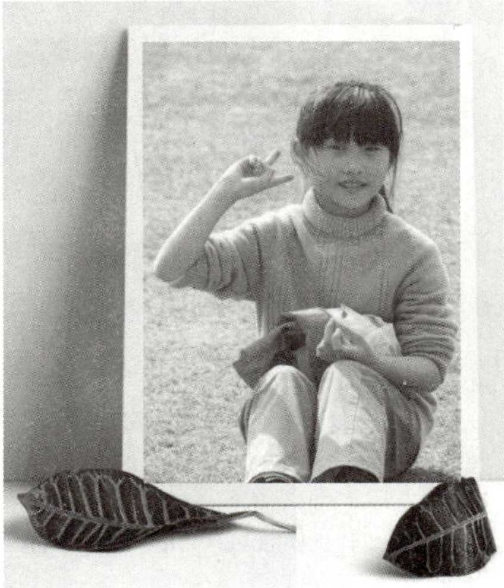

她是一个性格开朗、活泼热情的好女孩。在同学眼中，她兴趣广泛，多才多艺，是他们的榜样。她心灵手巧，手工作品和绘画作品拿去参赛，都能得第一名，连老师都觉得她是个绘画小天才。她酷爱阅读，看起书来，仿佛无人能打扰似的，是个十足的“小书虫”。

二十年后的家乡

章楚悦

二十年后，我从国外回来，回到了我亲爱的家乡宁海，家乡的变化可真大呀！一下车，我便惊喜地发现家乡和以前已是截然不同了。

扑面而来的空气中透着一丝丝香甜，湛蓝湛蓝的天空下一条条宽阔平坦的大道上车来车往。仔细一看，清一色绿色的车牌——原来都是尾气零排放的新能源汽车呀！马路两旁，一棵棵高大蓊郁的树木，不但抹去太阳的炎热，还把热量收集起来，冬天时再把热量散发出来，使人有种“夏如春，冬如秋”的感觉。

走到十字路口再往右转，就来到了“兴宁小区”，一排排高大的建筑会变色，一会儿是绿色，如同进入原始森林；一会儿是粉色，如同进入童话世界。这就是我温馨的家园。来到房子的电梯前，我正要按开门键，电梯却自动开启了。里面没有上下的按键，我正不知如何操作，忽然听到“请问您要到几楼”的语音提示，我说四楼，电梯边回应“好的，很高兴为您服务”，边往上升。

我推门而入，家里干干净净，连要吃的饭菜都准备好了。我用筷子夹了一片菜叶：“哇！好好吃，谁做的？”话音刚落，一个机器人就拿着一条毛巾过来，我感到疑惑，没想到它开口说：“主人，这是我做的，您先歇歇吧，汗都出来了！”我摸了摸额头，果然有汗水，我自己没察觉到，智能机器人却已经知道了。

我去洗手间洗完手，正要拿纸巾时，一只机器手从墙壁伸出，递给我一盒纸巾，我感到很惊喜，相比

星星的点评

开头采用对比的写法，写出了家乡的变化大。

抓住新能源汽车和马路两旁树木来写，写出科技化的特点。

房子变色如今已经有了，但不是所有房子都有，作者合理运用，并采用排比的方法，写出小区的房子美。

机器人保姆会做菜、会送毛巾，照顾得无微不至。

机器人递纸、戴帽、打车，真是无所不能了。

二十年前的家乡，现代科技真厉害！

我正准备出门，机器人就帮我戴好帽子，更让我意想不到的是：一辆车已到门口。我仔细打量这辆车，车身呈金色，撞也撞不坏，车里美观又干净，坐在椅子上，还能享受全方位的按摩。

如果二十年后的家乡真的有这么神奇，这么奇妙，那该有多好啊！

> 结尾点题，也是寄予这样美好的期望。

星星梳理的思维导图：

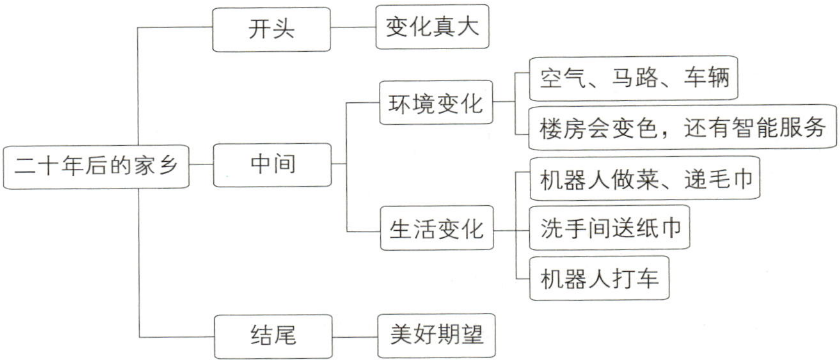

星星：章楚悦，我认真欣赏了你的作文，还梳理了文章的思维导图。你能说说你在写这篇文章时是怎么构思的吗？

章楚悦：我读了文中的作文要求，并学习了文中的提纲范例，我想自己就以家乡环境变化和家里的变化这两方面进行细致描写，感受二十年后的美好生活。

文文：你想好了就马上动笔写了吗？

章楚悦：没有，我是按照课文提示的方法先列提纲，做了写作用的思维导图。老师看了我的思维导图，肯定了我的构思，认为可以这样写。于是我就按照我做的思维导图写下来了。

星星：你按照提纲，一次性就写成了这篇好文章了吗？

章楚悦：不是的。我第一次按提纲写这些变化，老师说我只是叙说了家乡的变化，虽然段落分明，条理清楚，但语言表达缺少感情，就像说明文。于是，我根据老师的建议进行了修改。

文文：哦，我知道了，修改很重要！这个单元我们的习作重点就是要把情感蕴含在具体的文句中。我们的作文，也要写出感情来。

章楚悦：是啊，我修改时，按照老师说的寓情于景、寓情于事。写景时，体现出对景物的赞美；写事时，体现出对事物的热爱。

星星：怪不得你的文章写得那么有趣，就像真到了二十年后的家乡一样。

我的发现

四 对话佳作，开拓思路

二十年后的家乡

赵伊诺

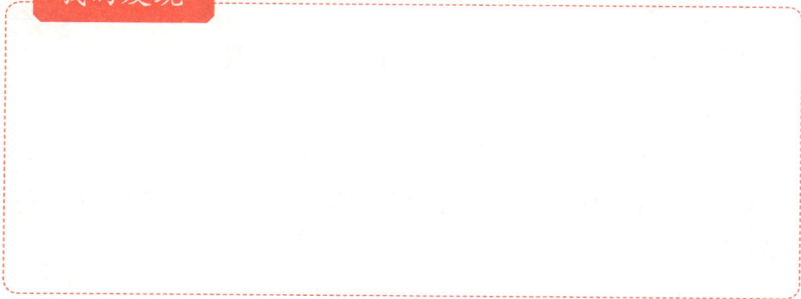

躺在床上，我迷迷糊糊地感觉到有人在我耳边说要带我穿梭到二十年后，我猛地坐了起来，不敢相信这是真的。就在此时，我突然感觉周围的空气变了，深深地吸了一下，好清新啊！

我顾不了那么多，兴冲冲地跑出家门，回头望望，家还是那个家，但是周围的环境变得真好。只见我们村的小溪变得好清澈，蓝天白云倒映在了小溪中，就像一幅美丽的画卷！还记得二十年前在大力推

文文的点评

用似真似假的童话式开头，引人注目。

“兴冲冲”这个词写出了作者的欣喜，既反映了作者进入情景的欣喜，也有小作者感受到家乡变化的欣喜。

行“五水共治”，看样子很有成效。

望着远处的小山，原本少许裸露着黄色土地的地方，现在早已是一片绿色，让人看着不仅心旷神怡，而且身心放松，整个人都似乎飘起来了。只看见一辆辆巧克力汽车从我身边开过，尾气居然是巧克力味的。我惊呆了，此时我吃货的本质暴露出来了，好想吃掉这些巧克力汽车啊！我扇了自己一巴掌，怎么会有这种想法！

“巧克力汽车”排出巧克力味的尾气，想象新颖。还运用心理描写，暴露自己吃货本质。

我来到了我的母校，顿时被惊艳到了，里面所有的东西都是我没见过的高科技。我看到一个穿着奇怪的机器人走进了一间教室，我的好奇心也被它吸引着，机器人老师手指突然凭空一点，只见前面出现一个蓝色的显示屏，里面有整篇课文的重点、难点，都展示得清清楚楚。

校园里机器人老师神奇的课堂，手指一点，奇迹出现。

“叮铃铃”，下课铃响了，把我沉醉在课堂中的心完全拉了出来，这时我才知道外面已经在下雨了。同学们却排着队，在机器人老师的带领下走下楼梯，很快就到了操场。可是外面明明在下着雨，而在去操场的路上，同学们却没淋到一滴雨，连雨丝都看不见。走到了做操的地方，广播音乐响了起来，没想到原本灰蒙蒙的天居然变得明亮起来，还有太阳光束照射进来。我看着操场的天空，突然间发现这里的太阳根本不刺眼。我仔细地看着操场旁边，发现有一层东西，走到旁边，轻轻地摸了摸它，我的手居然穿了出去，清楚地感受到了。我用拳头轻轻地碰那层膜，却没有穿过去，反而像打在墙上一样。这些高科技真的是太神奇了！

无形光膜的风雨操场，写得更加细致，作者通过看、摸、碰等一系列动作，体验它的神奇。

突然，我感到一阵凉意，妈妈掀开了我的被子正怒气冲冲地冲着我大吼：“上学迟到啦！”我目瞪口呆地看着妈妈，原来我只是做了个梦，真希望我梦中的穿越是真的，那里的一切太美好了！

> 以梦开头，以梦醒结尾，前后呼应。

文文梳理的思维导图：

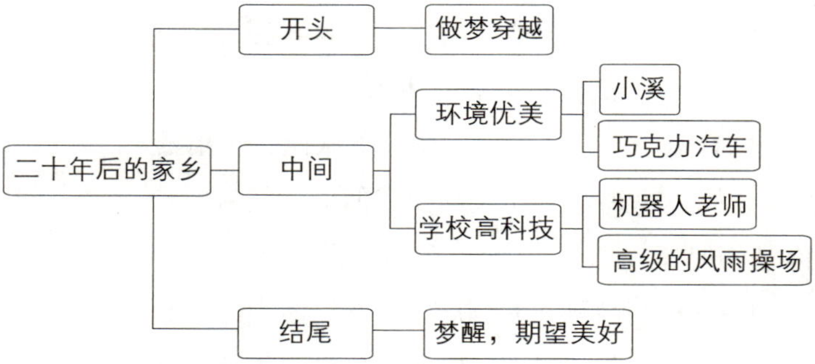

二十年后回家乡

李静宜

星星的点评

> （我能帮星星补充完整余下部分）
> 自然式开头，简洁明了。

光阴似箭，日月如梭，转眼间二十年过去了。我也成了一名小有名气的数学教授。由于工作的原因，我已记不清自己多久没有回家，以往都是从妈妈口中得知家乡的变化，今天我要去瞧瞧我那生我养我、让我日思夜想的家乡。

坐在飞机上，我的脑海中浮现出二十年前的家乡：道路拥挤，两旁的树木也少得可怜；冒着尾气的汽车从坑坑洼洼的道路上飞驰而过，尘土飞扬；村里房子零零落落，垃圾遍地，环境令人堪忧。

> 通过二十年前后对比，展示了二十年后家乡的美丽突变。

一下飞机，映入眼帘的是四通八达的高速公路，高速铁路和立交桥也变得纵横交错；道路两边随处可见葱葱郁郁的大树，它们像一把把绿色的大伞，为我们挡住了刺眼的阳光；太阳能环保汽车从宽阔平坦的道路上来来往往；人行道上种满了各色的花，远远望去，仿佛大地铺上了五彩的地毯。

来到小区门口，我看到一栋栋由粉红油漆刷过的房子拔地而起，掩映在重重的绿树当中。整齐优雅的别墅门前放着智能分类垃圾桶，房屋四周的花坛里种满了漂亮的花，引来了许多花蝴蝶和勤劳的小蜜蜂前来采蜜。

我来到家门口按下门铃，门开了，令我惊奇的是开门的居然是一个机器人管家，它说："欢迎李女士回家。"这时妈妈走了出来，我睁大了眼睛，一脸疑惑地看着老妈。妈妈好像什么都知道似的，笑着对我说："你是不是很奇怪，我为什么和以前一样貌美如花？""真是知我者妈妈也。快告诉我。你用的什么东西，这么神奇！""我用了王博士发明的永葆青春药丸，只需一粒，就可以永葆青春！"

我坐在沙发上，沙发自动给我按摩，当我口渴时，机器人管家为我端来一杯咖啡；当我饿时，机器人管家居然只给了我一颗药丸和一杯水。我又开始了我的"十万个为什么"，妈妈告诉我，这个药丸结合了肉、菜、米饭等食物，吃起来方便又快捷，而且过一会儿就能尝到它的各种味道。我笑着说："现在家乡的科技真发达啊！"

家乡发生了翻天覆地的变化，人民的生活也如芝麻开花节节高，一片欣欣向荣，祝愿我的家乡越来越好。

我能帮星星补充完成余下的导图：

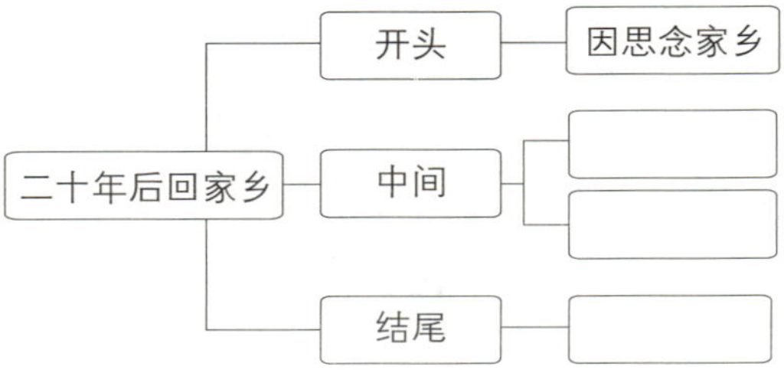

二十年后的家乡

葛欣乐

我的点评

今天晚上，我早早地睡了，迷迷糊糊地穿越到了二十年后。

二十年后，我成了一名著名的服装设计师，好多明星都来找我设计衣服。因为忙碌，我有三年没有回家过年了，趁这次放假，我决定回家看看我日思夜想的爸妈。

坐着我的专属无人驾驶汽车出发了，过了大约三个小时，回到了我的家乡大宁海。我看到了曾经玩耍过的小河，惊讶地发现河中没有一点儿垃圾，河水清澈见底。哦！原来在河的边上有个机器人在自动清理，我听旁边的伯伯说现在也不怕孩子玩水掉下去了，机器人要是感应到重物掉下去它会自动发射大网捞起来，只要一秒哦！

回家可不能空着手，得买点东西。于是，我来到了“筋斗云”水果店。店里琳琅满目，摆满了各种水果，但是一个服务员都没有，这怎么办呢？忽然一个机器人出来了，他说：“女士您好！我能为您服务吗？”我说：“当然可以！我今天回家。想给父母买点水果，有什么好的推荐吗？”“我推荐您买香蕉和梨，如果要降火、降血压还可以买雪莲果。”机器人说。于是我听取了机器人的意见，买了香蕉、梨和雪莲果。

呼吸间依旧是家乡熟悉的海水的咸味，而少了曾经干涩浓重的雾霾气息。由于新式栽培技术的开发，在路中央栽上可媲美北海道的樱花，一阵微风吹过，花瓣纷纷扬扬地落下，又随着车流带起的风扬起，像盛装的仙子在车间轻盈地起舞，与新能源车身上点缀的绿色相映成趣。路边栽着一排高挺的树，婆娑叶影下的平衡车道上，人们笑着互相致意，又迅速地擦肩而过。新能源的使用不仅净化了空气，更提高了能见度，我在远处就清晰地看到，幕布一般湛蓝的天空映衬着熟悉的兴宁廊桥。廊桥换上了更坚固的护栏，重新粉刷过的桥身使她又重新焕发了青春活力。

大概过了十分钟，我乘电梯到了家，家也全智能了。门口有摄像头扫了我的脸，我进了门，一个机器人帮我换了鞋，另一个机器人过来拿我刚买的水果去洗。爸妈见我回来了，开心得不得了，紧紧地抱着我。我走到餐厅准备吃饭，只见桌上，许多都是妈妈不会做的菜，难道妈妈厨艺增长了？我疑惑不解。妈妈说多亏了这个智能管家，说这些都是机器人做的。我们有说有笑地吃着饭，好幸福啊！

“还不起床，太阳晒屁股啦。”哎呀！是妈妈的咆哮声！我的梦醒了，多美的梦啊！

我梳理的思维导图：

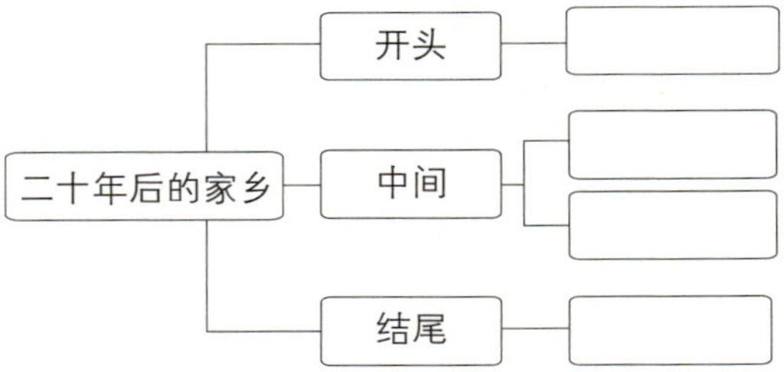

五 对话体验，整理素材

老师：同学们，你的家乡在哪儿？那里一定有你的许多记忆吧！随着科学技术的发展进步，你们的家乡也一定发生了很大的变化吧！再过二十年，你的家乡还会发生哪些巨变呢？你又希望它变成什么样子呢？我们先和伙伴们一起议一议吧！

星星：我的家乡在乡村，随着新农村建设和“五水共治”，我家乡的环境一天比一天好了。我希望二十年后我家乡的人、事、景、物等方面都能有巨大的变化，不仅比现在更美，还应该更有高科技感呢！

文文：是啊！我们畅想二十年后家乡的人、事、景、物等方面的变化，如城镇建设、公园改造、空气质量、环境卫生、校园设施、交通工具、通信方式、智能家庭等，也可以对家乡有哪些美好的祝愿，最想看到家乡哪方面的变化等。我觉得对于二十年后家乡的想象，真的可以有好多哦！

星星：是的哩！家乡变化有那么多内容可以写，我们该怎么选择比较好呢？

文文：我觉得，我们写作前一定要根据自己的喜好来进行选择。可以选取几方面的内容，一一写出它的变化；也可以单单选取一方面的内容，细致地写一方面的变化。

我的想象

星星：我准备写二十年后家乡的智能家庭。这是我的写作思维导图：

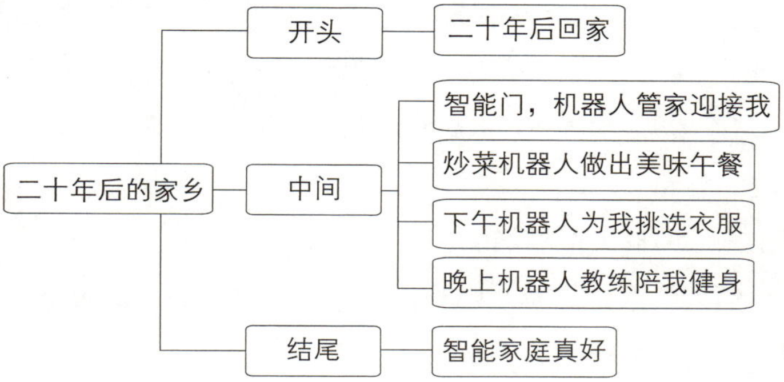
二十年后的家乡
开头
二十年后回家
中间
智能门，机器人管家迎接我
炒菜机器人做出美味午餐
下午机器人为我挑选衣服
晚上机器人教练陪我健身
结尾
智能家庭真好

文文：我准备写二十年后家乡交通的巨大变化。我准备这样写：

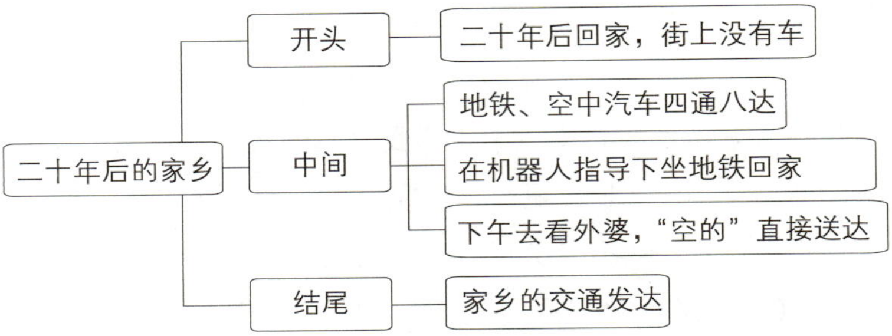
二十年后的家乡
开头
二十年后回家，街上没有车
中间
地铁、空中汽车四通八达
在机器人指导下坐地铁回家
下午去看外婆，“空的”直接送达
结尾
家乡的交通发达

我的思维导图

六 对话积累，激活语言

我收集了一些备用词句，我会根据表达需要选用好词佳段。

一、词语盘点

光阴似箭　日月如梭　魂牵梦萦　日新月异　翻天覆地　拔地而起

鳞次栉比　车水马龙　川流不息　高耸入云　摩肩接踵　熙熙攘攘

井井有条　欣欣向荣　琳琅满目　瞠目结舌　匪夷所思　意犹未尽

清澈见底　一尘不染　美不胜收　落英缤纷　云蒸霞蔚　清晰可见

枝叶葳蕤　芳草萋萋　苍翠欲滴　花团锦簇　漫山遍野　姹紫嫣红

二、佳句集萃

1. 露出云层的群山似岛屿般一簇簇一抹抹地悬浮着。

2. 夜色清辉淡淡，月光妩媚皎洁，每当此时我就会斜倚在窗前，脑海中闪现的无不是故乡的一景一物。

3. 在光感控制器的作用下，跃龙山文峰塔随着夕阳西下渐渐镀上了一层晚霞，像是天边的一抹火烧云。

4. 飞驰而过的车辆和飞行器两旁是郁郁葱葱的树林，遮天蔽日的枝叶和其间安装的自动干冰降温器使林中即使在酷暑中也能保持幽静清凉，对于疲惫了一天的人们来说，这片树林就是繁华中美好静谧的伊甸园。

三、精彩首尾

开头：

1. “独在异乡为异客，每逢佳节倍思亲”这句诗总是回荡在我的耳际，二十年的异乡生活，恨不得马上插上翅膀飞回家乡。今天，终于能回到家乡了，小小的心充满了欢乐！

2. “少小离家老大回”，算起来我离开家乡已经二十年了。一股强烈的思乡之情不期然涌上心头。“该回家了。”我想。二十年后的家乡，会是什么样子呢？

3. 醒来的时候，我惊异地发现自己躺在一张格外舒适的床上，似乎是感知到我的醒来，手边的智能闹钟自动开始报时：“今天是2040年3月……天气，晴……”等等，2040年？我居然穿越到了二十年后的家乡！

4. 从太阳能飞车里走了出来，我踏上了离别20多年的故乡——宁海，一种难以用语言表达的感觉顿时涌上我的心头。这一尘不染的土地，葱郁的树木，清新的空气，将我长途旅行的疲劳消除了，浑身充满了活力。

结尾：

1. 这就是21世纪40年代的中国宁海，这就是二十年后我的故乡。

2. 我下了飞行器正往教室走，忽然，耳边传来了一阵熟悉的说话声。我睁开眼一看，啊！现在才2020年呢，原来这只是一场梦呀！但我相信，20年后的家乡一定会变得更加美丽！

3. 家乡变化还有很多很多，不胜枚举，我为家乡的惊人变化感到非常骄傲和自豪。离开家乡那天，我依依不舍，此时此刻，我才深切体会到“露从今夜白，月是故乡明”。宁海，我会想你的。

4. 醒来时，我依旧躺在异乡的床上，回想着刚刚的一幕又一幕，眼神中流露出无限的眷恋，因为那是我深爱的故乡——宁海！

七 对话自我，升格提优

一、左右对比，巩固写作要点

原文：

二十年后的家乡

胡家羽

我最近研究出一个时空穿越机。刚拿到手，我就迫不及待想试试它的功能了！我发出指令：“带我去二十年后的家乡！”

“请启动时空模式。”转眼间，我已站在家乡的土地上。映入眼帘的是一条清澈的小河，小河里有欢快的鱼儿跳跃着；一排排高大挺拔的树木，犹如一排排英勇的勇士，这里绿树成荫，百花盛开，远处还有一幢幢高楼大厦……我顿时愣住了。要知道二十年前的这里可是一排脏兮兮的垃圾箱，二十年后焕然一新，我几乎不敢相信自己的眼睛。

我往前走，看到一个果园，一位老伯正悠闲地

提升点：

开头不符合实际哦！

你与老伯交流了，老伯没有接待你吗？

升格文：

二十年后的家乡

胡家羽

暑期，我到北京看表哥，他在国家科学院工作。表哥告诉我最近他们研究出一个时空穿越机。我很惊奇，问他能否可以前去体验，表哥答应了。我刚到时空穿越机前，就迫不及待想试试它的功能了！我发出指令：“带我去二十年后的家乡！”

“请启动时空模式。”转眼间，我已站在家乡的土地上。映入眼帘的是一条清澈的小河，小河里有欢快的鱼儿跳跃着；一排排高大挺拔的树木，犹如一排排英勇的勇士；这里绿树成荫，百花盛开，一片金灿灿的田野上，鸟儿婉转歌唱；远处还有一幢幢高楼大厦……我顿时愣住了。要知道二十年前的这里可是一排脏兮兮的垃圾场，二十年后焕然一新，我几乎不敢相信自己的眼睛。

我往前走，看到一个果园，一位老伯正悠闲地喝着茶。为啥大伯

喝着茶。我奇怪地上去询问："伯伯，这么大的果园，你为何不照顾？"老伯惊讶地看着我："你是外来的吧！这里早就使用机器人了。"我望了望果园，不出所料，真的有许多忙忙碌碌、手脚灵活的果园机器人在照顾果园。

告别老伯，我继续往前走。突然前面开了一辆豪华的车，不看不知道，一看吓一跳！是我小时候的同桌冤家坐在里面，正朝我咧嘴笑："去不去郊游？""当然去！"我毫不犹豫地答应了，"你这辆车是哪儿来的？"他说："3D打印的哟！"

回去时我真想让二十年后快点到！我快等不及了！

"突然前面开了一辆豪华的车"句子不通。为什么"一看吓一跳"？没有交代清楚。

怎么回去？还在时空穿越机里呢！此处最好有所交代。

结尾建议可以写写对二十年后家乡生活的向往之情。

在园里不干活？我好奇地上去询问："伯伯，这么大的果园，你为何不照顾？"老伯一边热情地拿出水果和茶点招待我，一边和蔼地看着我："你是外来的吧！这里早就使用机器人了。"我望了望果园，真的看见许多忙忙碌碌、手脚灵活的果园机器人在照顾果园。

告别老伯，我继续往前走。突然有一辆豪华的车朝我驶来，不看不知道，一看吓一跳！我小时候的同桌冤家坐在里面，他早已不是小时候流着鼻涕企图用小虫子吓唬我的淘气小男孩了。他正朝我咧嘴笑："去不去郊游？""当然去！"我毫不犹豫地答应了，"你这辆车很特别，是哪儿买的？"他说："我自己设计，3D打印的哟！"

"时空模式关闭。"啊？这么快就体验完了！我真不想从时空里出来。要是二十年后的家乡真有那么美、那么棒，该有多好啊！如时空模式一样的美丽家乡快点到来吧！我快等不及了！

二、与同学互改互评

同学的修改建议

三、自我修改评价

我的评价

四、此次作文评价参考标准

评价参考标准

1. 内容具体，语句通顺。（加 1 ★）
2. 开头点题，语句优美，用了三个以上好词好句。（加 1 ★）
3. 用了比喻和拟人的手法的方式，描述景物的特点。（加 1 ★）
4. 按一定的顺序变化（时间、地点）进行描写，有条理。（加 1 ★）
5. 结尾抒发感情，表达了对大自然的热爱。（加 1 ★）

05 介绍一种事物

林华烨

如果要选择一种你了解并感兴趣的事物介绍给别人，你打算介绍什么？下面表格中的提示和题目是否对你有启发？

与动物有关	恐龙	袋鼠的自述	动物的尾巴
与植物有关	菊花	热带植物大观园	种子的旅行
与物品有关	灯	扫地机器人	溜溜球的玩法
与美食有关	涮羊肉	怎样泡酸菜	我的美食地图
其他感兴趣的内容	火星的秘密	草原旅游指南	中国传统吉祥物

可以选择表格中的题目，也可以自拟题目，介绍一种事物。

写之前，细致观察要写的事物，并搜集相关资料，进一步了解这个事物，想清楚从哪几方面来介绍。

写的时候注意以下几点：

◇写清楚事物的主要特点。

◇试着用上恰当的说明方法。

◇可以分段介绍事物的不同方面。

写好后，与同学交流分享。如果别人对你介绍的事物产生了兴趣，获得了相关知识，你就完成了一次成功的习作。

一 对话名师，明确要求

星星：老师，这次作文要求介绍一种自己感兴趣的事物，那么可以写些什么呢？

老师：本次作文写作内容的范围很广，仔细看表格，你们就会发现，可以写动物、植物、物品、美食，还可以是其他感兴趣的内容。例如，动物，表格中列举了恐龙、袋鼠的自述、动物的尾巴，这其中又有什么不同的地方？

文文：我发现了“恐龙”应该可以直接介绍恐龙这种动物，“袋鼠的自述”则是从袋鼠自话自说的方式介绍袋鼠的，至于“动物的尾巴”侧重点是介绍清楚动物身体的某一部分。

老师：文文，你真会发现。是的，同样是写动物，从不同的角度，选取不同的重点，文章写的侧重点肯定也不同。大家仔细看，还会发现，第二列叙述的角度比较平实，是我们一般常用的写法，第三列的内容就显得更丰富了些，至于第四列，挑战性就更大了。其实，不要小看这一个表格，其中隐含的内涵可深了。

星星：我平时最害怕写这一类文章了，怎样才能写好呢？

老师：相对于一般的写事文章，说明文的难度是大了一点。但是，我们第一单元已经学过介绍自己的心爱之物，我们在之前的基础上，除了要写清楚事物的主要特点之外，还要试着用上恰当的说明方法，尤其是要分几段一一介绍事物的不同方面。

星星：哦，就是说这一次不仅要写出事物的主要特点，还要用上一些说明方法？

老师：对，我们可以从自己擅长的一些说明方法用起，这次我们可以试着先用2~3种，用说明方法写清事物的某个特点。而且，这次是要介绍事物的不同方面，几方面就分几段。我们先回忆一下课文里写的吧！

二 对话课文，感悟表达

老师：这一单元是说明文单元。说明文是一种比较特殊的文体，是以说明为主要表达方式来解说事物、阐明事理而给人以知识的文章。说明文以“说明白了”为成功。我们先看看本单元的说明文中，可以借鉴哪些说明方法。

星星：我觉得《太阳》这一篇文章介绍得特别清楚。尤其是课文的第二段，短短两句话运用了两种说明方法。“我们看太阳，觉得它并不大，实际上它大得很，约一百三十万个地球的体积才能抵得上一个太阳。因为太阳离地球太远了，所以看上去只有一个盘子那么大。”第一句中，运用了作比较、列数字两种说明方法。把太阳和地球作比较，用一百三十万个地球抵一个太阳的数字对比，突出太阳的大。

文文：对的。同样是说明文，《太阳》的语言风格比较平实，但是《松鼠》一文就比较活泼。比如：“松鼠是一种漂亮的小动物，乖巧，驯良，很讨人喜欢。它们面容清秀，眼睛闪闪发光，身体矫健，四肢轻快，非常敏捷和玲珑的小面孔，衬上一条帽缨形的美丽尾巴，显得格外漂亮。它们的尾巴总是翘着，一直翘到头上，身子就躲在尾巴底下歇凉。它们常常直竖着身子坐着，像人们用手一样，用前爪往嘴里送东西吃。可以说，松鼠最不像四足兽了。”多次运用了打比方的说明方法及拟人的写作手法，抓住松鼠面容、尾巴、吃东西几个方面把松鼠讨人喜爱的可爱模样写得栩栩如生。

星星：我想这就是科学性说明文和文艺性说明文的区别吧！无论是哪种风格，说明文的描述都要准确、清楚、有条理。

文文：为了写出特点，写作之前，要仔细观察要写的事物，想一想可以从那个事物的哪几个方面，用上哪些说明方法来介绍事物的特点。比如，《太阳》一文，为了把抽象、复杂的太阳介绍得清楚明白，课文就运用了打比方、列数字、举例子、作比较等说明方法，写出了太阳体积大、温度高、对人类有很大作用这三大特点。

星星：对，《松鼠》一文也用了打比方、作比较、列数字等说明方法写了松鼠讨人喜欢的外形、松鼠的活动、搭窝、生育等几个方面的特点。

文文：对于不了解的事物，我们还可以搜集相关的资料，可以让事物的特点更具体形象。

我感悟的方法

三 对话高手，学习方法

认识一下作文高手王景瑶。

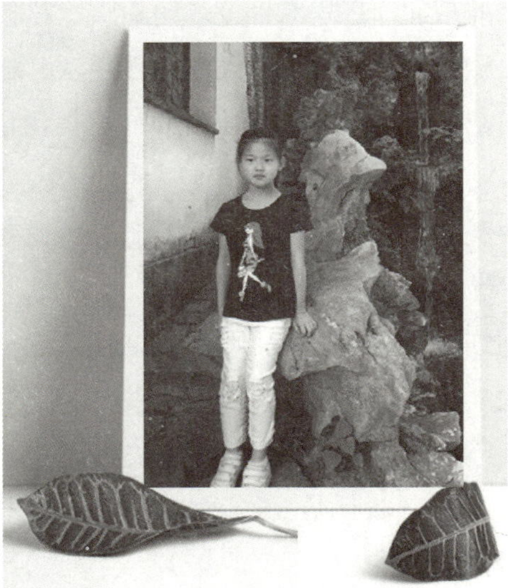

她，活泼开朗，写得一手好字。爱素描，速写，会拉小提琴，打小鼓，梦想着有一天能够成为像林老师一样辛勤的园丁。她，和同学们相处融洽，很喜欢郊游，也喜欢一些新奇的小东西。周末的下午经常会在图书馆里度过。

多肉小米星

王景瑶

我家有一盆多肉植物，它的外表很像一种花——满天星，但是它的真名叫作小米星。

小米星是景天科的多肉植物，叶片尖尖的，有的叶片呈浅绿色，也有叶片呈灰绿色的。叶片的边缘稍微有点红色，温差稍微大一点的时候，叶片上的红色就特别明显，很是娇艳。小米星一般四五月份开花，花为白色。小米星开花的时候，花朵像小米粒一般，精致而美丽。这也是小米星名字的由来吧。

小米星十分喜欢充足的阳光，也挺耐寒。干燥凉爽的环境最适合它的生长。它是多肉植物中典型的“冬型种”，能耐零下2摄氏度左右的低温，整个冬季基本可以断水。一般在冰凉的秋季，它就开始蹿个儿，越冷个儿蹿得越有劲儿，但是如果光照不足，会使它徒长，叶与叶之间的距离会拉长，叶子边缘的红色也会减退；然而，如果在阳光充足的地方生长的话，株型就会矮壮，茎节之间的排列就会紧凑。

与众不同的是，到了炎热的夏季，它却又有休眠的习性，所以，夏天时的养护很有技术含量。夏天时，一般五天左右给小米星浇一次水，盆土湿润即可。这样的滋润，可以确保它在休眠期有水分的补充，又可以避免因水分太多而根部发生腐烂。

小米星是非常好繁殖的品种，它的繁殖方法一般就是扦插，取健康的完好的枝条，按大约4厘米的长度剪下，插入土里，几天后再少量浇水。砍后的地方就会重新萌发出新的生长点，会萌发新的枝芽。

人间多肉万千种，而我独爱小米星！

星星的点评

开篇点题，介绍了小米星是多肉植物的一种。

从叶片、花粒介绍小米星的样子。最后一句运用打比方的说明方法写出了多肉小米星花朵的特征，交代了小米星名字的由来。

介绍小米星喜阳、耐寒的特征。运用列数字的说明方法写出了小米星耐寒的特点，让人印象深刻。

介绍小米星夏季休眠的特征。运用列数字的说明方法写出了小米星夏季抗旱的特征。

介绍小米星的扦插方式。

总结性结尾，表达了自己的喜爱之情。

星星梳理的思维导图：

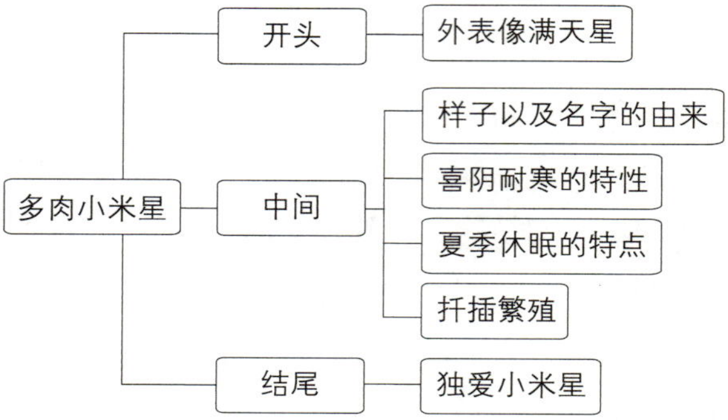

星星：王景瑶，我认真欣赏了你的作文，还梳理了文章的思维导图。我发现你介绍小米星的特点时是一个自然段一个特点，对吗？你为什么这样写呢？

王景瑶：星星说得对，我是特意选择了我熟悉的小米星的特点，一个自然段一个特点来介绍的。先总的写小米星是多肉的一种，再分别从小米星的样子、喜阳耐寒的特性、夏季休眠的特性、扦插繁殖的方法一一介绍，最后总结，抒发对小米星的喜爱之情。我觉得这样写最能写清楚多肉的特点。

文文：你把小米星的特点介绍得如此具体、生动，是怎样做到的呢？

王景瑶：我在选择“介绍一种物品”的时候，选了自己最喜欢的植物——多肉小米星。因为喜爱，所以对它的特点了解得比较全面。结合平时仔细的观察，在写之前，我就选中了小米星的特征，一个特点用一个自然段介绍。当然，对于小米星喜阳耐寒、夏季休眠这两个不同的特性，因为想比较详细地介绍，所以也用两个自然段描写。我认为只有喜欢，对它的特性了解到位了，才能介绍得生动、鲜活。

星星：可见，介绍一种物品时对物品特点的细致了解是多么重要啊！我还发现你在介绍时灵活地运用了一些说明方法，把小米星的特点介绍得特别明白、清楚。是这样吗？

王景瑶：是的！不仅如此，我们在介绍其他动物、物品、美食等感兴趣的事物时，也可以灵活地运用打比方、列数字、举例子等说明方法，这样你所介绍物品的特点就能特别清晰鲜活地呈现，让人印象深刻。

我的发现

四 对话佳作，开拓思路

美味的酸菜鱼汤

周怡君

奶奶的拿手菜——酸菜鱼汤，是我的最爱。这是我们家的一道老菜了，我百吃不厌。

鱼汤好吃，可要做好也不是件简单的事。最好选上好的一段鲫鱼，洗净，把鱼骨分出来，把鱼肉切成鱼片，不必去腥，准备一些辣椒、蒜、香菜、葱花、姜片等作料，一切准备就绪，就可以开始煮汤了。

净锅，倒入100毫升植物油，等锅底烧热，油“嗞啦嗞啦”开始响时，把酸菜倒入锅里翻炒。三四分钟后，等酸菜变色，有菜香飘出时，再倒入辣椒、蒜、香菜等作料，拿着锅铲不停翻炒，直至锅里的辣味浓郁得让你呛得直咳嗽。接下来，在锅里慢慢加入开水，煮三五分钟后，放入鱼骨，再盖上锅盖熬上五六分钟放入切好的鱼片，盖回锅盖继续煮。等煮到锅里冒热气时，把火候调小，文火慢炖，熬到锅里“咕噜咕噜”冒气泡时，再尝尝汤的味道，根据口味

文文的点评

开篇点题，介绍了奶奶的拿手菜——酸菜鱼汤，是我的最爱。

从选料、分鱼骨、鱼肉切片、准备作料等几个方面，介绍了做鱼汤前的准备工作。

介绍做酸菜鱼汤时的具体步骤，语言简洁准确，条理非常清楚。

适量放入盐、糖、醋等调料，出锅前撒上葱花。香辣十足的酸菜鱼汤就华丽诞生了。

刚出锅的酸菜鱼汤十分诱人。只见汤汁澄澈，上面呈红色，越往下颜色越淡，碗底一层呈现的则是黄色了。鱼肉的嫩白，酸菜的酸香，香菜的青翠，再加辣椒的火红，色彩丰富，色泽诱人。

闻着就已经很是香辣鲜美，吃时就更加美味无比了。如果怕辣的话，可以用汤勺拨开上面的一层辣油，喝下面黄色的鱼汤。不怕辣的，则可以直接喝红色的辣油，肯定让你辣到酸爽。白嫩的鱼片特别肥美，去了刺，滑入口中，酸滑爽口，娇嫩鲜美。连其貌不扬的酸菜也酸中带鲜，咸辣适中，下饭特别带劲。

这个时候，要是能吃上一口酸菜鱼，那该是多么幸福的事啊！

从酸菜鱼汤的汤汁、鱼肉的色泽写出了刚出锅的酸菜鱼汤的诱人。

从鱼汤、辣油、白嫩的鱼片三方面写出酸菜鱼汤的香辣鲜美。

总结性结尾，表达了自己对酸菜鱼汤的喜爱之情。

文文梳理的思维导图：

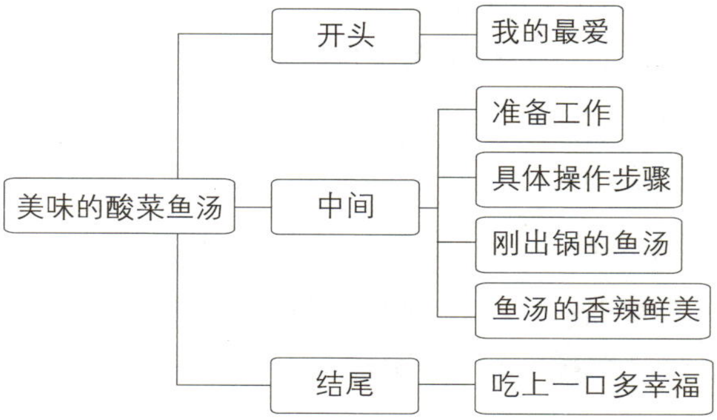

小台灯

陈延丰

我房间的书桌上，摆着一个小熊猫一样的台灯，它是在我十岁生日时，姐姐送我的，我喜欢极了。

星星的点评

（我能帮星星补充完整余下部分）

小熊猫台灯大约长10厘米，宽5厘米，高14厘米。小熊猫长得很可爱，它的眼睛一只睁着，一只闭着，鼻子是小台灯的开关，嘴巴是一个小小的LED灯，用来显示充电时的状态。小熊猫左手拿着一根镂空的长为7.5厘米左右的竹子，可以放下两到三支笔，我经常会放上几支自动铅笔或黑色圆珠笔，以便我可以随时使用。小熊猫的充电口在它的小屁股上，大约长2厘米，它的电容量很大，就像一个“大吃货”，充一次电一般可以用三天，但是它充电的速度实在是太慢了，需要6个小时。

小熊猫有三种颜色由深到浅，每个颜色又有三个档，一档较暗还省电，二档适中，三档最亮。长按它的鼻子就可以换颜色，单按一下是换档。在看书时，我通常用深色三档；写作业时，我喜欢用浅色二档。

这个小熊猫台灯对我的帮助可大啦！每当我看书或做作业时，就会第一时间打开我的小熊猫台灯为我照明，每到这时，小熊猫总会眨巴着那双机灵的眼睛，鼓励似的对我说：“加油，小主人！”它在我开小差时警醒我要好好学习，在我看完书或完成作业时，小熊猫那忽闪忽闪的大眼睛仿佛又在提醒我：“记得查漏补缺哦！”它使我养成了认真完成作业，完成作业后勤检查的好习惯。

这个小熊猫已经陪伴了我两年了，它不但漂亮还很实用，更帮助我养成了认真学习的好习惯，我会永远珍惜它！

开篇点题，介绍了小熊猫台灯的来历。

从小熊猫的大小、样子及用途介绍小熊猫台灯。比较灵活地运用了列数的说明方法。

我能帮星星补充完整余下部分的导图：

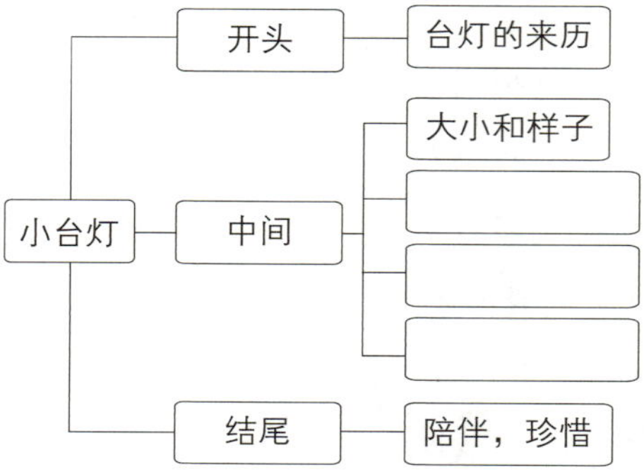

手机的自述

应嘉博

大家好，我的名字叫智能手机。我可谓是上知天文，下晓地理。世界上只要是人们发现过的事物我都知道。

我有很多的前辈，如大哥大、功能手机等，但是随着科技的突飞猛进，前辈们已寿终正寝。

我有一个长方体的身躯，全身上下都被金属外壳包围着，我的头上有一个小圆点，看上去像是脸上的一个小痘痘。其实，它叫信号灯，如果有消息传过来，小圆点就会告诉主人。我身体的底端有充电的接口和外音出口。

从我一诞生开始，我就给人们带来了许多方便，不管在多远的地方，我都能帮助传递信息。在现在的社会中，我头脑里的智慧被开掘得越来越多，以至于越来越多的人都不能离开我，对我爱不释手。我个头小巧玲珑，携带方便，而且我还有很多的功能，如打电话、玩手机游戏、看电影，还可以了解世界各地信息，让你足不出户，信息尽在手中。

我的通信功能非常神奇，只要两人互相加微信好

我的点评

友，不管相隔多远，都可以进行视频通话。我还有很多小游戏呢！只要下载一下就可以玩上好玩又有趣的游戏，但是我希望你们不要一天到晚都捧着我，那样视力很容易下降。

人家都说我是一柄双刃剑，有些人甚至把我和电脑这些电子产品称为“电子鸦片”。但是，在有自制力、自控力的人手里，我就是最佳助手。

愿我能助你纵横天下，马到成功！

我梳理的思维导图：

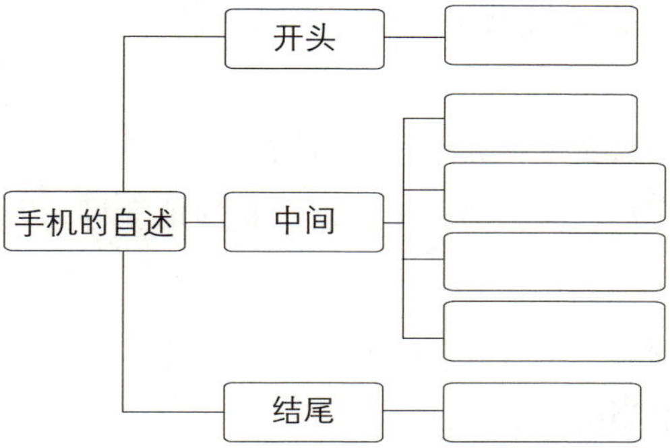

五 对话体验，整理素材

老师：我们身边有许多的事物，有植物、动物、物品，还有美食和其他，记忆深刻的也不在少数，自己到底要确定写哪一个呢？我们先和伙伴们一起回忆自己印象最深刻、最有感觉的事物吧！

星星：我最喜欢植物，我家的小院子里种了许多的花卉。大丽菊、四叶草、刺玫瑰、山茶花，草本、木本的都有。我觉得写花比较好，因为不仅可以写叶子的变化，还可以写花的变化。我想，只有细致了解观察它的变化过程，才能详实地一一呈现这个植物的特点。

文文：我们除了以看物体的角度，一方面一方面扎扎实实地介绍事物的特点之外，也可以换一种视角，如像《手机的自述》以这样有趣的方式来介绍植物、动物、物品、美食等，相信读起来也会别有一种风味。另外，有些物品的特征可能我们还不是特别熟悉了解，但是借助信息搜索，通过在网上、报纸、书刊中查找资料，我们可以增强对事物的全方位了解，这样介绍的时候，就可以胸有成竹，凸显所介绍事物的特点。

星星：对了，你提醒了我，我们也可以用想像介绍未来的物体，充分利用当前的一些科学知识做背景底色，发挥神奇的想象力，畅想未来的事物呢！都说“想象力就是创造力”，说不准我们现在创想的东西，未来就真的能创造出来呢！

文文：是的。不管是介绍现在的，还是未来的，不管是介绍动物、植物、物品、美食，还是其他的事物，我们都要坚持一个原则、两个标准、三大要点：

一个原则：一篇文章只介绍一种事物。

两大标准：写自己喜欢的；用自己喜欢的角度写。

三大注意点：

◇写清楚事物的主要特点。

◇试着用上恰当的说明方法。

◇可以分段介绍事物的不同方面。

我的回忆

星星：我家有只小乌龟，它不仅非常可爱，还有独到的功夫呢！我想运用一些说明方法，有序地介绍它的特点，我准备这样写：

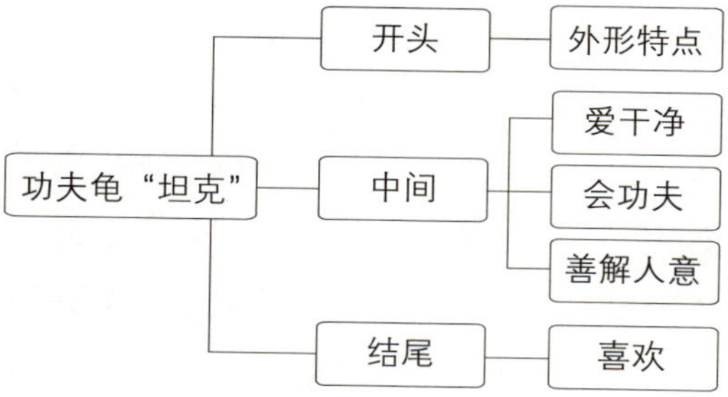

文文：我准备写我最喜欢的一种植物——非洲菊。我想从非洲菊名字的由来、美丽的花盘、生长特性、作用及寓意几方面来介绍。这是我的写作思维导图：

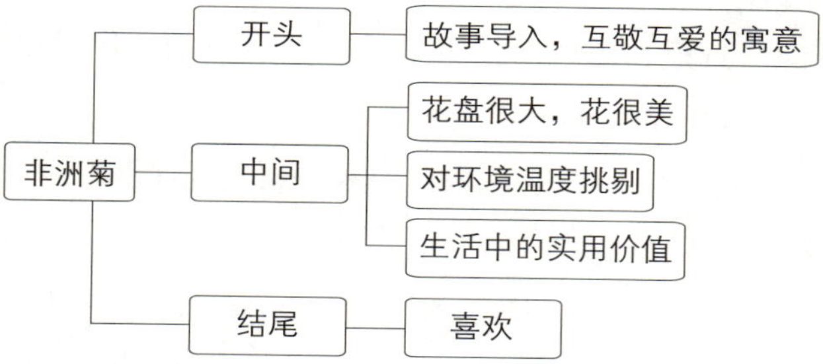

我的思维导图

六 对话积累，激活语言

我收集了许多备用词句，我会根据表达需要选用好词佳段。

一、词语盘点

描写动物：四蹄生风　贪吃好睡　昂首嘶鸣　狗仗人势　活蹦乱跳
快马加鞭　老马识途　高大雄健　摇头摆尾　活泼可爱

描写植物：花繁叶茂　绿草如茵　苍翠挺拔　茂盛如蓬　盘根错节
野花飘香　春花怒放　香气袭人　浓郁芬芳　疏影暗香

描写美食：珍馐美味　色香味浓　清脆滑爽　香甜软糯　唇齿留香
色味俱佳　香脆可口　咸甜适中　质嫩爽口　麻辣鲜香

描写物品：古色古香　别有洞天　鳞次栉比　美轮美奂　金碧辉煌
富丽堂皇　炉火纯青　精雕细刻　珠圆玉润　细腻光滑

二、佳句集萃

1. 路旁的田野里、山坡上，野菊花金黄金黄的，像星星点缀蓝天一样，装饰着广阔的原野。

2. 石榴果实成熟时，裂开了口子，露出珍珠玛瑙般的种子，好像少女嫣然一笑的皓齿。

3. 匾里的淀粉是早就洗出的，然而院里的阳光停留就几个钟头，搬进搬出的，有好些时日了。萝卜片是新切的，白白的薄片摊在门板上，像小时瓦屋缝隙里漏进来的一个个光柱，椭圆地印在泥地上，斑斑驳驳，层层叠叠。还有切成条状的萝卜，倒像是粼粼湖面上闪动的银鱼了。

4. 我们又来到了阿凡提烤肉馆。这些新疆小伙子可真有趣！戴着维吾尔族的帽子，留着阿凡提式的小胡子，可爱极了！不过最吸引我的还是那一串串的巨型羊肉串。烤得油亮油亮的羊肉发出一阵又一阵诱人的香味，把我肚子里的馋虫都引出来了。我忍不住伸出舌头舔了舔嘴巴，咽了咽口水。

三、精彩首尾

开头：

1. 大家好，我们是袋鼠。一身土黄色的皮毛，两个短短的前肢和强壮的后腿，在我的全身中，最厉害的就是我的尾巴了。

2. 有人喜欢娇艳的牡丹，有人喜欢挺拔的青松，而我却喜欢小草。一说起小草，我就很自然地想起白居易的著名诗句：“离离原上草，一岁一枯荣。野火烧不尽，春风吹又生。”

3. 我家养了一只小白狗，我给它取了一个名字叫“小白”。小白很讨人喜欢，浑身上下长着白白长长的绒毛，尤其是额头上的长毛垂下来，活像一排刘海，将它的双眼都遮住了。它聪明伶俐又善解人意，我每天放学回家时，它总是围着我又蹦又跳直摇尾巴，那股高兴劲没法说。

结尾：

1. 火星，未来人类太空旅行的第一站，它正翘首盼望着来自地球的贵宾。

2. 冬去春来，小草又从泥土中挣扎着钻了出来，重新开始它那无忧无虑的生活。小草又恢复了生机，蓬勃旺盛。它不怕风吹雨打，一个劲儿地猛长。它只有一个坚定的信念：决不向恶势力屈服！这时，人们才认识到小草竟有如此强大的生命力。小草是渺小的，又是伟大的。我想：做人，就要像小草那样敢于同恶势力斗争，决不做一个懦夫！

3. 小花猫一有机会就会刨姥姥在院子里种的小青菜，有时还在小青菜地里嬉闹，把小青菜折腾得面目全非，气得姥姥要打它。每当这时候，它就会跑到我的怀里，睁着两只水汪汪的大眼睛，可怜巴巴地看着我，好像在寻求保护。看着它那惹人怜爱的样子，你说谁还舍得打它吗？

七 对话自我，升格提优

一、左右对比，巩固写作要点

原文：

我家的小仓鼠

林洛妍

我家有一只上了年纪的仓鼠——白滚滚。

白滚滚的皮毛是纯白色的，是云

提升点：

开头开门见山。把小仓鼠待在我家的时间写上则更能突出仓鼠上了年纪的这个特点。

升格文：

我家的小仓鼠

林洛妍

我家有一只上了年纪的仓鼠——白滚滚，它来到我家已经有两个年头了。

小仓鼠白滚滚特别机敏。它的耳朵总是机敏地竖起，一双黑溜溜的眼睛，滴溜溜地转着，时刻侦察周边的“敌朵那样的白。它胖乎乎的，若它背对着你，你一定会认为这是一个长了毛的弹弹球——甚至比普通弹弹球还大了三四倍。

白滚滚陪伴着我一起成长，照顾它已经成了我生活的一部分。在我家，白滚滚的吃食十分丰富：金桔、小蜜桔、巧克力、饼干、瓜子、青菜……在我的精心照料下，它成功地长成了一只小肥鼠。

都说，动物是有灵性的，谁对它好它就跟谁亲。白滚滚可听话啦！它出走从来不跑去外面，只是在家里面走。有一次，它躲到

小仓鼠的外貌描写也要紧紧围绕着特点展开，从耳朵、眼睛，再写毛色，形神兼备。

介绍小仓鼠吃东西的生活习惯时，抓住了它吃瓜子时的细节，运用了举例子、打比方等说明方法，突出了小仓鼠吃东西时可爱的模样。

介绍小仓鼠特点时要未雨绸缪，不可“脚踩西瓜皮”，介绍吃后再介绍睡，水到渠成。

情”。它的毛雪白雪白的，整个身子像一个球，胖乎乎、圆滚滚的，经常在木屑上滚来滚去，因此我便叫它“白滚滚”。

白滚滚是个小吃货，只要笼子里有吃的，它就会不停地吃啊吃。金桔、小蜜橘、饼干、瓜子、巧克力、青菜……都是它的最爱。白滚滚尤其喜爱吃瓜子，吃瓜子是它的“拿手好戏”：只见它用小牙齿咬下瓜子的一条边，然后用舌头一舔，瓜子仁就顺势出来，进了它的嘴里。说来奇怪，白滚滚嘴里有了瓜子仁并不着急吃，它喜欢连着剥好多个，直到嘴里塞得满满的，腮帮子鼓起来像两个小球了，才躲进它的“小房子”里，慢慢享受自己辛苦忍耐得来的“劳动成果”。

白滚滚特别爱睡觉，而且最喜欢钻在它心爱的小房子里睡。如果把它的小房子拿走，它就转移地点，爬到僻静的角落里，继续呼呼大睡。睡醒后心血来潮时，白滚滚还会爬到滚轮上运动一下，它不断地跑啊跑，仿佛是个“运动健将”。可惜的是，白滚滚对运动的爱好只有三分钟的热度，因为它跑了一会儿就又去睡觉了。

别看白滚滚平时挺老实，有时候也会“叛逆”——逃出去。它已经逃了两次了。第一次是在暑假，那时我忘了把笼盖套上橡皮圈，一夜之间白滚滚学会了爬钢丝，它顶开笼子，自己偷偷摸摸地跑了出去，

了奶奶家的楼梯脚下，那里瓶瓶罐罐很多，五天之后被爸爸抓住塞回了笼子。

白滚滚是我养过时间最长的仓鼠。

我喜欢白滚滚！

至于事例性的介绍则可以放到最后个性特点中去。

结尾稍显简单、直白，可总结全文式结尾。

但也不会跑出家门，只是躲到了自家楼梯脚下。那里有许多瓶瓶罐罐，是个绝妙的藏身之地。第二次逃走是在我给它换木屑时，趁我一时不备，它扭着肥胖的身子，靠它高超的绝技跑了出来，幸亏当时客厅的门是关着的，然后它就在客厅晃悠了两天之后自己爬回了笼子。

白滚滚陪伴着我成长，照顾它已经成了我生活的一部分，我喜欢这个爱吃、爱睡、爱玩的小淘气！

二、与同学互改互评

同学的修改建议

三、自我修改评价

我的评价

四、此次作文评价参考标准

评价参考标准

1. 内容具体，语句通顺。（加1★）
2. 开头点题，语句优美，用了三个以上好词好句。（加1★）
3. 用了列数字、打比方等说明方法，写出事物的特点。（加1★）
4. 有条理地介绍事物的特点，重点突出。（加1★）
5. 结尾言简意赅，呼应开头，表达了对这种事物的喜爱之情。（加1★）

06 我想对您说

冯晨晨

你和爸爸妈妈可能是无话不说的好朋友，也可能平时你与他们的交流并不多。让我们借这次习作的机会，把平时想对他们说的话写下来，与他们真心“交谈”。

和他们说些什么呢?

◇可以回忆你们之间难忘的事，表达你对他们的爱。

◇可以讲讲你对一些事情的不同看法，让他们了解正在长大的你。

◇可以关注他们的生活，向他们提出建议，如劝他们改掉一些你认为不好的习惯。

你想对父母说的话也许有很多，可以一一列出来，从中选出最想说的写成一封信。用恰当的语言表达自己的看法和感受，让他们体会到你的爱，理解你的看法，接纳你的意见。

信写好以后，可以装在信封里送给爸爸妈妈，也可以使用电子邮箱发给他们。

一 对话名师，明确要求

星星：老师，这次作文要求写自己对父母说的话，那么可以写些什么呢?

老师：可以写一写你一直想对父母说，却没有机会说出口的心里话。

你可以把最近想说的心里话列出清单，写在纸上，大胆写，写真话，抒真情。例如，我最讨厌爸爸，有钱就变坏，和我的妈妈离了婚；我今天和同学打架了，心情不好；妈妈，您从早忙到晚，我爱您……我们做一个归类，心情大致有这样几种：解释误会、诉说烦恼、承认错误、表达感激。然后，选择一两件最值得和爸妈说的，也更能表达你对父母之爱的事例，作为你这次作文的内容。

文文：老师，这篇文章有格式要求吗？

老师：本次写作是给父母的一封信，要以写信和发电子邮件的方式完成。写信和发电子邮件是我们生活中交往的一种基本手段。写信时，要注意书信的格式，电子邮件的格式也和书信一样，要有称呼、落款等几个基本的要素。可以对照下面这个顺口溜：

称呼顶格写，后面用冒号。

问候空两格，谦虚有礼貌。

正文空两格，内容最重要。

结尾另起段，祝福不可少。

署名右下方，不要太潦草。

日期写精确，标于右下角。

星星：老师，写作时有什么需要注意的地方吗？

老师：本次写作有些特殊，因为读者对象是我们的爸爸妈妈。“我手写我心”，我们在动笔作文的时候，心里就该装着爸妈。心里有了爸妈这个特殊的读者，就等于用笔和爸妈在交流了。读者是我们的长辈，我们在写作中用词就要表现出尊重与谦卑。当然了，和爸妈交流可以无话不说。挑出自己最想说的内容来写，表达自己的真情实意。也可以根据自己和父母之间的交流习惯，用不同的语言方式表达。

二 对话课文，感悟表达

老师：我们先来学习第六组课文，我们会感受到父母子女之间浓得化不开的感情。怎样才能更好地表达自己的感情呢？我们先看看本单元的课文中，可以借鉴哪些描写方法。

星星：我喜欢《父爱之舟》这篇文章，其中有一个作者与父亲逛庙会的场景："我和父亲都饿了，我多馋啊！但不敢，也不忍心叫父亲买。父亲从家里带了粽子，找了个偏僻的地方，父子俩坐下吃凉粽子。吃完粽子，父亲觉得我太委屈了，领我到小摊上吃了碗热豆腐脑，我叫他也吃，他就是不吃。"这一场景令作者印象深刻，我们可以感受到父子之间的温情。有时，浓厚的感情藏在字里行间，需要用心品味。

文文：是的，《父爱之舟》一文中，作者对两年一度的庙会进行了生动的场面描写，我也从中感受到父子之间相互关爱的情感。我们也要学着把想和爸爸妈妈说的情节用场景展示出来。

老师：我们再来研读《慈母情深》《"精彩极了"和"糟糕透了"》，寻找作者写作的秘妙。

星星：《慈母情深》中有一个细节："母亲掏衣兜，掏出一卷揉得皱皱的毛票，用皴裂的手指数着。"从中，我感受到母亲工作的辛苦、挣钱的不易，还可以联系上下文体会到"我"的羞愧和自责。我觉得，抓住细节描写，夹叙夹议是我们写信应该要学习的表达方式。

文文：是的，细节描写包括对人物的外貌、神态、语言、动作、心理活动等，其在刻画人物性格、丰富人物形象、推动情节发展等方面具有重要的作用。交流是书信最显著的特征，交流就得写出自己的看法、自己的感受、自己的观点，这看法、感受、观点就是"议"。这应是这次作文重点要学习的表达，也符合书信类文体的特点，更符合"写作是一种交流对话的方式"。

我感悟的方法

三 对话高手，学习方法

认识一下作文高手伍晗睿。

她，是一个可爱活泼的小女孩。她最喜欢做的事情就是边喝着下午茶边看书。12 岁的她已经通过了古筝的六级考试。她的星座是天秤座，她非常喜欢这个星座，天秤预示着公平、公正。她希望自己长大了做一名法官，成为一个公平、公正的人。

妈妈，我想对您说

伍晗睿

妈妈：

您知道吗？我有许多话想对您说。

自从我上了小学，我就觉得您不再像以前那样爱我了。您教过我“业精于勤荒于嬉”的道理，您对我一直坚持严格要求。为了节约时间，从来不让我做家务，更不准我踏进厨房一步。最近一年，我几乎每天晚上都是十点半以后睡觉。虽然我的课后作业早已在七点半前都完成了，却一直做不完您给的家庭作业。好多次，我右手拿着笔，脑袋靠着左手，枕着铺满桌子的奥数题库、“五三”卷等一堆的考卷，就迷迷糊糊地睡着了。有时候做着梦，梦里居然还在写作业。我知道您布置的这些额外的任务，都是为了我好。当

星星的点评

开门见山，直接指出写信的目的——提建议。

分点论述，条理清晰。

形象生动地展现了学习的场面，可以看出妈妈对学习上的要求十分严格。

我解决了一个又一个难题之后，思维也越来越敏捷，数学成绩也一直在班级名列前茅。可是有时候，真的让我觉得好累，每天睡得晚，也影响了第二天的早起。妈妈，我希望您布置的作业能少一点，每天能让我早一点睡觉，好吗？

提建议时，举出具体实例，有理有据，具有说服力。

妈妈，您还记得吗？有一次同学来我们家玩儿，您正在给我检查作业，发现了一道错题。您非常生气，大声将我叫过来训，我忍着泪辩解了几句，您更生气了。我的小伙伴都惊呆了，只好默默在一旁“坐山观虎斗”，当您将我“放”回去时，同学早已不好意思再看，都悄悄回家了。妈妈，这件事让我非常伤心。您有您的社交，我也有我的朋友，在我的朋友面前，我也有我的小自尊。下一次，您可以等同学走了再批评我吗？甚至有时候您不吼我，我能够做得更好。

妈妈因为希望孩子优秀，对孩子的要求会过多；因为关心孩子也会对孩子干涉过多，而妈妈的这些爱，在孩子看来却成了枷锁和束缚。小作者用恳切的语言表达了自己的心声，达到了很好的沟通交流的目的。

妈妈，我知道您每天很辛苦，烧菜、做饭、洗碗……督促我做完作业，还要给弟弟讲睡前故事。等我们都睡着了，您还要洗衣服，准备第二天的早点。每天睡得最晚的就是您，起得最早的还是您。妈妈，我已经长大，您就让我为您分担一点点家务吧！

通过观察妈妈的生活，描绘妈妈辛苦的场面，提出分担家务的建议，深刻体现出心中对母亲的爱意之浓。

妈妈，严是爱，放手更是一种爱。请您松开手，让我喘口气！能像其他同学那样，该学的时候学，该玩的时候尽情地玩。我想，如果这样，我一定会比现在过得更加开心，成绩也会更加好的。妈妈，好希望您能理解我！

结尾夹叙夹议，不仅表达了对妈妈的爱，同时巧妙提出了自己的希望。

亲爱的妈妈，祝您笑口常开！

伍晗睿

2020年1月1日

星星梳理的思维导图：

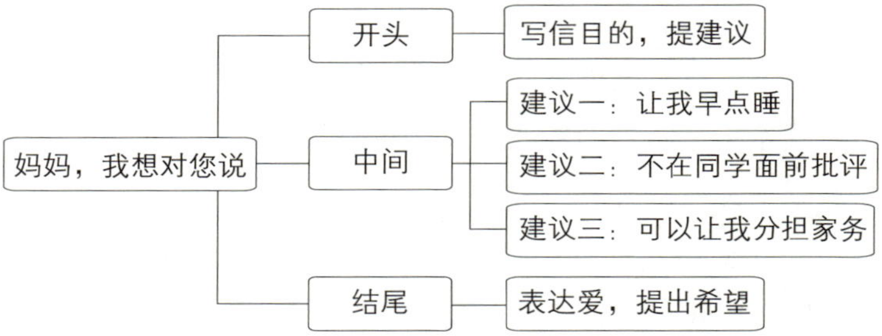

星星：伍晗睿，这篇文章你重点是给妈妈提出建议，你为什么会提出这几条建议呢？

伍晗睿：是的，在这篇文章中，我向妈妈提出了三个建议。我们每天都和父母生活在一起，父母给予我们无微不至的关爱，我们与父母之间肯定发生了很多难忘的事情。这些事情可能是早些时候发生的，也可能是最近发生的。我先回忆和妈妈之间发生的事情，挑出了印象最深的事件，再提出建议，希望妈妈看到我的信以后，能改变爱我的方式，也能关心自己的身体。

文文：那你在提出建议时，是怎么把建议写得这么有说服力的呢？

伍晗睿：首先在回忆情景时，我会运用场面描写。场面描写就是对一个特定的时间与地点内许多人物活动的总体情况的描写。我通过场面描写，突出当时令我印象深刻的氛围，奠定尴尬、无奈的感情基调，有助于妈妈体会到我当时的感受，从而接受这些建议。

星星：除了运用场面描写的小妙招，你在写作中还注意了什么？

伍晗睿：面对妈妈的这些小瑕疵，尽管我有一丝不满，但我的语气还是比较缓和的。如果我用指责或者命令的口吻，不仅达不到劝诫的作用，还会和妈妈产生冲突和矛盾。所以，在写作时要注意使用恰当的语言表达自己的感想，能使语言效果发挥得更好。

我的发现

四 对话佳作，开拓思路

妈妈，我想对您说

朱轶宸

妈妈：

时光飞逝，转眼间，我已经11岁了。首先，我感谢您，感谢您为了我而努力付出的一切！

其实，我还有许多话闷在心里没说出来呢！今天，就让我在信中把这一切都向您倾诉了吧！

妈妈，还记得那个夜晚吗？我们学校在胡陈“梦鼎”拓展训练基地组织了三天两夜的军训活动。一大早我们就从学校出发，来到了胡陈，可好玩了！第一天晚上我们看电影，第二天晚上举行了联欢晚会。可是，我在联欢会后突然头疼，回到寝室后我马上给您打了电话。您听了马上和爸爸十万火急地赶了过来，在路上连闯了两次红灯，连夜把我送去了医院。听到了医生说我只是发烧以后，您才喘了口气，小声念着：“呼——没事。”听到了这句话，我的心温暖极了，不争气的泪水差点儿夺眶而出。买好了药，我们就急匆匆地回家，洗漱上床了。准备睡觉时，您用您那温和的眼神与我道了晚安，我便在爱的海洋之中睡着了。

还有一个夜晚，皎洁的月光从窗户外洒了进来。我正在书桌前安安静静地写作业。“啊！”一个又细又尖的叫声打破了客厅的静寂。原来是妹妹，她想让你抱她，哄她，陪她玩！只见她一直站在您身边，缠着您乱喊乱叫。一分钟、两分钟、三分钟……您却目不转睛地盯着手机，无论妹妹怎样您始终无动于衷。

文文的点评

直接表达对母亲的感恩。

指出写信的目的——说心里话。

通过描写妈妈的语言、神态，体现妈妈对小作者的关爱。

通过场景描写以及妈妈动作和神态的描写，让我们体会到小作者的妈妈非常爱玩手机的形象。

“妈——”“妈——”“妈——”我足足喊了三遍，您才极不情愿地应了我一声，可眼睛还是没有离开手机屏幕。“妈，您能不能带一下妹妹，她一直在吵，她都影响我写作业了！”我生气地说。可是，您只是轻描淡写地说了一个“好”字后，就再也没把头抬起来过。

妈妈，为了您的眼睛，为了有更多的时间陪陪妹妹，请您以后少玩手机，好吗？

> 结尾希望妈妈少玩手机。语言得体、自然。

朱轶宸

2020年1月1日

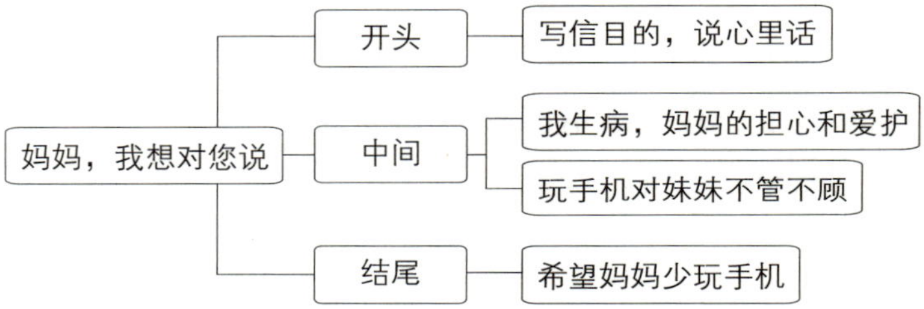

文文梳理的思维导图：

给爸爸的一封信

童得亿

爸爸：

此刻我坐在书桌旁正提笔给您写信。曾经几次，我都准备了一大堆的话想跟您说，可是每当我张开嘴想说时，喉咙里犹如塞着一团棉絮，怎么也开不了口。现在，就让我借助这一次写信的机会，向您倾诉吧！

首先，我要感谢您和妈妈！你们生下了我，并养育了我11年。我生病了，你们就带我去医院；有想要的东西，你们也都买给我，没有你们就没有我的今天！

您是我们家里的顶梁柱，生活的重担全压在您身上。一个月工资看似不少，但是除去房子的按揭，再

星星的点评

> （我能帮星星补充完整余下部分）
>
> 指出写信的目的——说心里话。

东买买，西买买，真正让您可以自由支配的其实并不多。但即使如此，您总是无怨无悔默默地守护着一家人的周全。还记得我做完手术后住院的那几天吗？那几个日日夜夜，一直都是您陪伴着我。早上很早您就起床，为我送来可口的早餐，提醒我要小心，不要动了手上的针……

您是我最敬佩的人，我爱您，所以在这里向您提一个小小的建议。最近，您迷上了听书。我知道，您这是在自我缓解工作和生活的压力。但您时时刻刻都戴着无线耳机，那是要损伤听力的呀！好几次，我叫您“爸爸！爸爸！”，您竟然没有一丁点儿反应，我想您这是调了很高的音量吧！

爸爸，为了您的健康，请摘下耳机吧！多看看这个美丽可爱的世界，多听听大自然美妙动听的声音，好吗？

童得亿

2020年1月1日

我能帮星星补充完成余下的导图：

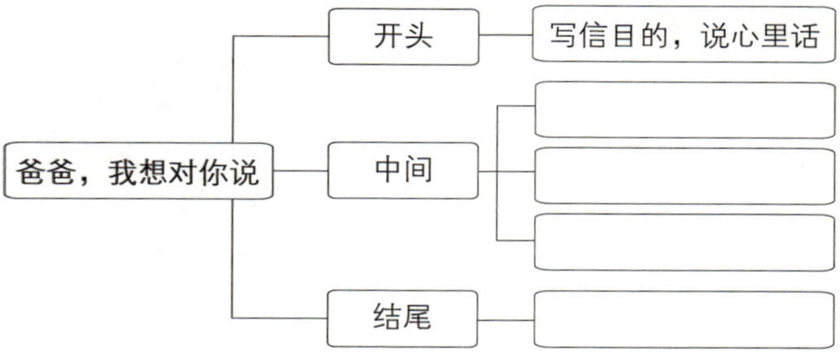

给妈妈的一封信

黄彬晨

我的点评

妈妈：

光阴似箭，日月如梭。如今，我已经12岁了，而您也在慢慢老去，在此我要对您说声：“谢谢，您辛苦了！”

您总是非常忙，白天都要工作，就连周末也是如此。即使是晚上，也常常是加班到半夜。虽然是住在一起，却感觉见面的机会不多。当我还在睡梦中，您已悄悄地把早餐做好，并且连带着烧好晚餐要吃的菜。您准备好早餐就去上班，周末也不能得到您的陪伴，我的周末就是自己在家写作业或者是去您的厂里帮工……

您虽然没有太多时间照顾我，但是您却从没停止过对我的关心。至今我还记得那件事。

在一个北风呼啸的冬天，早上您提醒我穿上羽绒服去学校，就匆匆去上班了。我忙答应着，可最后还是忘记了。屋漏偏逢连夜雨，到了中午，温度直线下降。这鬼天气，真是糟糕透了，我冻得直发抖。就连每天我最喜欢的午餐时间我也开心不起来，实在是太冷了。也许是母女连心，“晨晨——”简单的一句呼唤，我的身子似乎一下子暖了很多，我知道这是您的声音，温柔的、熟悉的！您也顾不上身上的积雪，赶紧给我穿上羽绒服。嘴里还嚷嚷着：“怎么这么大头哈，衣服都不带，要是不是我中午回家加衣服的话，你可要冻到晚上放学，岂不是要生病咯！”积雪在您身上融化成一滴滴的水珠，沿着您的身体滴到地上却温暖了我的心。

妈妈，谢谢您，在新的一年里希望您身体健康，万事如意！

黄彬晨

2020年1月1日

我梳理的思维导图：

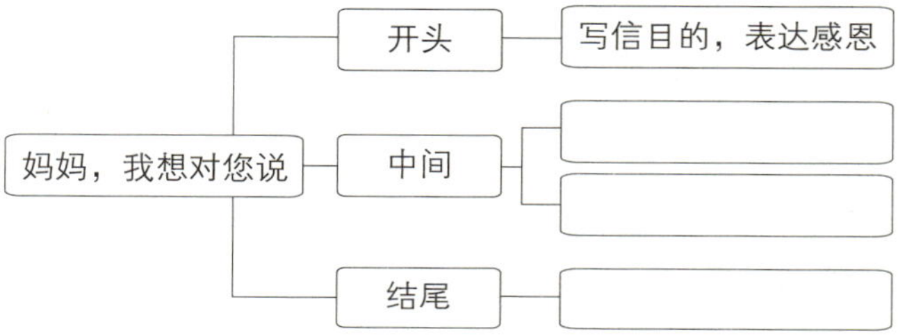

五 对话体验，整理素材

老师：我们每天都与父母生活在一起，每天都有事情发生，每天我们心里都有一些小小的想法。那么，我们到底要写什么内容，怎么写呢？我们先和伙伴们一起讨论讨论自己的想法吧！

星星：我脑海里一下子想不出有什么事情可以写，想不出合适的作文素材，这很是困扰我。我想首先应该帮助自己打开记忆，回忆起更多的事件来，比如说和父母之间感动的事、开心的事、难过的事……用思维导图罗列一下。

文文：用思维导图来帮助我们唤醒记忆，这是个好办法！用你的方法一试，我似乎找到素材了。记得有一次我数学考试考差了，非常难过。回到家，妈妈看了试卷以后，很生气地批评了我，这让我更加伤心了。可是，我一面哭，妈妈一面给我讲解错题。渐渐地，我停止了哭泣，理解了妈妈对我的爱。我想我们除了回忆开心、感动、难过的事情外，还可以想想父母一直默默为我们做的事情，比如，每天准备早餐，每天塞给我一个苹果等。

星星：是的，除了回忆事件可以用思维导图，还可以在思维导图上把自己想写的事情用词语的形式加以补充，如“送伞、玩手机、戒烟、辅导作业、旅行”等，从中选择一两个最想说的来写。

文文：这也是一个很好的办法呢！从词语入手，运用场面描写、细节描写，使用恰当的语言组织好文章的内容，这样写起来就会容易很多啦！

我的回忆

星星：我对“登山”这个事件印象最深刻，我想通过动作、神态、语言等细节描写来体现爸爸对我的鼓励。我准备按照这样的思路写：

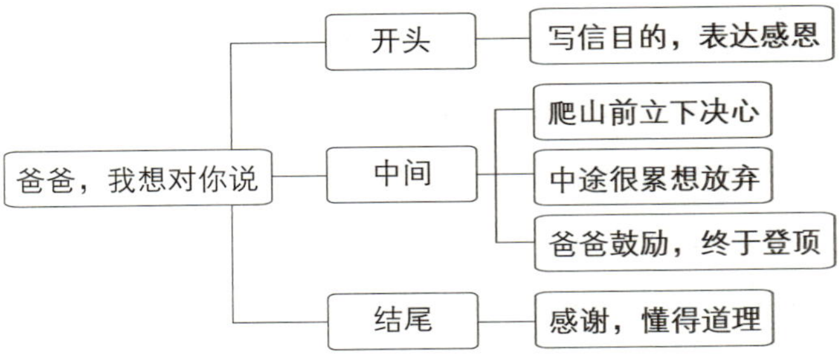

文文：我写劝爸爸“戒烟”，我准备通过场面描写、细节描写，再结合恰当的语言劝爸爸戒掉烟。这是我的写作思维导图：

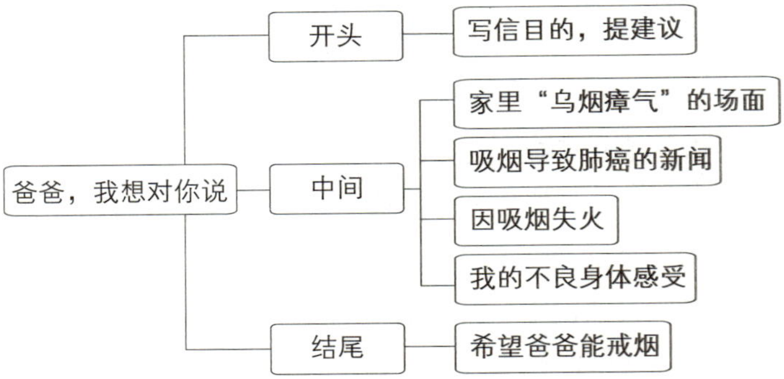

我的思维导图

六 对话积累，激活语言

我收集了许多备用词句，我会根据表达需要选用好词佳段。

一、词语盘点

表示祝福的词语：身体健康 万事如意 吉祥如意 大吉大利 幸福安康
岁岁平安 福气东来 鸿运通天 马到成功 心想事成
一帆风顺 步步高升 福星高照 财源广进 笑口常开

描写父母的词语：勤劳朴实 勤勤恳恳 不辞劳苦 任劳任怨 吃苦耐劳
老牛舐犊 声色俱厉 望子成龙 谆谆教诲 无微不至
用心良苦 含辛茹苦 体贴入微 慈眉善目 舐犊情深

表示情感的词语：兴高采烈 怡然自得 乐不思蜀 心花怒放 欣喜若狂
闷闷不乐 黯然神伤 郁郁寡欢 垂头丧气 忐忑不安
百感交集 悲喜交加 眉飞色舞 心旷神怡 感激涕零

二、佳句集萃

1. 我和您吵架了，我气冲冲地跑出家门。夜色渐渐笼罩了大地，两旁的路灯发出昏黄的光。我独自徘徊在离家不远的小路上，希望清风能吹散心中的阴云。

2. 您是一片宽阔的海，为儿女献出真爱；您是一堵厚实的墙，为儿女挡风避雨；您是一颗参天的大树，为儿女遮荫避日。

3. 我低着头，如一只受惊的小鸟。可您却不依不饶，瞪起铜铃般的眼睛，大声地质问我。

4. 我垂下了头，心中那份喜悦早已消失到九霄云外了，取而代之的是伤心、难过："为什么爸爸不夸夸我？为什么？"泪水在我的眼眶直打转。

5. 妈妈，您要我每天阅读大量的古诗、古文、名家名作，做很多很多的课外练习题，我感到十分厌烦。天天都是如此，做完一本又一本，背完一篇又一篇。我知道您这是为我好，可我也希望有属于自己的一片蓝天！

6. 记得有一次，您加班，第二天早上才回来，您打开家门，脸不洗，饭不吃，拖着重重的脚步，直接往床上一扑，不到五秒钟就睡着了！我正在做作业，可一旁的您却打起了雷鸣般的呼噜。

三、精彩首尾

开头：

1. 爸爸，我想给您提一些建议，今天我把它们统统写在了这封信里，希望您可以接受我的建议。

2. 假如我是星星，您就是容纳我的天空；假如我是青蛙，您就是收留我的池塘；假如我是葵花，您就是照耀我的太阳……妈妈，我的生命里不能没有您，可是有时您的爱却让我像关在笼子里的鸟儿一样，失去自由。

3.“小睿，你怎么还在看电视，还不快去写作业呀？”听！“河东狮吼”又开始了……

4. 爸爸，我很爱您，也很怕您，所以有些话，我打算写信告诉您。您是我最敬爱的人，但有一些“小毛病”我要给您指出来，要是您能改正，您一定是个完美的父亲。

结尾：

1. 那天，我才明白“父爱如山”这个词的真正含义。您一直都在教我做一个真正的男子汉，谢谢您对我的付出！

2. 妈妈，我一直想对您说几句话，但是我知道您特别忙，所以我想通过这封信对您说：“妈妈，我知道您很辛苦，为了这个家操碎了心，我非常感谢您的养育之恩。我爱您，妈妈！”

3.“谁言寸草心，报得三春晖。”我怎能忘记牙牙学语时您对我的关爱？怎能忘记蹒跚学步时您对我的鼓励？怎能忘记您做的一桌可口的饭菜？妈妈，感谢您把我带到这个美好的世界，并给予我无私的爱！我最大的愿望就是希望您能开开心心地过一辈子，永远幸福！

4. 亲爱的妈妈，希望您对我少一点操心，多一点信任，做一个轻松、快乐的妈妈吧！

七 对话自我，升格提优

一、左右对比，巩固写作要点

原文：

妈妈，我想对你说

俞俊杰

妈妈：

您非常照顾我，我也有一些真心话想和您说。

您是爱我的，就拿我发烧的那一回来说吧。那天晚上我发起了高烧，您听到我的呻吟后，半夜三更爬起来给我量体温、安慰我。我看在眼里，记在心里。量好体温后，您又急急忙忙给我穿好衣服，打车去了医院。我迷迷糊糊地只看见您那焦急万分的目光，心里暖暖的。第二天，我醒来就看见您趴在床边睡着了，一脸的憔悴让人一看就知道您肯定一夜未眠守在我身边，直到实在熬不住了才小睡一会儿。我感受到了您对我的爱。

但是您平时做事有一点不专心，动不动就会拿起手

提升点：

开门见山式的开头，指明了写作的目的——说心里话，可以运用更恰当的语言。

建议通过语言、动作描写，体现出妈妈的着急，关心我的身体。

建议运用联想和心理描写，展现我既心疼母亲，又很感动的心理变化。

升格文：

妈妈，我想对你说

俞俊杰

妈妈：

这么多年，您含辛茹苦地养育我，有过欢喜，有过忧愁。我想通过这封信和您说说我的心里话。

您是爱我的，就拿我发烧的那一回来说吧。那天晚上我发起了高烧，您听到我的呻吟后，半夜三更爬起来给我量体温、安慰我。我看在眼里，记在心里。量好体温后，只听见您紧张地说："哎呀，不好！温度有些高。"印象中，您急急忙忙给我穿好衣服，打车去了医院。我迷迷糊糊地只看见您那焦急万分的目光，心里暖暖的。第二天，我醒来就看见您趴在床边睡着了，一脸的憔悴让人一看就知道您肯定一夜未眠守在我身边，直到实在熬不住了才小睡一会儿。我的心像被狠狠撞击了一下，紧随其后的是一股暖流——母爱。

机来看。就比如有一次吃晚饭，才过了没多久你就拿出了手机津津有味地看起来。爸爸拿了两张纸巾，但一张不小心掉到了菜上，我正要去夹出来，您就夹起塞进了嘴里，还不住地点头说着好。真不知说的是沾了汤的纸巾好吃，还是手机的内容精彩。旁边的爸爸已经笑得趴在桌子上。您听见爸爸在笑，才一脸茫然地抬起头，嘴角边上还有纸巾的残渣。直到我忍不住提醒您，您才明白过来，跑到卫生间吐掉。妈妈，我真希望您快点改掉吃饭看手机这个坏习惯。

妈妈，祝您身体健康！

俞俊杰

2020年1月1日

建议此处具体描写妈妈看手机非常入迷，以至于没有发现筷子夹了什么、自己吃了什么的场面。

但是您平时做事有一点不专心，动不动就会拿起手机来看。就比如有一次吃晚饭，才过了没多久你就拿出了手机津津有味地看起来。爸爸拿了两张纸巾，但一张不小心掉到了菜上，我正要去夹掉，您就夹起塞进了嘴里，一点儿都没发现嚼的是纸巾。真不知是沾了汤的纸巾好吃，还是手机的内容太吸引您。旁边的爸爸已经笑得趴在桌子上。您听见爸爸在笑，才一脸茫然地抬起头，嘴角边上还有纸巾的残渣。直到我忍不住提醒您，您才明白过来，跑到卫生间吐掉。妈妈，我真希望您快点改掉吃饭看手机这个坏习惯。

妈妈，祝您身体健康！

俞俊杰

2020年1月1日

二、与同学互改互评

同学的修改建议

三、自我修改评价

我的评价

四、此次作文评价参考标准

评价参考标准

1. 内容具体，语句通顺。（加 1 ★）
2. 内容生动，语句优美，用了五个以上好词好句。（加 1 ★）
3. 用了比喻和拟人等修辞手法或者语言、神态、动作等描写。（加 1 ★）
4. 选材能从多角度多方面体现中心意思。（加 1 ★）
5. 有一定情感价值观的表达。（加 1 ★）

07 即景

伍雪

朝阳喷薄而出，夕阳缓缓西沉；林中百鸟争鸣，园中鲜花怒放……大自然的变化让我们感受到世界的奇妙和美好。

观察一种自然现象或一处自然景观，重点观察景物的变化，写下观察所得。根据自己的观察对象，把题目补充完整，如“雨中即景”“日落即景”“田野即景”“窗外即景”。

写的时候注意以下几点：

按照一定的顺序描写景物。例如，写窗外即景，可以按空间顺序，由近及远地写一写窗外的景物。

注意写出景物的动态变化，使画面更加鲜活。例如，写日落即景，可以写一写太阳落下时形状的变化以及夕阳下景物色彩的变化。

写好以后读一读，看看是不是写出了景物的变化，对不满意的地方进行修改。

一 对话名师，明确要求

星星：老师，这次作文要求写一种自然现象或一处自然景观的景物变化，那么可以写哪些景物呢？

老师：本次作文写作内容的范围很广，只要是大自然的景物、景观，都可以成为本次写作的对象。写景的习作，我们以前就接触过了。而这次的习作要求，不是写一个地方，也不是写游记。写作的对象是一种自然现象或一处自然景观，重点是观察景物的变化。一次早起看到的日出，太阳是不是在不断变化呢？一次出去游玩看到的瀑布，那“飞流直下三千尺”的形态多令人震撼……这些动人的景物都是我们写作的对象。

文文：怎样才能写好这篇文章呢？

老师：写作之前，一定要认真进行观察，在认真观察景物的变化之后，我们再将观察到的景物写下来。写的时候可不能“脚踩西瓜皮”，想到哪就写到哪。我们要学会按照一定的顺序，将景物的变化有条理地写出来。写窗外即景，可以按照空间顺序，或由远及近，或由上到下；写雨中即景，则可以按照时间顺序，按下雨前、下雨时、下雨后的顺序来写。

星星：那么，写作时有什么注意的地方吗？

老师：一篇好的写景文章，能让未曾去过的人，读了之后有种身临其境之感。这其中的奥秘，就在于作者是否能将景物写得鲜活。所以我们在写景物的变化时，注意要做到让画面更加鲜活。要使用一些小窍门：可以使用我们都熟悉的修辞手法，如比喻、拟人的修辞手法，能让句子形象又生动；可以运用我们学过的动静结合和联想想象的写作手法，能让文字展现鲜明生动的画面。

二 对话课文，感悟表达

老师：我们先来学习本组课文，寻找作者怎样用优美生动的语言将一个景物写具体、生动的。我们先看看本单元的古诗中，可以借鉴哪些表达方法。

星星：我最喜欢读王维写的《山居秋暝》。诗中“明月松间照，清泉石上流”这段描写，“明月照”与“清泉流”，一上一下，一静一动，静中有动，动中有静，仿佛让人感受到大自然的脉搏在跳动。读着，读着，我似乎看到明月透过松林撒落斑驳的静影，听到清澈的泉水在岩石上叮咚流淌。这样的文字不仅画面感十足，而且充满了动感和活力。

文文：是的，我读着也有这样的感觉。我们写作时也要学会抓住景物变换中的状态进行描写。动和静结合着来写，抓住变换的动景，由静至动或由动至静，写出景物的变化，这样写出来的景色才会显得生动活泼、情趣盎然。

老师：我们再来研读《四季之美》《鸟的天堂》《月迹》等课文，寻找作者写作的奥妙。

星星：每当读《四季之美》，我就被文中优美、精炼的语言迷住。清少纳言用她独特细致的笔触描写出不同时间、不同景物的动态变化，营造了美的氛围。

文文：读了巴金的《鸟的天堂》，我也好像真的随着巴金爷爷见到了“鸟的天堂”。巴金爷爷写榕树不仅具体地写出了榕树的静态，而且静中有动。

星星：在贾平凹《月迹》寻找月亮时，以儿童化的语言描绘了皎洁的月光和月光下的夜色，表现了孩童敏锐的观察力和丰富的想象力，充满童趣。

我感悟的方法

三 对话高手，学习方法

认识一下作文高手吴筱悠。

她兴趣广泛，爱看书、写小说、吹笛子、跆拳道、国画、编程、电脑，已经通过了笛子三级，国画六级，跆拳道黑带，能自主编程和制作精美的PPT等。在校运动会上获得的金银铜牌累计达十枚。喜欢看书写作，在各种报刊杂志发表十余篇作文，四年级作品《追寻大师的踪迹》获得“唤起记忆 传承文明”的主题征文奖。

夏雨即景

吴筱悠

暑假的一天，爸爸带我去看向往已久的大风车，我终于近距离仰望了我最喜欢的气势磅礴的大风车。

我们驱车经过半个小时的盘山公路，到了山顶。我还没来得及打开车门，刚刚晴朗的天空突然乌云密布，哗哗的大雨倾盆而下，打在车顶的玻璃上，溅起无数朵水花。我的心情也是瞬间随之晴转阴，极其沮丧、失望，在车里闷闷不乐。爸爸开导我说：“我们要尝试去欣赏大自然中的各种各样的美。雨中的风景，认真地去观察，其实也是很美的。不信，你试试！”

星星的点评

突如其来的大雨打乱了“我”的计划，引起读者阅读兴趣，并为下文做铺垫。

我扭过头透过车窗向外望去，迷迷蒙蒙的水雾中大风车的三片叶子随着风而动，风车下几株绿色小树像醉汉一样左摇右晃起来，好像被一只无形的大手揉搓着；树上的叶子像是受到了惊吓，四处飞舞，枝条像疯婆子的长发在空中飘舞。这雨声越来越大，越来越密，直汇成“哗哗”雨声一片。风、云、山体和风车混成一体，连成一片，分不清哪是风车，哪是树，哪是地。天空好似是一张巨大的网，从网眼中筛下无数雨滴。雨点打在车顶上“啪嗒啪嗒”直响，在车窗上看到落下千万条“瀑布”；雨点打在路面，溅起水花，腾起一团团水雾。隔着车玻璃望外面，雨刮器来回刮着雨水，外面的风景一会儿模糊一会儿清晰，闪闪烁烁，美妙极了！我沮丧的心情霎时间扭转了。是呀，一路上来都未曾注意路边的美景，只顾着快点到山顶去看大风车了。

用比喻、拟人等修辞手法，从视觉、听觉等方面写出了下大雨时风车、树、天空的情景，描写生动具体，引人入胜。

心情由沮丧变成兴致勃勃，呼应上文。

夏天的雨，来得快，去得也快。不一会儿雨停了，雨过天晴。我迅速打开车门，大视野地仰视大风车。就在这时，天空中出现了一道彩虹，跨在群山之间。更妙的是，彩虹的弧线刚好架在两座山顶大风车之上，仿佛跟大风车浑然一体。爸爸用相机捕捉到这个画面，并用它做背景为我拍了一张照片。这张照片，到目前为止一直是我最喜欢的照片。

雨后的彩虹和大风车浑然一体，观察细致，给人美的享受。

这次风车之旅，不仅让我看见了我向往的风车，欣赏了美丽的风景，更让我懂得从不同的角度去思考一件事情的道理。这真是一次美妙、难忘的旅行，让我受益匪浅！

既赏美景，又知道理，真是受益匪浅！直抒胸臆，表达对夏雨的赞叹之情。

星星梳理的思维导图：

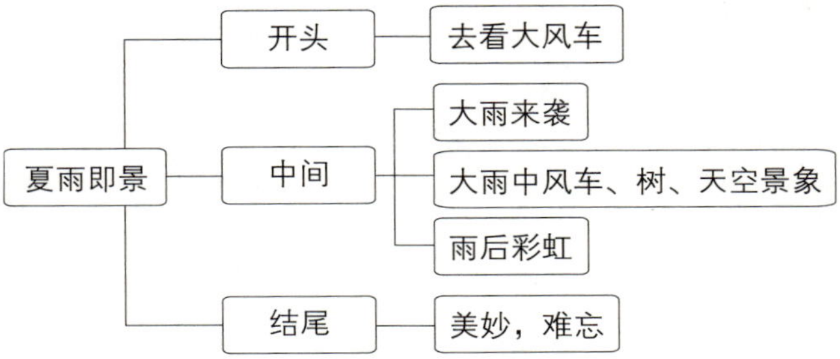

星星：吴筱悠，我发现你是按照时间顺序写的，你为什么选择这些景色来写呢？

吴筱悠：星星说得对，我是按照刚下雨、下雨时和下雨后的时间顺序来写的。刚下雨时的突如其来，下大雨时的大风车、树和天空，下雨后的彩虹，因为这三个景色我观察得最仔细。

文文：你把雨时的景色特点描绘得如此具体、生动，是怎样做到的呢？

吴筱悠：因为我用了比喻、拟人等的修辞手法，我把风车下几株绿色小树比作醉汉，把树上的枝条比作疯婆子的长发，而在描绘树上的叶子时，我用拟人的手法将四处飞舞的叶子描绘成像是受到了惊吓，这些能让句子形象又生动。不仅如此，除了视觉描写，我还加入了听觉描写，比如雨滴打在车顶上的“啪嗒啪嗒”声，增加文章的生动性。这些都是我仔细观察下看到听到的。

星星：可见写景的时候细致的观察是多么重要啊！我还发现你在观察中把自己的情感也融入其中。是这样吗？

吴筱悠：是的。刚开始时我以为这次出行肯定是无功而返了，什么也玩不成。结果爸爸告诉我雨中的风景更有一番趣味呢！果然心态就有了变化，认真观察，我就被大雨中景色震撼了，我的心情也由开始的沮丧转为喜悦。带着这份心情，我眼中的雨景也更美妙，更回味无穷了。

我的发现

四 对话佳作，开拓思路

日出即景

龚熠祺

这天，天还没有亮，我急急地起床，四周静悄悄的。来到山前，只为一睹这天地间最美的景色——日出。

天像是一块巨大而又阴沉的幕布，大山只留下一个无比寂寞的身影，森林也显得格外的幽静。小鸟、小草、小花……都选择了沉默，世间万物似乎都在静待着那一刻的到来！

不知何时，院里响起了一声鸡鸣，昏暗的天空慢慢拉开了帷幕，一场视觉的盛宴即将开始。东方的天空泛起了鱼肚白，几颗星星还在调皮地眨着眼睛。纯黑色的幕布被光这一把金色的利刃悄然割开，闪出点点微弱的光芒。飞鸟的身影一晃而过，微波粼粼的河面上闪着点点金光。山坡的边缘像被神奇的画家勾勒了一个美丽的金边。山谷之间云雾缭绕，像披上了一层白白的银纱，不艳也不俗！

过了一会儿，东方染上了一层薄薄的粉色。突

文文的点评

开门见山，点明本文描绘对象——日出。

用比喻和拟人的修辞手法把日出前的天空、大山、森林等描绘得生动形象。

“鱼肚色”“纯黑色”“金”“白白的”等颜色词将太阳刚刚出来时的场景描绘得引人入胜。

然，山峰上好像燃起一个大火炉，火苗竟从顶峰蔓延到了雾旁，被光照得灿烂的雾在太阳的衬托下与光芒融合在一起。猛然间，空中射出一道道火红的箭，将云射红了，将山也射红了。天空渐渐变成了紫红色，金光也愈发强烈，太阳公公也露出了他的小半边笑脸。湖底的小石子被照得清清楚楚，花草树木也都探出头来。稻田上的水稻在日光迷人的微笑中也抬起了头，饱满的稻穗仿佛要炸裂了似的。苹果树上的苹果也涨红了脸，像是个害羞的娃娃。从叶间透下的缕缕阳光像金色的绸缎般点缀在山间，让人感觉到一种别样的美！

多次使用比喻、拟人等修辞手法和颜色变化生动形象地表现出太阳出来时天空、花草树木等景物的变化。语言优美，给人以美的享受。

太阳，慷慨地将它的光辉洒满了大地。天空变成了淡蓝色，森林也明亮了起来。沙沙作响的树叶上多了一点淡红，草丛、花朵旁也镶上了金边，山前的小路上跳动着俏皮的小鸟雀，它的歌声在山前回荡着……

用“多了一点淡红”“镶上了金边”来表现太阳全部出来后的树叶、草丛和花朵的变化。

文文梳理的思维导图：

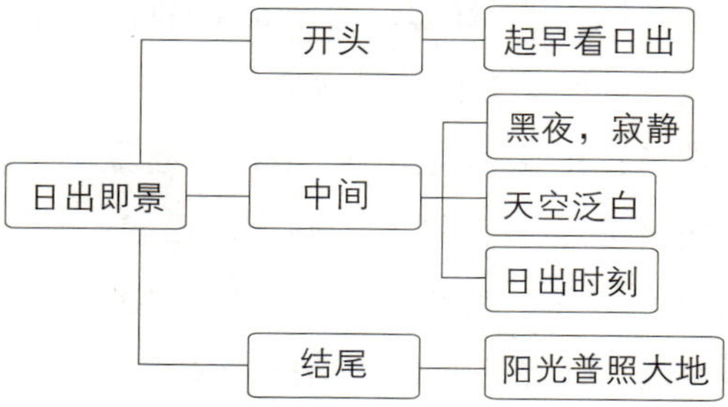

夏夜即景

储泽轩

太阳下山了，天渐渐黑了。阳光渐渐隐退，更替出现的是夜。她是一位神秘的女子，正轻轻撩开深紫

星星的点评

（我能帮星星补充

色的面纱，面纱背后是她绝妙的脸蛋和曼妙的长发。发丝轻重有致地四散开来，发尖指向天与地的边际，四周还嵌入了一抹淡淡的白。月亮，从一丝乌云中钻出来，笑盈盈地对我招手。

路上，行人渐渐变少了。几只萤火虫从草丛中钻出来，使黑夜有了点点亮光。我看见了，就跑过去，把萤火虫捉过来，装在瓶子里，于是，我有了一盏灯。耳边传来风声，还好，它没有吹散群星，它们还是那样错落有致，像被人精心布局的棋盘。众星拥着那弯黄澄澄的月亮，像一出令人期待的好戏。我推开幕布似的轻轻拂去夜的朦胧，看一处赛一处的绚烂。垂下头，乡间村道灯火阑珊，路灯一个接一个排列得井然有序。橘黄色是多么温暖的颜色，它默默散发着光芒，照着行人回家的路。

天越来越黑，我行走在小路上，望见点点灯光点缀着片片稻田。“呱呱呱”，远处传来青蛙欢快的歌声。我顿时想起“稻花香里说丰年，听取蛙声一片”。蟋蟀正在努力地伴奏。这歌声飘出了好远，十分悦耳动听。

夏夜里不仅有悦耳动听的歌曲，还有暗香浮动的荷花。湖中，有几株荷花正在随风舞蹈。有的含苞欲放，像一个害羞的小姑娘；有的展开了她们的面容，给人们展示她们美丽的身姿。她们绽开欢乐的笑脸，向我点头致意。我脑海中不禁浮现出周敦颐的《爱莲说》：“莲之出淤泥而不染，濯清涟而不妖，中通外直，不蔓不枝，香远益清，亭亭净植，可远观而不可亵玩焉。”

凉风习习，大地一片宁静，天上仍安然如初。多美的夏夜！多美的夜景啊！

完整余下部分）

将夜和月拟人化，把夜比作神秘的女子，极富巧思。

我能帮星星补充完成余下的思维导图：

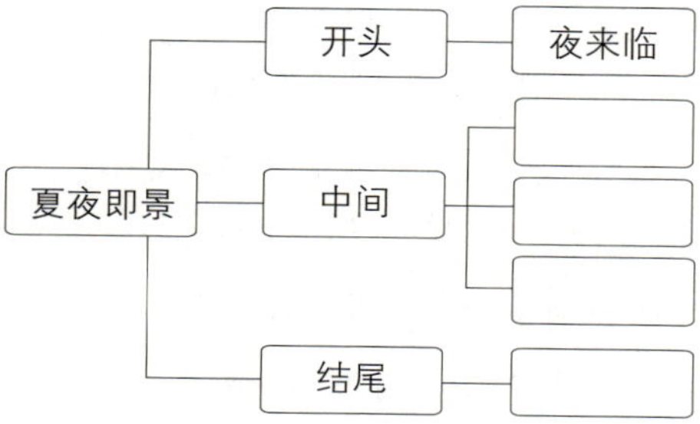

校园即景

钟汶妍

这是一个初夏的黎明，夜幕还未拉开，树木呆立着，花草沉睡着，小鸟儿还没从睡梦中醒来，像被哈利波特施了魔法，一切都静极了。

月亮落下了西山，星星从天幕上隐去，整个校园弥漫在晨雾里，像童话里天空飘缈的云。眺望那一排排教室，你会欣喜地看到，一条乳白色的雾带绕在教室腰间，下边微微地显了墙壁的轮廓，尖尖的屋顶上耸出了雾层，好像缥缈在云间。我想，蓬莱图上的海市蜃楼大概就是这情景吧，真是奇妙无比！

操场边上一排高大挺拔的银杏树，那碧绿繁密的树枝在微风中轻轻摇曳，好像一排钢铁战士，凝望着东方将要升起的旭日，守护着美丽的校园。那操场中间的四对篮球架，像八位忠厚慈祥的老爷爷，守候在校园里，正期待着龙腾虎跃的同学们，将篮球接二连三地投入他的怀抱，一起享受投中后的喜悦。

夜幕渐渐拉下，白茫茫的晨雾在流动，在减退。这时晨雾中隐隐约约出现了人影。一个、两个……成群结队地伴着欢快的笑声，走进了校园。

我的点评

不知什么时候，绚烂的朝霞染红了半边天，又将柔和的色彩洒在校园里。到处是火红的红领巾，纯净的蓝格子裙，飘荡着的欢歌笑语……同学们上完早读课，在认真地做早操。“一、二、三、四”，一支欢乐的乐曲响起来，同学们又踏着节奏开始跑操了。

太阳升起来了，阳光洒满了校园。同学们捧着书本，用稚气的童音朗读着：“人之初，性本善……”琅琅的读书声飞出了校园，传到了正在耕作的乡亲们的耳朵里。他们听着熟悉的读书声，望着被树木环抱的校园，若有所思地笑了。

啊，我爱你，校园的早晨！这里是一天开始的地方，这里更是同学们梦想开始的地方。

我梳理的思维导图：

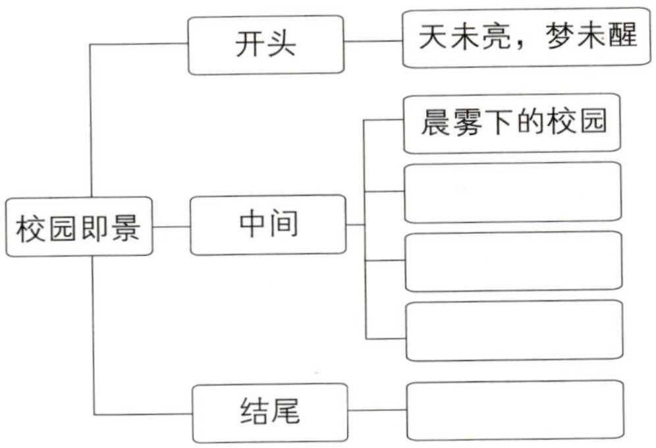

五 对话体验，整理素材

老师：我们身边可以描写的景物太多了，那么到底要选择哪一个景物来写呢？这就需要同学们打开思路，在脑海里搜寻自己用心观察过、曾经为之心动、印象深刻的景物，为习作锁定一个描写的对象。我们先和伙伴们一起去寻找一下吧！

星星：我发现，习作导语中已经列举了许多可以描写的景物，如朝阳、夕阳、林中百鸟、园中鲜花……可见我们描写的景物范围很广，可以写的景物也很多。但是我想导语要求的是描写一处自然现象或自然景观，那么，非自然的也就是人工的造物不在这次写作范围内。我们可以选择一处令自己印象深刻的自然现象或自然景观，而且是自己用心观察过的。

文文：我觉得可以写平时就能观察到的自然现象，如下雨，还有下雪、日出、日落……前些天刚下了一场大雷雨，那天父母都不在家，只有我一个人，轰隆隆的雷声让我胆战心惊，所以对那场大雨我的印象很深刻。那这次习作我就可以从下雨前、下雨时和下雨后这三方面去写。

星星：是的，我们还可以写自然景观。大自然美丽的自然景观更多了，我想树林里鸟儿们争鸣飞跃的情景，花园里花儿争奇斗艳的场景，还有天空上形态各异的云等都是我们可以选择的对象。去年夏天我去外公家玩，正好外公家莲花池的莲花开了，美不胜收。满池的莲花千姿百态，有盛开的，有半遮半掩的，还有含苞待放的……那个夏天我常常去观察池里的莲花，还拍了很多照片呢！我想我就可以写写这个。

文文：不仅如此，某一个大雾弥漫的早晨、不经意间看到一次花开、盛夏的一天都可以是我们习作的对象。让我们仔细想一想，选取印象最深刻的一个场景落笔吧！

我的素材锦囊

星星：前些天，我刚好欣赏了落日时的景色，我想用时间顺序来写黄昏时的景物变化：

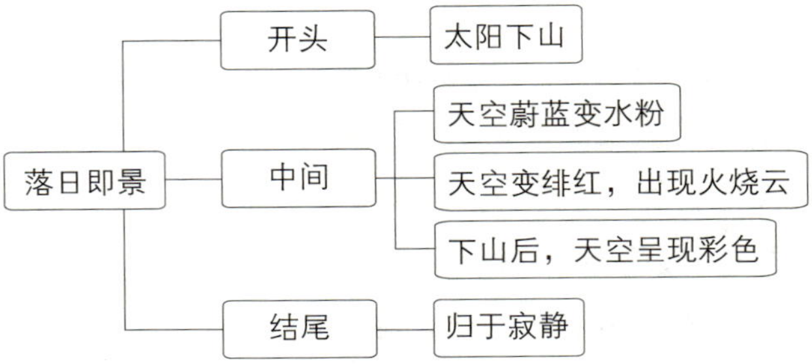

文文：我去年跟爸爸妈妈去杭州西湖游玩，欣赏了西湖音乐喷泉，那震撼的场面至今令我记忆犹新。我就写那场音乐喷泉，这是我的写作思维导图：

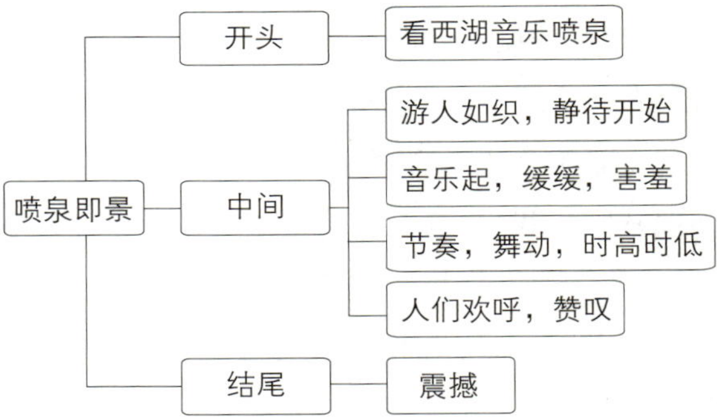

我的思维导图

六 对话积累，激活语言

我收集了许多备用词句，我会根据表达需要选用好词佳段。

一、词语盘点

描写霞的词语：霞光万道 彩霞满天 彩霞缤纷 晚霞如火 朝霞灿烂
晚霞绯红 晚霞如血 晚霞瑰丽 丹霞似锦 云蒸霞蔚

形容雨的词语：云翻雨覆 栉风沐雨 栉沐风雨 骤风暴雨 骤风急雨
骤雨暴风 骤雨大作 骤雨狂风 大雨淋漓 大雨滂沱

描写心情的词语：悲喜交集 悲愤填膺 百感交集 感人肺腑 动人心弦
情不自禁 心潮澎湃 心花怒放 慷慨激昂 感激涕零

浏览感受的词语：大饱眼福 流连忘返 心旷神怡 不虚此行 兴趣盎然
如痴如醉 赞叹不已 目不暇接 大开眼界 赏心悦目

二、佳句集萃

1. 霞光的范围慢慢缩小，颜色也逐渐变浅了，紫红变成了深红，深红变成了粉红，又由粉红变成了淡红，最后终于消失了。（颜色变化）

2. 夏天到了，天气总是那么闷热，人们多么希望风儿快些到来。而风儿却变得格外的淘气，总在跟人们捉迷藏。好不容易出现了一丝风，可还没来得及高兴呢，它又跑得无影无踪了，无论怎么都找不到它。嗨，真是拿它没办法！（拟人）

3. 红霞照在湛绿的水上，散为金光，而红霞欲下沉的日光，也幻化成异样的色彩。一层层的光和色，相击相荡，闪闪烁烁的都映现在我眼底。(颜色)

4. 几场潇潇的春雨，山青了，草绿了，山下汩汩流动的一条条溪水，愈发湍急起来。

5. 玻璃上因寒冷而凝结起的冰霜，在月光下变幻着色彩，若隐若现地闪烁着。

6. 世界上没有任何东西如同风之怒号，它从沙漠上扫荡而来，平静清澈的天庭霎时变成一片旋转狂怒的海洋，飞沙走石，漫无际涯。没有天空，没有大地，只有沙尘，到处是沙尘，咬啮和窒息万物生灵。（拟人）

三、精彩首尾

开头：

1. 夏日的中午，万里碧空上飘着朵朵白云。这些白云，有时几片连在一起，海洋里翻滚着银色的浪花，像层峦叠嶂的远山；有时在一片银灰色的大云层上，又飘浮着一朵朵大小不一、形状不同的云朵儿，就像岛屿礁石上怒放的海石花。

2. 这地方的火烧云变化极多，一会儿红彤彤的，一会儿金灿灿的，一会儿半紫半黄，一会儿半灰半百合色。葡萄灰、梨黄、茄子紫，这些颜色天空都有，还有些说也说不出来、见也没见过的颜色。

3. 远处，几棵栎树呆立不动，一群一群的羚羊和驼鸟走来走去。一条弯弯的小河缓缓向东南流去，岸边盛开着一簇簇美丽的鲜花。

4. 傍晚，青蛙“呱呱”地叫起来，啄木鸟“笃笃”地啄着树杆，甲虫“嗡嗡”地叫，扬科躺在河边静静地听着。

5. 现在正是枝叶繁茂的时节。这棵大榕树好像在把它全部生命展示给我们看。那么多的绿叶，一簇堆在另一簇上面，不留一点缝隙。翠绿的颜色明亮地在我们眼前闪耀，似乎每一片树叶上都有一个新生命在颤动，这美丽的南国的树！

结尾：

1. 啊！美丽的外滩，我多想变成一颗露珠，滋润你的一草一木；我多想变成一只小狗，日夜守护在你的身旁；我多想变成一只小鸟，在你的上空自由地飞翔；我多想变成一颗太阳，把你照得更加辉煌！（抒情式结尾）

2. 家乡岳池有这么多如画的美景，我爱岳池。（总结式结尾）

3. 看了这山这水，真是“舟行碧波上，人在画中游”。（歌词、诗句式结尾）

4. 我赞美家乡美轮美奂的夜景，更赞美把家乡建设得如此美好的岳池人民！（联想赞美式结尾）

5. 望着凤山那一颗颗根深叶茂的树木，我想，我什么时候也能像它们一样呢？（随想式结尾）

七 对话自我，升格提优

一、左右对比，巩固写作要点

原文：

黄昏即景

林书涵

下午过去了，太阳收拾收拾自己的光芒走下山去，他提着公文包马不停蹄，一点儿也不等人，似乎着急回家吃晚饭。

啊！太阳下山了，本来天空还是颜色单一的淡蓝色，一下子变得红彤彤的。在水田里捕食的白鹭便一齐飞起来，飞向远方。“啊！太阳下山了，收工了！”农民们抬头看着天，对同伴们喊道。连牙牙学语的小婴儿都对着天空咿呀咿呀地说着些什么，发出不知所云的音节。小孩儿都这么兴奋，别说大人了，该是多么喜欢一天中的这

提升点：

黄昏时的白鹭、农民们等外表有没有发生变化呢？此处建议具体写。

建议加上时间变化的词。

升格文：

黄昏即景

林书涵

下午过去了，太阳收拾收拾自己的光芒走下山去，他提着公文包马不停蹄，一点儿也不等人，似乎着急回家吃晚饭。

啊！太阳下山了，本来天空还是颜色单一的淡蓝色，一下子变得红彤彤的。在水田里捕食的白鹭一齐飞起来，在阳光照耀下好像披上了淡红色的纱衣。“啊！太阳下山了，收工了！”农民们抬头看着天，对同伴们欣喜地喊道，他们黝黑的脸上都是红通通的了。连牙牙学语的小婴儿都对着天空咿呀咿呀地说着些什么，发出不知所云的音节。小孩儿都这么兴奋，别说大人了，该是多么喜欢一天中的这个时刻呀！

渐渐地，夕阳映红了一片白云，只剩下像山一样的霞光了。“唧唧”“喳喳”，这是鸟儿归巢的信号，一大片鸟儿飞上橙红的天空。鸟儿一只一只不见了，我猜想它们已飞回了

个时刻呀！

“唧唧”“喳喳”，这是鸟儿归巢的信号，一大片鸟儿飞上橙红的天空。一大片红高梁，静静地站在那儿。在霞光的照耀下红高梁更红了。每家每户的烟囱里冒出缕缕炊烟，鸡鸭们不停地叫着。我多么想让时间停留在这一刻。因为这一刻多么和谐、安宁。

黄昏即景，黄昏是多么美妙啊！

可以用上拟人和比喻的修辞使景物描写更生动。

补上黄昏后的情景会使文章更具完整性。

巢穴。一大片红高梁，静静地站在那儿。在太阳的霞光下红高梁更红了，好像穿着鲜亮的红色外衣。晚一些时候，每家每户的烟囱里冒出缕缕炊烟，鸡鸭们不停地欢呼着，仿佛看到了食物已在眼前。我多么想让时间停留在这一刻。因为这一刻多么和谐、安宁。

很快，连霞光也没有了。夕阳洒下最后一缕红光，不久夜幕降临了。当月亮探出头来时，天边还泛着一点儿红，当月亮逐渐上升时，这点红光开始渐渐消失，慢慢地，慢慢地，越来越淡，最后如一缕香烟飘散，似从未出现过一般了。

黄昏的景象，是多么美妙啊！

二、与同学互改互评

同学的修改建议

三、自我修改评价

我的评价

四、此次作文评价参考标准

评价参考标准

1. 内容具体，语句通顺。（加 1 ★）
2. 内容生动，语句优美，用了五个以上好词好句。（加 1 ★）
3. 用了比喻和拟人等修辞手法或者声音、颜色等描写。（加 1 ★）
4. 有描写景物动态变化的语句，景物描写有顺序。（加 1 ★）
5. 结尾抒发感情，表达了对大自然的热爱。（加 1 ★）

08 推荐一本书

崔霞霞

读一本好书如同交一个好朋友。把读过的好书推荐给同学，就像把好朋友介绍给他们一样。

推荐的时候，要介绍这本书的书名、作者、出版社等基本信息。重点写推荐这本书的理由，如内容新奇有趣，语言优美生动，情节曲折离奇，人物个性鲜明，思想给人启迪。

写的时候注意以下几点：

推荐理由可以只写一点，也可以写几点。注意分段写。

把重要的理由写具体。如果你推荐的是一本小说，可以结合书中的相关情节、人物、对话或插图等来说明你的理由；如果你推荐的是一本科普读物，可以说说你获取到哪些有趣的知识或独特的想法。另外，你还可以转述和摘录书中的精彩片段，引用别人对这本书的评价。

写好后，把自己的习作读给同学听。大家交流一下，看谁的推荐能够激发起其他人阅读的兴趣。

一 对话名师，明确要求

星星：老师，这次作文要求推荐一本书，可以推荐哪些书呢？

老师：小学五年，我们读过的书很多很多，没有上千本，也有几百本，但题目是“推荐一本书”，所以不能多推荐。至于什么样的书才是值得推荐的好书呢？一般来说内容新奇有趣的，如寓言、童话；语言优美生动、能够陶冶心灵的，如散文、诗歌；情节曲折离奇、人物个性鲜明的，如小说、神话；给人思想启迪、教授做人道理的，如名人传记或“爱的教育”类图书；富含科学知识的，如科普类图书；图文并茂、能给人美感的，如绘本、连环画；等等都是可以推荐的好书。

文文：老师，怎样才能把自己的好书推荐给大家呢？

老师：那要看你推荐的是什么好书了。如果是小说，可以结合相关情节、人物、对话或插图等来说说你的推荐理由；如果是一本科普读物，可以说说你获取到哪些有趣的知识或独特的想法；如果是神话故事，则可以结合故事的神奇之处说说作者的想象是多么丰富；如果是散文，那么就可以结合内容说说作者的语言如何优美生动……无论怎样推荐，关键是要把推荐的重要理由写清楚。

星星：写推荐理由的时候，有什么需要注意的地方吗？

老师：写推荐理由的时候，不要通篇介绍书的内容。要想让别人对你推荐的书产生兴趣，不仅要介绍书的内容，还要写清楚具体是什么吸引了你，你是怎样被吸引的。要举例子，说想法，把理由写充分。还有，在写作时要有真情实感。在习作中一定要表达出在读书中产生的乐趣或者收获，而大量引用别人对这本书的评价，而缺少自己的切身体会，这样是不可取的。

二 对话课文，感悟表达

老师：我们先来回顾第八组课文，这一单元的主题是读书明智。在学习的过程中，我们要掌握这样两种学习方法：第一，根据要求梳理信息，把握内容要点；第二，根据表达的需要，分段表述，突出重点。这两种学习方法的掌握，可以帮助我们更好地推荐好书。我们来看看课文，从中可以借鉴哪些表达方法。

星星：我很喜欢冰心奶奶写的《忆读书》这篇文章。在学习这篇文章的时候，我根据作者读书的不同阶段、所读书目的名字，从而梳理出作者的读书经历。这种梳理信息的方法，在我读《红楼梦》这本书时就很有帮助，因为《红楼梦》里的人物实在太多了，不对这些人物进行一番梳理，我真的很迷惑。这种梳理信息的方法可以帮助我在课外阅读的时候，更好地了解主要内容。

文文：是的，这一方法的掌握也使我受益匪浅。我在学习《我的长生果》这篇课文时，我就是通过这种方法快速梳理了作者读过哪些类型的书，以及她从读书、作文中悟出的道理。其中，作文要有真情实感。作文练习，刚开始离不开借鉴和模仿，但是真正打动人心的东西，应该是自己呕心沥血的创造。作者悟出的这个道理提醒我在推荐好书的时候，要适当写一些自己的阅读感受，而不是通篇介绍书的主要内容，更不要照搬别人写的读后感。

星星：冰心奶奶写的《忆读书》这篇文章，还让我学了一招。我通过找到她对这些书的感受或评价，梳理出了她认为的好书的标准，即故事情节精彩、人物形象生动、有真情实感、语言质朴浅显。这样，向别人推荐或自己在选择好书的时候就有所参考了。

老师：我们再来研究口语交际《我最喜欢的人物形象》，从中寻找推荐好书的奥秘。

文文：每当阅读文学书籍或观看影视作品时，我常常会被一些人物感动。这些人物个性鲜明、充满魅力，让人由衷地欣赏和喜爱。而将自己喜欢的文学或影视作品中的人物介绍给大家时，我们要学会整理信息，有条理地讲述。根据书中提供的这个表格，我在介绍《西游记》里的孙悟空时，我把喜欢他的理由详细地罗列了出来，然后按照一定顺序排列。

星星：我也是这样做准备的，不过，我还多做了几步。在把理由排序后，我还进行了筛选，去掉可有可无的理由，只留下三点。在我最喜欢的那条后面，我还特意补充了具体缘由，这样我在交流的时候就能借助表格把我喜欢的人物形象说清楚、说具体了。这种介绍人物形象的方法，我觉得在推荐一本书的时候也是可以借鉴的。

文文：这次口语交际还让我确认了一点，在推荐的时候要有对象感。

我们是在向别人推荐一本好书，这与读后感是有区别的，所以一定要用上推荐的口吻。

我的发现

三 对话高手，学习方法

认识一下作文高手戴礼歌。

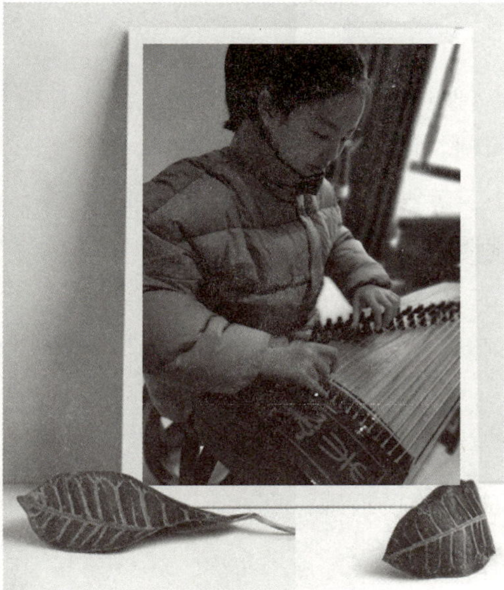

她热爱阅读、画画、书法、古筝等，已获取舞蹈、古筝多门艺术类课程的考级证书，并在校刊、本地报刊上发表了多篇文章。性格文静内敛，喜欢探索和学习新鲜事物。“用知识武装自己，走更远的路，看更大的世界”是她的座右铭。

爱，让生活更美好

——《吃狼奶的羊》值得你用心阅读

戴礼歌

《吃狼奶的羊》是“中国动物小说大王”沈石溪的一部力作。一听这书名，相信大家都会和我一样，脑中飞过无数个问号：一只羊怎么会去吃它们的天敌——狼的奶呢？这到底是一只什么样的羊呢？它到底遭遇了什么？现在，我就带领大家去书里寻找答案。

文章的开篇，作者用细腻的笔触描述了母狼乌云飞安抚小狼崽的一幕。作者那优美生动的语言让我读起来十分享受：“粗大的狼尾巴翻卷过来，像条柔软的棉被，盖在小狼崽身上，嘴里呢喃发出摇篮曲似的低吟：宝贝，别害怕，有妈妈在，谁也别想伤害你们……”将动物世界的情感和人类联系起来，再用上比喻、拟人的修辞手法，一个温柔、慈爱的狼妈妈形象就呈现在我们面前了。

小说里面描述小羊羔流火云去吸吮狼族王妃乌云飞的乳汁的场景，更让我印象深刻。作者观察细微，把一只嗷嗷待哺、懵懂无知的小羊羔写得楚楚可怜。母狼乌云飞的内心从一开始的荒诞到矛盾再到甜蜜，作者运用丰富的联想逐层递进，环环相扣，一直吸引着我的眼球。“这不行，狼给羊喂奶，闻所未闻，匪夷所思，被其他狼知道了，肯定会笑掉大牙的呀，乌云飞心想着……”你瞧，这时候的乌云飞该有多惊讶和矛盾啊！这正是作者赋予了动物人类的情感，小说才会显得那么生动、有趣、深刻。

《吃狼奶的羊》不但语言独具特色，而且故事的

星星的点评

开篇介绍作者的简要信息，以作者的影响力来突出书的魅力。

一连串的疑问，引发读者的思考和想象，让读者有了读下去的欲望。

什么是细腻的笔触，什么是优美生动的语言？一个片段的举例，读者就明白了。小作者的策略实在高明。

小作者分析了小说吸引人的一个原因，说明她已具有一定的阅读功底。

作者引用文中的精彩片段，把惊讶又矛盾的母狼乌云飞展现出来，使动物形象更具体形象。

运用过渡句，将两个推荐理由自然衔接。

情节也十分曲折离奇。被母亲无奈抛弃的流火云，意外得到乌云飞的哺育和照顾，乌云飞伟大的母爱超越了她作为狼的天性。她不但没有吞食掉流火云，还待他如同自己的亲生儿子一样，在狼族中极力保护他。流火云从此有了和其他山羊不一样的成长经历，他身上虽然流淌着羊的血，却在狼族的生活环境中造就了勇敢、桀骜不驯的性格。最后他回到了羊群中。在羊群受到强敌的迫害时，英勇的流火云保护了他的同伴，用自己的善良、正直赢得了同族的尊重、信赖和友谊。乌云飞用她伟大的母爱成就了一只英雄羊，流火云不再是一只纯粹的羊，他在狼族中学会的强悍、不屈淫威让他的生活有了不一样的结局。小说情节如此跌宕起伏，真是让人欲罢不能。

呼应段落开头，再次强调小说的吸引力。

读完小说，英雄羊流火云那追求公正、向往和平的英勇形象在我脑海中久久挥之不去。如果你想追随流火云的脚步，也好奇乌云飞的命运，那就赶快拿起这本趣味十足的小说看看吧！

再次激发读者阅读兴趣。

星星梳理的思维导图：

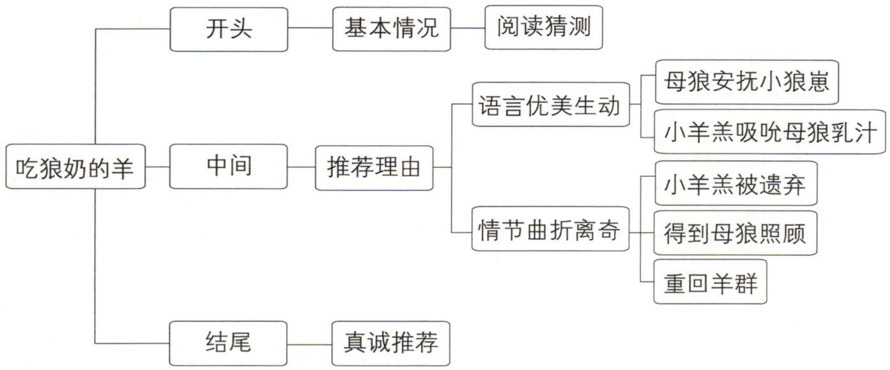

星星：戴礼歌，我发现你在推荐《吃狼奶的羊》这本书时，摘录了小说里描写母狼心理活动的一个片段，你为什么要这样安排呢？

戴礼歌：这是令我印象最深的一个片段，从这里我看到了一匹既惊讶又矛盾的母狼。我感觉这匹母狼跟我们人类一样，有思想有情感，看着很真切，所以我摘录了这个精彩片段。

文文：你能把这本书介绍得如此具体、生动，是怎样做到的呢？

戴礼歌：这本书我非常喜欢，看了好几遍。流烩和乌云飞的形象早已深深地印在了我脑海中，所以我能够在介绍的时候做到得心应手。相反，《红楼梦》这本书，虽然是四大名著之一，可我看不太懂，也不是很喜欢，你要我推荐，我就说不了什么了。

星星：由此可见，推荐好书要选择自己喜欢、熟悉的书很是关键的。戴礼歌，我对你推荐的书产生了浓厚的兴趣，想马上去拿来看一看。如此吸引读者，你是怎么做到的啊？

戴礼歌：告诉你一个绝招。在推荐的时候，除了介绍书的内容外，还要写清楚是什么情节吸引了你，你是怎样慢慢被吸引的。如果能把这个重点写具体，你推荐的书就能吸引人。我就是利用这个绝招，将自己当初被吸引的过程真实地写下来。

我的发现

四 对话佳作，开拓思路

为你痴迷，为你醉

——推荐好书《海底两万里》

戴于果

今天我要向大家推荐一本好书，书的名字就叫《海底两万里》。这本书是法国作家儒勒·凡尔纳写的一部科幻小说，于1870年底问世，至今已有150年，但它仍能以各种版本风行世界，广有读者，足见其吸引力之大。

这本书的内容实在是太精彩了，我恨不得一口气将它读完。书中的故事发生在19世纪末，海面上出现了一只神秘怪物，它频频袭击各国海轮，在全世界闹得沸沸扬扬。阿龙纳斯教授作为一名生物学家，接到美国海军军队的邀请，登上一艘驱逐舰，参与把怪兽从海洋中清除出去的活动。谁料就在活动即将结束时，阿龙纳斯教授和他的伙伴们竟成了怪物的俘虏，随即被迫开始了一场生死未卜的海底旅行。

《海底两万里》让我认识了沉着冷静的尼摩船长、知识渊博的阿龙纳斯教授、精通分类学的仆人康塞尔、固执勇敢的尼德兰。其中，我最敬佩尼摩船长，敬佩他是个有博爱之心的勇士。“看到印度采珠人被鲨鱼袭击，尼摩船长奋不顾身地站了起来，拿着匕首直朝大鲨鱼冲去，和鲨鱼进行肉搏。”当看到这里时，我的内心被触动了。也许尼摩船长的思想有些扭曲，做法有些偏激，但他的慈爱之心始终未泯灭，他仍然是一位勇士。

文文的点评

用简单的语言介绍书的影响力，激起读者读下去的欲望。

简要交代书中的主要内容。

小作者能准确地对书中的人物性格进行概括，可见读得很认真。

抓住主要人物的其中一个特点来写，使人物形象丰满。

我还十分惊叹于凡尔纳他那非凡的想象力和丰富的自然科学知识。在书中，他为我们构造了一个奇幻美妙的海底世界。在这里，有着变幻无穷的奇异景观和各类生物。跟着尼摩船长，他们进行了海底狩猎，参观了海底森林，探访了海底废墟，挖掘了海底宝藏……他们的奇妙旅行真是让我羡慕。

> 巧妙过渡，段落之间衔接自然连贯。

这真是让我痴迷让我醉的好书啊，你为何不把它买回家细细品读呢？而且，并不是每一本科幻小说都像《海底两万里》一样，使你惊心动魄，仿佛你正和阿龙斯纳教授并肩作战，一同打败敌人。

> 反问式结尾，再一次激发读者阅读兴趣。

文文梳理的思维导图：

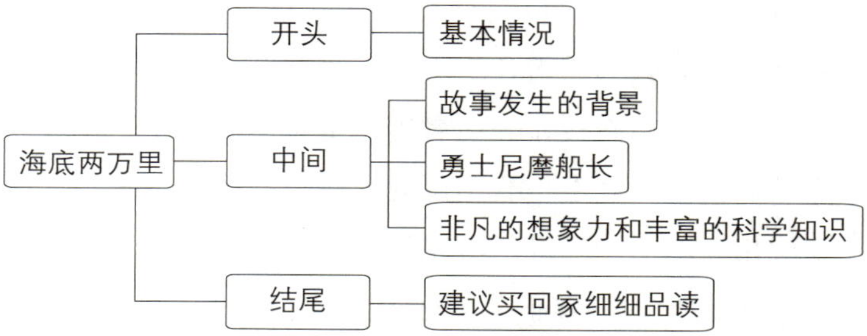

想说爱你也容易

——向你推荐《红楼梦》

郭凌寒

《红楼梦》是一上好佳作，如一坛美酒，历经岁月沉积，而愈发浓香；又似一块深埋千年的宝石，出土那一刻更是格外闪亮。今天我要向大家推荐的好书就是《红楼梦》。

《红楼梦》是我国四大名著之首，是清代作家曹雪芹创作的章回体长篇小说，又名《石头记》《金玉

星星的点评

> （我能帮星星补充完整余下部分）
>
> 开篇以比喻的修辞手法点明书的价值。

缘》等。小说以贾宝玉和林黛玉的爱情悲剧为主线，讲述了一个令人称羡的大家族，起初荣华富贵，后因家庭成员获罪以致被抄家，逐渐走向没落的故事。

《红楼梦》是我看过的最难啃，却又欲罢不能的小说了。我的阅读速度很快，一上午就可以把半本书看完，甚至更快。而这本书不一样，为了看懂它，我足足花了一个暑假，看了一遍又一遍。可是，我至今还是似懂非懂。

《红楼梦》塑造了众多的人物形象，他们各自有自己独特的个性特征。其中贾宝玉、林黛玉、王熙凤、薛宝钗、史湘云等都是家喻户晓的人物。就拿男一号贾宝玉来说吧，他看起来玩世不恭、顽劣、轻佻，实则内心善良纯真。他虽然出生贵族家庭，但鄙视功名利禄，痛恨八股文，偏爱于“杂书”。他认为人只有善恶美丑之分，没有贵贱之分，是封建社会的叛逆者。

“天上掉下个林妹妹，似一朵轻云刚出岫，娴静犹如花照水，行动好比风拂柳。”没错，我现在要说的是女一号林黛玉。林黛玉是个率真痴情、清高孤傲、多愁善感的少女。她还向敌对的封建社会挑战，追求和捍卫自己的爱情，表现得那样勇敢刚强，可又那样胆怯脆弱。

《红楼梦》还引发了我对人性的思考。人无完人，我想人没有最好之说，也没有最坏之说。我们每个人都有两面，一面是好的，一面是坏的，两者中和才有了人性。

一百个人眼中有一百个哈姆雷特，我想一千个人读《红楼梦》也会有一千番体会吧！你会有什么体会呢？赶紧去看《红楼梦》吧，我迫不及待地想和你一起交流呢！

我能帮星星补充完整余下部分的导图：

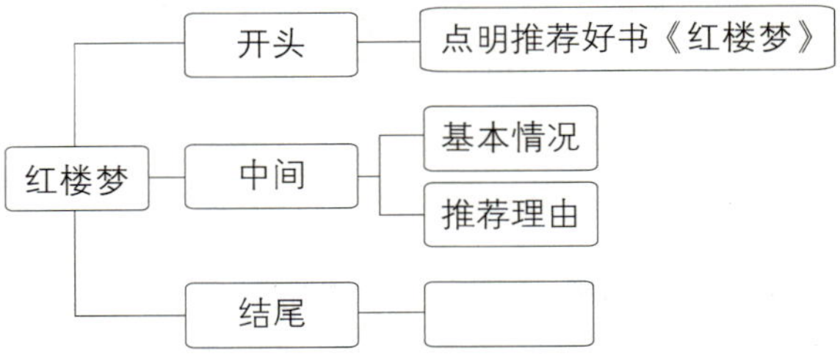

“绿山墙”后的阳光

戴礼歌

我的点评

今天，我将带领大家走进一本好书——加拿大著名作家蒙哥马利的长篇小说《绿山墙的安妮》，和主人公安妮一起走近那风景旖旎的绿山墙，去结识一群可爱的人。

那么安妮是谁？她和绿山墙又有什么关系呢？安妮其实是个孤儿，从小受尽寄养家庭的冷落，终年辗转在各个临时寄养家庭之间。可怜的小小的安妮，在灰暗的生活中，一直憧憬着自己的未来。在她想象的未来里，不再有灰色，那是一片阳光明媚的自由天地。这小小的幻想，就像一颗火苗，在安妮的心底断断续续地燃烧着，悠悠的光照亮了她灰暗的世界，温暖着她那颗弱小却坚强的心。

每当主人厌烦了安妮，他们就会无情地将她送回孤儿院。终于，安妮的命运出现了转机——马修兄妹阴差阳错地领养了安妮。当马修去火车站接她时，安妮兴奋地对马修说："假如您不来，您看见转弯处的那棵樱桃树了吗？我会爬上去在那儿过夜。我不会害怕的，在明亮的月光下，在这样一棵开满花的树上睡觉，那会多美妙啊！哈哈，就像躺在一座华贵的城堡里！"她那天马行空的想象一直在脑海里驰骋。在安妮的世界里，樱花树不再是简单的一棵树，而是一座温暖的城堡。

在绿山墙最初的日子里，她并没有顺利地融入马修兄妹的家庭生活。她那一刻不停爱说话、倔强的个性成了与人和睦相处的绊脚石。她总在犯各种错误，但她却相信"每犯一个错误总能帮我改掉一个缺点"。

善良的马修兄妹把安妮送去了学校。在那里，她用自己独特的人格魅力结交了挚友恩师，在一次次的失败和挫折中不断反省自己，慢慢学会了冷静地思考问题。最后，她通过不懈的努力考上了女王学院。然而，正在她满怀希望准备迈向未来更广阔的道路时，她唯一的亲人玛丽拉却因哥哥马修去世伤心过度双目失明了。安妮在面临是选择自己的前途还是亲人时，毅然决然地选择了留在绿山墙，留在了玛丽拉身边，以报答她的养育之恩。

安妮热爱生活，热爱自然，不幸的童年遭遇并没有摧毁她质朴的内心，她对亲人、师长、朋友、同学，甚至是大自然的一花一木都充满了热忱和感恩。安妮的笑声回荡在风景旖旎的绿山墙，犹如一束灿烂的阳光照进了我的心田。

同学们，让我们一起来阅读这本心灵之作吧，让我们陪安妮一起驾着马车驶过"欢乐的雪白之路"，和安妮一起坐在明亮的教室里书写绿山墙里快乐的童年，帮她抹去最初那些灰暗的色彩，让安妮的真诚打开你我的心窗，照亮美好的未来！

我梳理的思维导图：

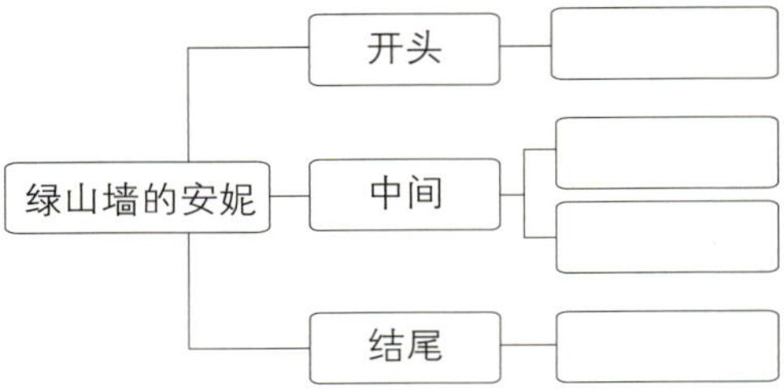

五 对话体验，整理素材

老师：我们看过很多书，印象深刻的也不计其数，自己到底要推荐哪一本书呢？我们先和伙伴们一起回忆回忆自己看过的书吧！

星星：啊，一聊起我看过的书，我心里就有数不完的家珍。像《老人与海》《最后一头战象》《手绢上的花田》《稻草人》等这些书我都看过，都可以推荐。推荐的时候可以简单介绍一下这些书的书名、作者、出版社等基本信息。我想除了介绍这本书的主要内容外，还要把我推荐这本书的理由写具体明白。

文文：一本好书，值得推荐的地方肯定有很多。在推荐之前，我们一定要全面、具体地了解要推荐的这本书，然后想一想这本书哪里最吸引你，你准备从哪几方面推荐这本书。

星星：对了，你提醒了我，在写的时候推荐理由可以只写一点。如有关人物传记的书，我们可以单单抓住人物个性鲜明这一个点来推荐，写出人物的性格特点，写出可以突显这个性格特点的关键事件或言行举止，写出对这个人物的认识和评价，还可以写出这个人物对你的影响。

文文：我们也可以从好几方面写自己的推荐理由。例如，我们要推荐一本小说，我们可以写书里令你印象最深的情节，可以写最令你感兴趣的人物，可以写自己受到的启发，还可以引用别人对这本书的评价。写的时候，还要注意分段写。

星星：是的。推荐理由不管是一点，还是多点，关键是要把推荐理由写具体。如果推荐理由有很多点，要把这些理由排序，把思路理清楚。如果某个理由是重点要写的，可以举例子，说想法，融入自己的真情实感。如此，才能激发读者的阅读兴趣。

我读过的好书

星星：《爱的教育》这本书对我的影响很大，我想推荐给同学：

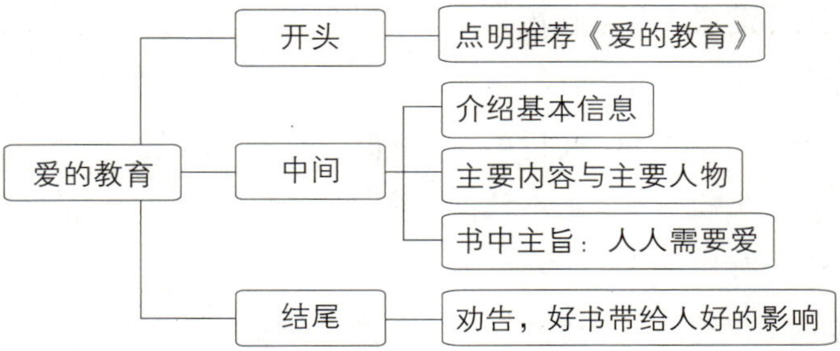

文文：最近我刚看完《青铜葵花》，我想从以下几方面推荐这本书：

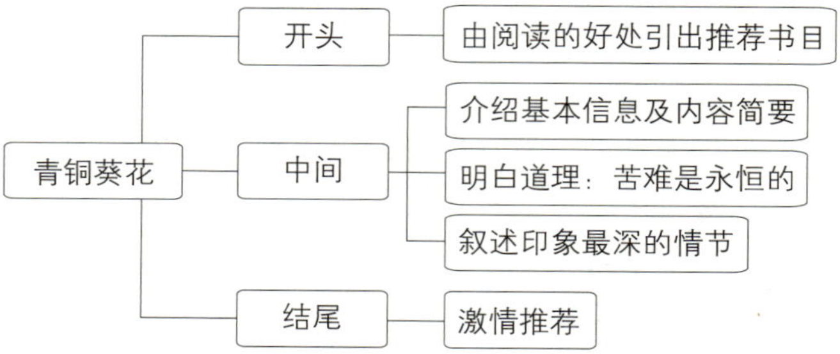

我的思维导图

六 对话积累，激活语言

我收集了许多备用词句，我会根据表达需要选用好词佳段。

一、词语盘点

巅峰之作　脍炙人口　脱颖而出　知识海洋　精神食粮　科学原理
开阔眼界　增长知识　开卷有益　茁壮成长　妙处无穷　滋润心灵
内容丰富　新奇有趣　曲折离奇　一波三折　情趣盎然　通俗易懂
津津有味　失魂落魄　迫不及待　细细品味　百看不厌　欲罢不能
爱不释手　如饥似渴　蠢蠢欲动　兴致勃勃　兴趣盎然　乐此不疲
情景交融　谋篇布局　思想深邃　来龙去脉　一览无遗　引人深思
笔锋犀利　平实柔和　清新优美　原汁原味　文笔细腻　文思敏捷
情感细腻　感情真挚　字里行间　构思巧妙　言简意赅　颇具匠心

个性鲜明 心慈面善 疾恶如仇 默默无闻 善解人意 风度翩翩

二、佳句集萃

1. 宁可一日无粮，不可一日无书。

2. 书籍是人类进步的阶梯。——高尔基

3. 读一本好书，就是和许多高尚的人谈话。——笛卡尔

4. 书犹药也，善读之可以医愚。——刘向

5. 立身以立学为先，立学以读书为本。——欧阳修

6. 当我捧起这本书时，我便爱不释手了，如饥似渴地读完了它。我觉得书中塑造的人物形象都十分鲜明，有心慈面善的唐僧，有疾恶如仇的孙悟空，有贪吃贪睡的猪八戒，有默默无闻的沙僧……但是，我最喜欢的还是无所不能的孙悟空。知道我为什么喜欢他吗？因为他不仅神通广大，而且勇敢无畏，即使是唐僧误会了他，狠狠地念了紧箍咒，他最后还是回来保护唐僧，一次又一次地把唐僧从妖魔鬼怪手里救出来。

7.《昆虫记》这本书使我十分着迷，法布尔用生动活泼的文字向我们描述了昆虫世界的一幕幕。如我印象最深的那一段，地上的蟋蟀虽歌声单调，缺乏艺术修养，但它淳朴的声音与万象更新的朴实欢乐又是那么和谐。看，法布尔对昆虫的那份好奇、那份爱，不是常人所能理解的。他笔下的小虫子，一个个栩栩如生，活灵活现，充满了灵性，让人觉得十分可爱。

8. 我第一次读这本书时，就被主人公保尔深深吸引了，他身上的正能量——坚强不屈的精神深深震撼了我。保尔·柯察金——一个双目失明、身体瘫痪的人，在巨大的困难面前，凭借自己钢铁般的意志，勇敢地与病魔搏斗，勇敢地与自己的生命搏斗，他的意志比钢铁还坚硬。在身陷绝境的情况下，他不甘于吃喝、呼吸和等死，拿起唯一还能利用的武器——笔。后来，他连笔也拿不动了，就自己口述，请亲友笔录，历时数年，终于创作出不朽的杰作。这样坚强不屈的主人公，怎能不震撼人们的心灵呢？

9. 读了这本书，你就会明白名人之所以能成名，那都是努力学习的结果，而不是他们一生下来就成名，也不是他们头脑特别好使，我们的头脑特别笨。就拿爱迪生来说吧，他为了发明电灯，花了十几年时间，饱受讥

讽，试了一千多种材料，终于发现了适合的材料——钨丝，这实在不容易。

10. 这本书的每一个情节都主宰着我的喜怒哀乐，每一个人物都牵动着我的心，我陪他们一起悲伤和欢乐。他们陪我度过了许多完美的时光。

三、精彩首尾

开头：

1. 歌德说："读一切的好书，就是和许多高尚的人谈话。"读一本好书能使我们受益匪浅，所以我要向大家推荐一本好书——《夏洛的网》。（引用式开头）

2. "马小跳一心想做伟大的人，他必须有一双善于发现的眼睛。就这样，秦老师在马小跳的眼睛里，一天比一天漂亮起来。"你想知道这是出自哪本书吗？让我给你介绍吧！（引用式开头）

3. 高尔基说过，书是人类进步的阶梯；莎士比亚把书比作营养品和阳光；海伦把书看作是船只……而作为"书迷"的我，则把书当成我的良师益友。（比喻式开头）

4. 我要推荐的书是英国作家笛福写的长篇小说《鲁滨孙漂流记》。它是一部情节曲折离奇，能给人深刻启迪的历险小说，值得我们好好阅读。（开门见山式开头）

5. 你知道毛毛虫为什么会变成蝴蝶吗？你知道为什么人需要喝水吗？你知道电脑为什么能通过网络与世界各地的人交流吗？你知道为什么地球上有生命存在吗？这些问题的答案，《十万个为什么》都能告诉你答案。（设置悬念式开头）

6. 俗话说："饭可一日不吃，觉可一日不睡，书不可一日不读。"我很喜欢看书，也看了很多书。其中，我最喜欢的就是《最后一头战象》这本书了。我也想把这本书推荐给大家。（对比式开头）

结尾：

1. 听了我的介绍，你是不是也蠢蠢欲动了呢？赶紧捧起这本书，细细研读吧！你一定会收获很多的。（反问式结尾）

2.《再试一次》改变了我，教给了我深刻的道理，给了我前进的力量。

今天，我就将这本书推荐给同学们，希望你们能用心读懂它，并将它好好珍藏。（总结式结尾）

3. 你想知道威尔伯是怎样逃脱成为熏肉火腿的命运的吗？你想知道夏洛是怎样帮助威尔伯的吗？如果想要了解更多精彩的内容，就请大家捧起《夏洛的网》，亲自叩响这扇温情之门吧！

4. 同学们，你们想多懂点课外知识吗？想就看看这本书吧。这本书既有科学原理，又有大自然的奥秘。我想这本书里面的丰富资料肯定会吸引你们的。

5. 同学们，让我们来一起来阅读这本心灵之作吧，让我们陪安妮一起驾着马车驶过“欢乐的雪白之路”吧，让美妙的文字载着我们回到那片阳光明媚、生机勃勃的绿山墙吧，去感受安妮那无限的美好！

6. 一百个人眼中有一百个哈姆雷特，我想一千个人读《红楼梦》也会有一千番体会吧。你会有什么体会呢？赶紧去看《红楼梦》吧，我迫不及待地想和你一起交流呢！

七 对话自我，升格提优

一、左右对比，巩固写作要点

原文：

我为好书《昆虫记》代言

郭凌寒

我要给大家推荐的这本书叫作《昆虫记》。它的作者是法布尔，是法国著名的昆虫学家。他从小就

提升点：

建议丰富作者的信息，使读者对作者有更多的了解。

升格文：

我为好书《昆虫记》代言

郭凌寒

我要给大家推荐的这本书叫作《昆虫记》。它的作者是法布尔，是法国著名的昆虫学家，被世人称为“昆虫界的荷马”。法布尔从小就喜爱昆虫，这本书是他半生智慧的结晶。

《昆虫记》语言质朴浅显，在这

喜爱昆虫，这本书是他半生智慧的结晶。

《昆虫记》语言质朴浅显，这妙趣横生的文字，让我们认识了各种昆虫，使我明白了对生命的尊重和爱护。这就是我喜爱的书，我给大家讲一讲，你们听完后，一定会想看《昆虫记》的！

看了这本书，特别是看了《会走路的柴草》这一篇后，我彻底改变了原有的看法！文中一只被管虫的母亲把卵产在蛹壳里，为了自己的孩子免受嘈杂的干扰，它用自己的身子堵住门口。为了让孩子们有一个柔软、舒适的屋子，同时也为了保证孩子们的安全，它会在隧道里来回地跑。因为震动和翻滚，它身上的绒毛都掉光

此处如能列举几个从书中认识的昆虫形象，更能使读者对这些昆虫产生好奇。

建议将阅读与生活实际相联系，使过渡更自然。

妙趣横生的文字里，我们认识了各种昆虫：会唱歌的蝉，会建住宅的蟋蟀，卖力滚着粪球的蜣螂，不停织网的圆蜘蛛……在法布尔的笔下，一种又一种昆虫栩栩如生地浮现在我们的眼前，一个又一个妙趣横生的故事在我们的面前上演……作者将昆虫的多彩生活与自己的人生感悟融为一体，用人性去看待昆虫。字里行间都透露着作者对生命的尊敬与热爱。

以前，我干过不少“坏事”：用开水烫蚂蚁，用绳子绑住蚱蜢的腿，抓蝴蝶来当标本……当时只是觉得有趣，从来没有想过它们也有生命。看了这本书，特别是看了《会走路的柴草》这一篇后，我彻底改变了原有的看法！文中一只被管虫的母亲把卵产在蛹壳里，为了自己的孩子免受嘈杂的干扰，它用自己的身子堵住门口。为了让孩子们有一个柔软、舒适的屋子，同时也为了保证孩子们的安全，它会在隧道里来回地跑。因为震动和翻滚，它身上的绒毛都掉光了，最后死在了新屋子的门前。这位尽职的母亲为孩子们奉献了自己的全部，包括生命。

读到这里，我才醒悟：万物皆有灵性，原来以前被自己漠视和伤害的昆虫们也是有生命的，而且它们和我

了，最后死在了新屋子的门前。

读了《昆虫记》以后，我也懂得了：昆虫和人一样，有温顺的，有凶残的；有相爱的，自然也有相杀的。“物竞天择，适者生存”就是我在这本书中学到的最大的道理。

这本书就是我向大家推荐的书，他的语言质朴，昆虫形象生动，还蕴含着大道理呢！

感悟应着力于实际，要真实，建议此处要写具体。

可以呼应上文，再次强调自己的推荐理由。

们人一样都为了生命在付出，在奋斗，在守护。我着实敬畏于它作为一位昆虫母亲的伟大。回想起自己过去的种种，想起自己所犯的错误，我后悔万分。人的命是命，动物的命难道就不是命吗？

《昆虫记》改变了我，教给了我深刻的道理：所有的生命都是平等的，都应当得到同样的尊重——即使你比他们强大，也不应该去杀害弱小的它们。敬重卑微，敬畏生命，就是尊重我们自己。

这就是我要推荐的书，它的语言质朴，昆虫形象生动，还蕴含着大道理。同学们，赶紧捧起这本书读读吧！我相信，你的收获不会比我小的。

二、与同学互改互评

同学的修改建议

三、自我修改评价

我的评价

四、此次作文评价参考标准

评价参考标准

1. 内容充实，语句通顺流畅。（加1★）
2. 推荐书目的基本信息完整，会用恰当的修辞手法。（加1★）
3. 主要内容或精彩内容概况准确，详略得当。（加1★）
4. 有具体推荐理由，条理清楚，分段合理。（加1★）
5. 富有真情实感，能引发他人阅读兴趣，结尾有激起他人阅读愿望的语言。（加1★）
6. 写出自己的喜爱之情，能给读者留下深刻印象。（加1★）

09 那一刻，我长大了

王乐

翻阅影集、日记……回忆自己成长的历程，有没有某一个时刻、某一件事情让你突然觉得自己长大了？

○今年我过生日，妈妈给我切蛋糕的时候，我发现她的眼角出现了浅浅的皱纹……

○今天爷爷走了很远的路，给我买了一双心爱的球鞋。接过爷爷递来的球鞋，我感觉手上沉甸甸的……

○三年级的时候，第一次在全校开学典礼上发言，我很紧张。看到同学们鼓励的目光，我又有了信心……

这次习作，写一件自己成长过程中印象最深的事情，要把事情的经过写清楚，还要把感到自己长大了的“那一刻”的情形写具体，记录当时的真实感受。题目自拟。

写完后和同学交流，看看有没有把“那一刻”的情形写具体，根据同学的意见进行修改。

一 对话名师，明确要求

星星：老师，这次作文写“那一刻，我长大了”，可以写哪些内容呢？

老师：这次习作从题材来看，属于记事作文。所写的事情有条件限制：一是过去发生的事；二是这件事情令你印象深刻，难以忘怀；三是这件事情与你的成长有密切关联。习作之前，我们要综合这三点，在大脑中回忆往事，选取符合这三个条件的一件事情。事情选择好了，故事内容才能符合习作的主题要求。

文文：那么怎样才能写好这篇文章呢？

老师：这次习作，最为关键的是要写好让你成长的“某一个瞬间”，要把当时的情景生动细致地写出来。“那一刻”，这一瞬间，是文章的重中之重，是触及心灵深处的思考与醒悟，也是让我们成长的根源。真正的成长，是我们自己用心去感受的，这种在心底悄然发生的变化，我们自己感受得最为真切。“我长大了”，怎样“长大”？能够把自己成长中的感受细腻地表达出来，这篇文章就成功了。

星星：在写作过程中，我们需要注意什么呢？

老师：首先要学会聚焦“那一刻”，把你心灵受到触动的那个时刻放慢、放大，分解成许多小镜头，这样才能感染读者。其次要写出自己的“真情实感”，要想让读者真正感受到你的长大，一定把镜头对准自己的内心，捕捉到自己受到触动时真实的感受。只要你把自己情感的闸门打开，写真事、诉真情，就一定能打动读者。

二 对话课文，感悟表达

老师：我们先来学习第一组课文，看看作家是如何把故事写具体、写生动的，从中我们可以借鉴哪些表达方法。

星星：我最喜欢读萧红写的《祖父的园子》。文中：“祖父发现我铲的那块地还留着一片狗尾草，就问我：‘这是什么？’我说：‘谷子。’祖父大笑起来，笑够了，把草拔下来，问我：‘你每天吃的就是这个吗？’我说：‘是的。’我看祖父还在笑，就说：‘你不信，我到屋里拿来给你看。’我跑到屋里拿了一个谷穗，远远地抛给祖父，说：‘这不是一样的吗？’祖父把我叫过去，慢慢讲给我听。”祖孙之间有趣的对话，语言描写生动，这生活场景，是作者对故乡、童年和亲人的美好回忆。祖父的园子，就是作者成长的乐园，而祖父则是作者成长中难忘的亲人。这样的文字不仅使故事场景充满画面感，而且特别温馨，特别具有感染力。

文文：是的，我读着也有这样的感觉。在我们成长的过程中总会有感动人心的、令人难忘的人和事。这样免不了要写到人物。对人物的描写，我们要从外貌、语言、动作、神态和心理等多方面进行，特别要注意对人物细节性动作、神态的描写和刻画，从中表现出人物的精神品质，催生感动效应，让读者理解促使我们成长的原因。

老师：我们再来研读《月是故乡明》《梅花魂》，寻找作者写作的秘妙。

星星：作者在《月是故乡明》中回忆了童年记忆中故乡的月景和月色下玩耍的趣事，以及离开故乡后在世界各地漂泊时看到的无数美景和月亮，通过故乡之月与他乡之月的对比，表达了作者对故乡之景的喜爱，抒发了浓浓的思乡之情。

文文：每次读季羡林先生《月是故乡明》这篇散文时，我就被文中优美的语言、细腻的感情表达深深地迷住。见月思乡，是人们常见的心理和情感体验。季羡林先生从六岁起离乡背井，漂泊天涯。晚年的他居住的地方虽然环境优美，但想到的仍然是故乡苇坑里那个平凡的小月亮。在“追忆、惆怅、留恋、惋惜、微苦、甜美”这些复杂且细腻的感受中，传达出游子对故乡浓烈的思念之情。

文文：听了你的分析，我知道我们在写作时可以抓住对比和借物抒情的方法将情感表达出来。除此之外，阅读课文《梅花魂》时，我也体会到，我们写作要写真实的人和事。生活是怎么样的，你就应该怎么样去写，写出自己内心的真实想法，因为真实的东西最能打动人心。

我感悟的方法

三 对话高手，学习方法

认识一下作文高手冯熙岚。

她，是活泼开朗的女孩。她最喜欢的事情就是画画，拥有一双巧手。她最喜欢的小动物是可爱的小狗，因为她说狗是陪伴人类最好的朋友。她的人缘非常好，同学们都爱和她一起玩耍。她对朋友非常仗义，总是尽心尽力地去帮助别人。在学习上，她很认真，是同学们的好榜样；在家里，她乐意帮助爸爸妈妈做事，是大人身边的小助手！

在劳动中长大

冯熙岚

我期盼着长大，我想看看长大后的我是什么样子。可我并不知道什么是真正的长大。难道是去年的裤子穿不上了？还是前年的鞋子穿不上了？不，这些都不是真正的长大。就在那一天的那一刻，我忽然感觉自己长大了。

那天，我从学校回到家，放下书包，大声喊了几声，无人应答。咦，家里咋没人？平时这个点，推开家门，迎接我的就是扑面而来的饭菜香……

星星的点评

开篇议论，引起读者的阅读兴趣。

合理过渡，娓娓道来。

通过一些的动作描写和心理描写，使场景生动起来。

我猜想：“爸爸妈妈会不会在加班呢？”突然一个念头闪过我的脑海，我有了个好主意：我何不准备一顿晚餐给爸爸妈妈一个惊喜呢？说干就干，我找出妈妈的围裙，撸起袖子，回想以往妈妈做饭的步骤。

首先是洗米煮饭，这一步简单，我以前也帮忙做过，可以说还有点经验。没过五分钟，我就用电饭煲把饭煮上了，只需等待片刻，就能煮出香喷喷的米饭来。饭已煮成，我随即陷入了迷茫，该做什么菜呢？我努力回忆妈妈的好手艺，结合自己的能力，最后决定做两个绝对不会出错的小菜——西红柿炒鸡蛋和榨菜汤。

想想容易，做起来却难。西红柿炒鸡蛋我吃过很多次，可是一开始做却立刻遇到了一个难题：先放西红柿呢，还是先放鸡蛋？纠结了好一会儿，我选择先放西红柿，可事实证明我的选择是错的，炒出来的鸡蛋都黏在了西红柿上，不是清清爽爽一块一块的。这个时候，我才体会到：妈妈平时做菜真是不容易啊。原来小小的一道菜后面蕴含着不少诀窍呢。

两个小菜刚做好，正巧爸爸妈妈推门进来。他们看到我穿着围裙，端着饭菜，眼睛里露出了又惊又喜的神情。妈妈微笑着走到我面前，轻轻地抚摸着我的头，直夸我长大了。

一股巨大的暖流涌入我的心田。那一刻，我感觉自己真的长大了。

巧抓心理，体现我开始做菜前的疑惑与茫然。

通过一道菜，穿插回忆，结合心理描写，体现出我心路历程的转变，从细节中品读成长。

刚开始做菜，小作者并未感受到做菜的不易与妈妈的辛苦。但随着过程的深入，小作者的这些感受越来越深，同时也感受到了自己在长大。

妈妈的动作、眼神把文章推向高潮，从妈妈口中说出的“长大”，才是真的长大，更令人信服。

星星梳理的思维导图：

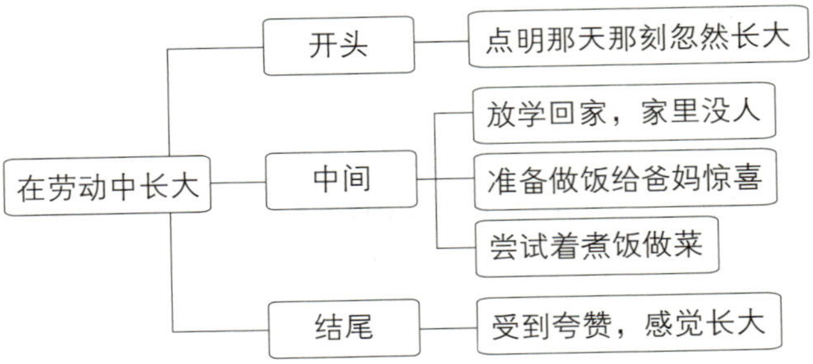

星星：冯熙岚，我认真欣赏了你的作文，还梳理了文章的思维导图。我想问你，你为什么选择第一次给父母做饭这件事来写呢？

冯熙岚：尽管第一次给父母做饭这件事已经过去很久了，但是这件事给我留下了深刻的印象。刚开始做菜的时候，我其实并未感受到做菜的不易与妈妈的辛苦。但随着做菜过程的慢慢深入，我的感受越来越深，懂得了感恩，也懂得了回报。这些让我感觉到了自己在长大。

星星：你的文章写得很真实，也很完整！那么复杂的心理历程都被你写得有条不紊，能不能说说你有什么诀窍吗？

冯熙岚：这是一件发生在很久以前的事。我在写的过程中，先在脑海中回顾了一遍，一边回顾一边用笔在纸上把事情的起因、经过、结果用思维导图简单罗列了一下。到真正开始写的时候，思路就会很清晰。

星星：除此之外，你的心理活动写得也格外细腻真实，能告诉我们你是怎么做到的吗？

冯熙岚：因为这件事情很难忘，所以我在回忆的过程中细细体会当时的内心感受，就像放电影一样，在脑子里过一遍。如何做到细腻，我想就是用最质朴的语言将它真实地记录下来吧。除此之外，写完之后，可以叫同学或老师帮忙看看，哪里需要改进。修改完善也是很重要的！

我的发现

四 对话佳作，开拓思路

那一刻，我长大了

赵怡汝

打开我记忆的相册，许多往事就像那一张张泛黄的照片，随着岁月的流逝，渐渐地模糊不清。唯有一件小事，却像一张彩照，真真切切，绚丽缤纷，永远塑封在我心中。

那是一个阳光明媚的下午，妈妈突然回到家，走到沙发上径直躺了下去。我走近一看，吓了一大跳，妈妈的脸居然黄得像蜡。这可怎么办？我轻轻地摇了摇妈妈的手臂，叫道：“妈妈，妈妈，你怎么了？”

妈妈微微睁开眼睛，虚弱地回答道：“我没事，我躺一会儿就好了。”说完闭上双眼，似乎又要昏睡过去。我轻轻地把手搭在妈妈的额头上，呀，怎么这么烫？我突然想到自己之前发烧的时候，好像也是这样的症状……

我想起妈妈平时照顾我的样子，立刻跑去将家里的医药箱拿了出来，拿出温度计塞到妈妈的嘴巴里。五分钟后，拿出一看，果然有些发烧了。我赶紧去抽屉里找感冒药，将药冲好，然后小心翼翼地端到妈妈身边。

我用力扶起妈妈的身体，将药送到她的嘴边，直到她喝完以后才松了口气。接下来，我就安静地陪伴在妈妈的身边。过了半小时，妈妈醒了。她一抬眼看到我，露出了淡淡的微笑，说：“谢谢你，妈妈感觉好多了。”

文文的点评

开篇运用了比喻的修辞手法，将往事记忆比作相册相片，使记忆具象化，可以很大程度上激发阅读兴趣。

事情的起因，娓娓道来。通过语言描写，充分地表现出作者紧张的心态。

形象地描写妈妈的动作、语言和神态，生动刻画出人物形象。

通过一系列的动作描写，富有生活气息，具有画面感。

看到这个微笑，我的心里一下子像注入一股暖流，没有了慌张。我不禁想到以往我生病的时候，妈妈是多么心急，她照顾我的时候，心情也是这样的糟糕！可那时候，我却常常发脾气，抓着生病的机会使小性子。我扭过头，一阵惭愧涌上心头。妈妈操持家务，给我细致入微的照顾，为我的生活和学习操心，付出了自己的青春年华，往日多少熟悉的画面在我的脑海中浮现。

从妈妈的微笑对比自己的任性，心生愧意，自然回想起在成长道路上妈妈陪伴自己的一幕幕感人的画面，感恩之情渗透在字里行间。

那一刻，我忽然意识到，我的羽翼渐渐丰满。从今以后，我将张开我的翅膀，为爸爸妈妈撑起一片广阔的天空，为他们遮风挡雨，就像他们曾经保护我一样。

感悟成长的同时，表达了长大后保护爸妈的良好愿望，感情抒发真挚动人。

文文梳理的思维导图：

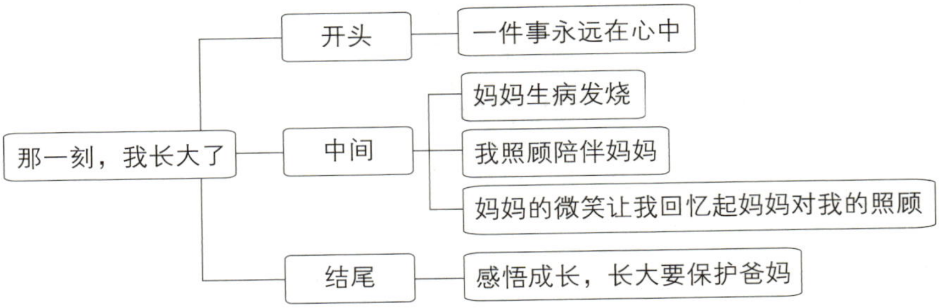

疼痛伴我长大

徐浩哲

文文的点评

躺在床上，默默地想，轻轻抚摸着嘴唇。脑海中，一个九岁的孩子哭着躺在病床上，喊着：“妈妈、爸爸，我会好好……读书的……”打开童年的相册，里面清晰地记载着我九岁时那段成长的经历。它深深地刻在我曾经磕破过的嘴唇上，也深深地刻在我的心里。

（我能帮星星补充完整余下部分）

开篇回忆往事，用极具画面的场景渲染氛围。

那天，放学回家的我匆匆地写完了作业，本来就不想学习只想玩的我心里打着坏主意，没有完成背书的作业，就偷偷摸摸打开电视机看电视。不知不觉，时间也踮着脚溜了过去。天渐渐地暗了下来，而我却丝毫未曾察觉，正看到精彩之处，“浩浩，你作业完成了吗？”老妈的一声问话，惊醒了沉醉于电视剧中的我。我心中有鬼，支支吾吾地回答不出来。老妈看穿了我的心思，开始大声地嚷了起来。这声音被心情不好的老爸听到了，他气冲冲地冲过来，用力推了我一把。只见一条完美的抛物线，我的嘴唇与茶几来了个亲密接触。一滴，二滴……不用问，不用想，这不是番茄汁，而是我的鲜血。

爸爸妈妈马上抱起我冲下楼，以最快的速度把我送到了第一医院，缝了六针。这肉体上的痛，加上心里的痛，两者合二为一，分也分不清。没有打麻药，头脑一直清醒。干净的床单上，全是我的汗，我的血……

那夜，天空一片漆黑，一颗星没有，连一丝的光也没有，也许星星在空中迷了路，怎么也找不到出口了吧，一如当时的我。

今夜，天空明朗了许多，不再像那夜一片漆黑，那些星星在周围星星的帮助下“回归轨道”，从此永不迷路。

昨夜是昨夜，今夜是今夜。

夜深了，我的内心在呼唤：我要好好学习，不要再对不起父母，不要再对不起老师，不要再辜负亲人对我的期望。徐浩哲，振作起来吧！

午夜，我带着微笑，留着眼泪睡着了。那一刻，我深深地知道，我长大了，再也不是以前的我了，而是要做一个被亲人表扬、被大家赞扬的最好的自己。

疼痛伴我长大！它让我懂得了生命的意义，让我找到了幸福和快乐的源泉。

我能帮星星补充完整余下部分的导图：

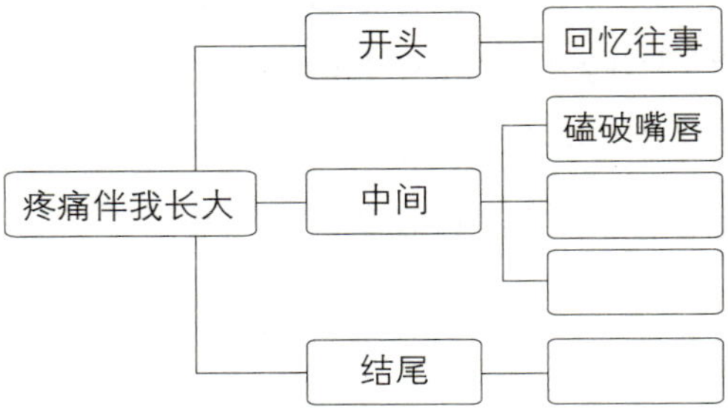

长大的感觉，真好

杨嘉皓

长大，不仅是身体上的长高，更应是精神上的一次质的飞跃。长大的感觉，只有当你真正经历了，你才会感受到那么美好，那么妙不可言！

寒假里的一天，我写好了作业，正在电脑世界中漫游着。那一声声逼真的枪响、手榴弹的爆炸，仿佛自己真的置身于战场之上，与恐怖分子们进行真枪实弹的生死搏杀……

突然，我家的门铃响了，我不得不从“战场”中脱出身来，去迎接门外的那位“不速之客”。我打开门，只见表妹正站在门外，边上还有她的爸爸妈妈。我连忙请他们进了门，随即又冲进了书房，继续我的“世纪大战”。这时，妹妹也跟了进来。我一看，便知情况不妙！因为妹妹跟我进书房，肯定想玩游戏，而

我的点评

她玩的那些儿童游戏，我连看一下的兴趣都没有。而她每每玩得那么津津有味，欲罢不能。往常，我都是跟她抗争到底，看看到底鹿死谁手！（尽管我一次都没有胜利过！）这次，我要不要继续“我的电脑保卫战”呢？正在这时，她向我开口了：“哥哥，能不能让我玩一会儿电脑呢？”话音刚落，我便感到有一股力量在推动着我。我马上关掉游戏，拱手让给了她。

这是怎么回事？到底是什么样的力量在控制我？居然让我就这样轻易地拱手相让了呢？更让我震惊和匪夷所思的是，我的肚子里竟然连一点儿怒气都没有，想气都气不起来。这是怎么回事？我思量片刻，猛然醒悟过来，啊，是我长大了！我学会了谦让，学会了体察别人的感受！

长大的感觉，真好！它让我多了一份大度、谦让，少了一份自私、自利。它让我懂得珍惜人与人之间那一份珍贵的情谊了！

我梳理的思维导图：

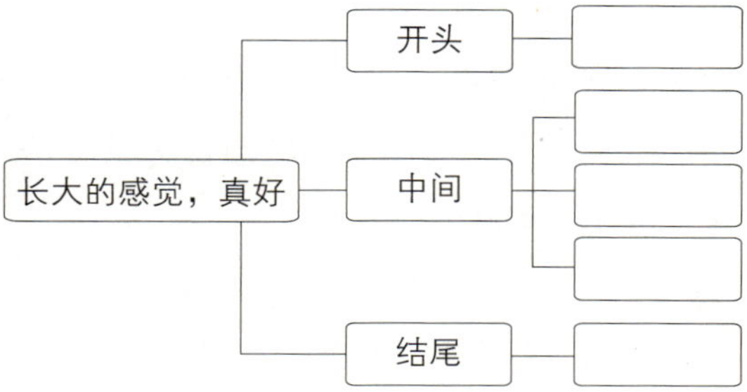

五 对话体验，整理素材

老师：在我们成长的过程中所经历的事情太多了，那么到底哪些事情算得上是与自己的成长有关呢？这就需要同学们打开思路，在脑海里搜寻自己的“难忘之事，成长之时”，为习作锁定一个成长故事。我们先和伙伴们一起去寻找一下吧！

星星：我发现习作导语中列举了许多可以记录的成长故事，如感恩亲人的、学会珍惜的、树立自信的、独立思考的……可见我们选择的“成长故事”范围很广，可以写的事情很多。但是我想这些看似难忘的故事，并不是每一个都适合写下来。我们要选取意义深刻的、前后形成对比的、在整件事情中心情有变化的故事，作为文章的材料。

文文：是的，比如题目中给出的第二个场景：“最近爷爷起早贪黑，忙着采、晒野菊去集市卖，原来是为了给我买双新球鞋。接过爷爷递过来的球鞋，感觉手上沉甸甸的。”接过爷爷通过辛勤劳动换来的新球鞋，那瞬间，作者“感觉手上沉甸甸的”，因为他感受到了爷爷对自己的爱，这份爱让他感激、感动、感恩，这一刻足以让作者成长。所以我们选择的故事肯定要有这么一瞬间，是能触及心灵深处的思考与醒悟的心理活动，这是让我们成长的根源所在。

星星：所以，我们要写一件与成长有关联并且能反映出我们心路变化的事。这样的事给我们的成长带来裨益，可能帮助我们战胜了自己，可能引导我们建立了勇气。那么我们在写作的时候应该多用心理描写的写作方法，写出自己的感受。

文文：不过，运用心理描写需要注意抓住人物的本质特征，还要符合人物性格发展的逻辑。除此之外，要用质朴的语言有条有理、有详有略地写出来，这样的文章一定会打动读者。

我的成长故事

星星：我想写记忆中我第一次学会骑自行车的事。这件事令我很难忘，这是我学会的第一件交通工具。我的写作思维导图是这样的：

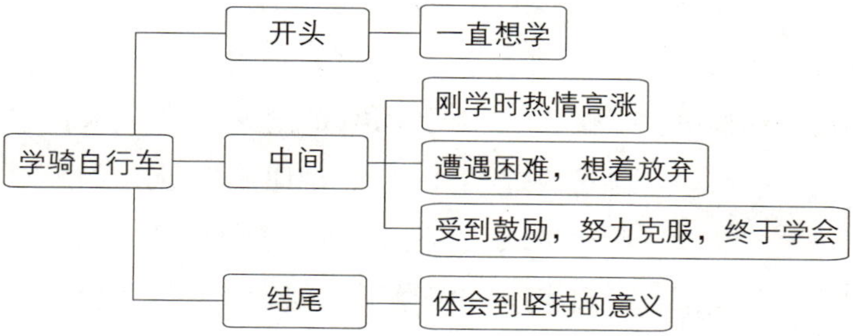

文文：我想写记忆中我第一次站上舞台演讲的事。在这件事中，我学会了自信勇敢地去尝试，克服了自己的胆怯。除此之外，我也感受到了他人鼓励的温暖，对我产生了积极的影响。我的思维导图是这样的：

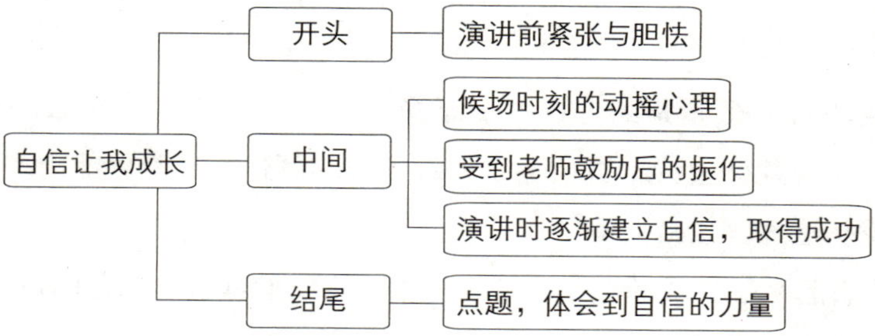

我的思维导图

六 对话积累，激活语言

我收集了许多备用词句，我会根据表达需要选用好句佳段。

一、词语盘点

描写成长的词语：呱呱坠地 牙牙学语 懵懂少年 稚气未脱
破茧成蝶 茁壮成长 健康成长 向阳而生
积极进取 健康向上 阳光帅气 活力四射

描写亲情的词语：骨肉相连 寸草春晖 舐犊情深 母爱如水
父爱如山 血脉相连 血浓于水 手足情深
相濡以沫 相亲相爱 关爱有加 反哺之情

描写反思的词语：陷入沉思 自我反省 深刻反省 扪心自问
三省吾身 面壁思过 痛定思痛 悔过自新
突然醒悟 幡然醒悟 懊悔不已 痛改前非

二、佳句集萃

1. 我的心绷得紧紧的。这怎么忍受得了？我担心会有很丢脸的状况发生，我不敢朝旁边看，害怕会有人看到我的窘迫。我盼望能出现什么奇迹，将我从这里解救出去。

2. 背直起来了，我的母亲。转过身来了，我的母亲。褐色的口罩上方，一对眼神疲惫的眼睛吃惊地望着我，我的母亲的眼睛……

3. 父亲送我到校，替我铺好床铺，他回家时，我偷偷哭了。这是我第一次真正心酸的哭，与在家里撒娇的哭、发脾气的哭、打架的哭都大不一样，是人生道路中品尝到的新滋味。

4. 她站在一边不说话，看我醒过来，就伏下身摸摸我的后脑勺，又摸摸我的脸。我不知怎么搞的，第一次在她面前流泪了。

三、精彩首尾

开头：

1. 生活中有许多令人难忘的时刻，有的使人感动，有的使人快乐，还有的使人欣慰。而我，难忘的那一刻，是我长大的那一刻。

2. 一眨眼，12年的光阴已经过去了，我已不再是牙牙学语的娃娃了，而是一名即将毕业的学生。在我的成长过程中，充满欢声笑语，充满了无限阳光。

3. 窗外的春雨淅淅沥沥地飘了起来，打湿了路旁那一排排高大的梧桐树，望着那青翠的树叶，听着那熟悉的雨声，一段尘封的记忆伴着我的思绪重新弥漫上我的心头……

4. 我的童年故事就像茫茫宇宙中的星星，多得数也数不清，但是有一件事就像星群中某个的焦点一样，总是在我眼前闪亮，令我无法忘怀。

结尾：

1. 那一刻，我忘记了身上的痛，一股巨大的暖流涌入我的心田。那一刻，我感觉自己真的是长大了。妈妈，我一定会做一个坚强听话的好孩子，长大以后我要做你的守护神！

2. 我一直都以为，一个人从小长大是轻轻松松很容易的一件事，可是五一放假时看了我小时候拍的录像带后才发现，原来在我成长的道路上，有那么多人付出了那么多关爱。

3. 握着拳头，深呼吸，轻轻给自己打气，就让我从失败中成长。我坚信自己，只要刻苦勤奋，戒骄戒躁，离破茧成蝶的那天，肯定不远了……

七 对话自我，升格提优

一、左右对比，巩固写作要点

原文：	提升点：	升格文：
那一刻，我长大了 李萱颖 “长大”这一个字眼，相信我们都不陌生。 那是一个星期	开篇点题，与事件描述有断裂，建议再加一句。	**那一刻，我长大了** 李萱颖 “长大”这一个字眼，相信我们都不陌生。有很多人认为，成长是一个很漫长的过程；而我却认为，成长有时只在刹那间。

六的下午，天很晴朗，爸爸妈妈一起去逛街了，妹妹被她同学约出去玩了。家里只剩我一个人，看着家里凌乱不堪的样子，忽然觉得有些不能忍受，于是决定打扫一下。

说干就干，等到一切都井然有序了，却发现自己已是腰酸背痛，满头大汗。我不由自主地问自己：“妈妈每隔几天就要这样干，她难道不累吗？”

其实，真正令我发现自己长大的，并不是这件事，而是有一次老师布置了作业：每人带一个鸡蛋，并且保护它三天。

第三天，班上同学的鸡蛋都碎了，同时也明白了老师的用意：父母每天不

此处最好能通过一些细节，写出了心理活动，引发读者共鸣。

这里需要合理过渡，连接上下文。

增加回忆中的细节，使得事例更加真实。

那是一个星期六的下午，天很晴朗，爸爸妈妈一起去逛街了，妹妹被她同学约出去玩了。家里只剩我一个人，看着家里凌乱不堪的样子，忽然觉得有些不能忍受，于是决定打扫一下。

说干就干，先从哪里做起呢，不如先从客厅干起吧，我又擦又拖了好半天，而后大小卧室、卫生间、厨房，接着该整理物品了，我一边考虑一边摆放物件，偶尔环视着物品摆放的是否合理，相互间是否和谐。等到一切都井然有序了，却发现自己已是腰酸背痛，满头大汗。我不由自主地问自己：“妈妈每隔几天就要这样干，她难道不累吗？”

后来有一天下午，科学老师给我们布置了作业：要求我们每人带一个鸡蛋，并且保护它三天。我们不知道老师葫芦里卖的什么药，不过还是乖乖照做。

第二天，我一来到教室，就看见好多同学的鸡蛋碎了，蛋黄、蛋清流了一地。我不禁吸了一口凉气，摸了摸我的鸡蛋，还好，没碎。今天的气氛与往常完全不同，平时，女强人一下课就去教训把她惹急的男生，而今天，变成了一个“淑女”。

就这样，到了第三天，班上同学的鸡蛋几乎都碎了，忽然才明白了老师的用意：父母每天不都是这样“心惊肉跳”

都是这样“心惊肉跳”地看着我们长大吗？我们就像是这一个个鸡蛋，每天在父母小心翼翼的呵护下成长，父母关心我们胜过关心他们自己。

> 建议结尾和开头相呼应，总结全文，并提升情感。

地看着我们长大吗？我们就像是这一个个鸡蛋，每天在父母小心翼翼地呵护下成长，父母关心我们胜过关心他们自己。父母每天都要做很多事情，而我们似乎置身事外，其实只是被他们保护了起来。

也就是在那一刻，我知道自己已经长大啦……

二、与同学互改互评

同学的修改建议

三、自我修改评价

我的评价

四、此次作文评价参考标准

评价参考标准

1. 内容具体，语句通顺。（加 1 ★ ）
2. 有人物具体的语言、神态、动作等描写。（加 1 ★ ）
3. 写出故事的来龙去脉，叙事有条理。（加 1 ★ ）
4. 能聚焦成长瞬间，有具体的心理描写。（加 1 ★ ）
5. 有真情实感，表达成长感受。（加 1 ★ ）

10 写读后感

洪丽娜

我们读一篇文章或一本书，往往会有自己的感想。有时一些人物会给你留下很深的印象，如安徒生童话中的小人鱼；有时一些情形会让你受到触动，如《祖父的园子》中“我”跟着祖父学种菜的温馨情景；有时文中蕴含的道理会让你深受启发，如《铁杵成针》揭示的就是做事要有恒心的道理。把读过一篇文章或一本书后的感想写下来，就是读后感。

选择读过的一篇文章或一本书，写一篇读后感。先简单介绍一下文章或书的内容，可以重点介绍你印象最深的部分。再选择一两处你感触最深的内容，写出自己的感想，感想要真实、具体。可以联系自己的阅读积累和生活经验，也可以引用原文中的个别语句。

题目可以是“读《×××》有感”或“《×××》读后感”，也可以将它作为副标题，再自拟主标题。写完后读一读，看看有没有把自己的感想表达清楚，再和同学交流。

一 对话名师，明确要求

星星：老师，这次作文要求写读后感，什么是读后感呢？

老师：读后感，顾名思义，就是读了一本书、一篇文章、一段话，或几句名言后，把具体感受和得到的启示写成的文章。这里的“感”，可以是读文章后留下的深刻印象；可以是一些人或事情让你受到的触动；可以是因读书而激发的决心和理想；可以是文章讲述的道理富有哲理，让你深受启发；等等。

文文：那么，怎样才能写好读后感呢？

老师：写好读后感“读”是基础，“感”是重点。我们拿到一篇文章或一本喜欢的书，要认认真真地读，读得细致、用心，在有感触的地方做上记号，写上批注，这样了解了文章的主要内容，领会了它的思想感情，你才能读得有感触。读后感的“读”是需要概括的，要简明扼要、精炼准确，便于自己回忆或让别人了解你所读的内容。而读后的感想才是重点，是文章的主体，要详写。这里的“感”因“读”而生，因此，我们的“感”，尽量要选择深有体会、感触最深的内容，写出自己的感想。这一感想如果能够概括成一句简短有力的话，还可以作为读后感的主标题，一下子就能把读者吸引住。

星星：写读后感有什么要注意的地方吗？

老师：写读后感同学们容易犯错的地方是没有读懂文本；文章内容叙述不简洁、条理不清晰；引用文本内容与读后所感不一致，引“东”感“西”，不能联系自己的实际，泛泛而谈，空话较多。所以再次强调，写读后感，“读”是基础，“读”的内容一定要概括写，“感”才是文章的重点。写读后感的目的是为了更好地指导我们的实际行动，把自己或身边的人和文章中的人物进行对比，受到启发，得到成长。

二 对话课文，感悟表达

老师：我们先来学习第二组课文，看看这些课文都讲了些什么故事，塑造了怎样的人物形象，又给我们带来怎样的感受和启发呢？

星星：我发现《草船借箭》主要写了周瑜妒忌诸葛亮的才能，要诸葛亮在短时间内造好十万支箭，以此陷害他；而诸葛亮巧施妙计向曹操“借箭”，让周瑜的算盘落了空，周瑜自叹不如。最让我叹服的便是诸葛亮的神机妙算。

文文:《景阳冈》是长篇小说《水浒传》第二十三回中的故事，记叙了武松在阳谷县一家酒店内开怀畅饮后，趁着酒兴上了景阳冈，赤手空拳打死猛虎的故事。文中武松那豪放、勇武而又机敏的英雄性格令我印象深刻。

星星：我知道《猴王出世》选自《西游记》，主要写了花果山上的一块仙石孕育出一只石猴，这石猴与群猴玩耍的时候，因为敢于第一个跳进水帘洞，被群猴拜为猴王。我最喜欢的便是他率先跳入水帘洞那个情景了，我觉得他好勇敢啊!

文文:《红楼春趣》讲的是宝玉、黛玉等在大观园里放风筝的故事，展现了大观园里青年男女放风筝时的热闹场面。在那么多人中，我最感兴趣的便是里面的主要人物——宝玉，他性格单纯，喜欢玩闹，一点儿也没有贵公子的架子。大鱼风筝被丫头晴雯放走了，自己还没放一回，却也不生气；自己的风筝放了半天都放不起来，急得头上直出汗，众人取笑他，他就恼得把风筝摔在地上。这些地方都让我感受到了身为贵公子的宝玉难能可贵的率性与纯真。

我感悟的方法

三 对话高手，学习方法

认识一下作文高手王婧文。

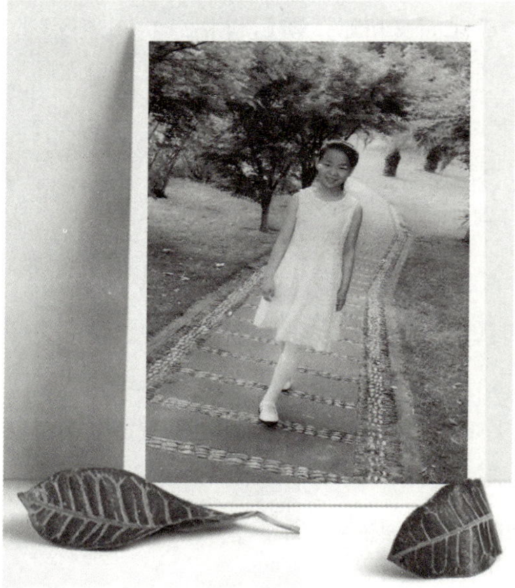

她爱阅读，也爱音乐。有时如果拿上一本她喜爱的书，可以一动不动地看上好几个小时。如果有一首歌特别好听，喜欢音乐的她一定循环播放，直到自己可以流利地唱出来才停下。无聊时，她会坐下来，拿着一本书，戴着耳机，那经典的古风纯音乐，简直就是让人放松的良药。

信念，让生命更有价值

——读《假如给我三天光明》有感

王婧文

寒假到乡下奶奶家过年，因为不方便外出，我便窝在家里读书。《假如给我三天光明》便是在这段时间里给予我巨大能量和感动的一本书。

这本书讲述了作者海伦·凯勒本人的亲身经历。海伦·凯勒生下来是一个很健康的小孩子，可是一次意想不到的发烧使她变成了一个又盲又聋又哑的残疾人。有一段时间，她觉得自己的人生没有任何方向，对生活充满了绝望。可是有一个人，点燃了她的希望，那个人就是她的家庭教师安妮·莎莉文。她不

星星的点评

直接点明《假如给我三天光明》这本书给“我”带来的感受。

介绍了书的主要内容，并且将自己印

仅不嫌弃海伦·凯勒是一个看不见的聋哑人，还手把手耐心地教她识字。如水龙头开着，她就让海伦·凯勒用手去触摸水，感觉水，然后再耐心地在她手掌上写下水的拼音和字形……在莎莉文的耐心教导下，海伦·凯勒学会了盲文，后来还凭借自强不息的毅力掌握了英、德等五国语言，成了举世闻名的作家，还被授予“总统自由勋章”。

象深刻的片段描写了出来。

读了这本书我深有感触。曾经，我是个遇到困难挫折就退却的人。我去学乐器，起初学了笛子，可是学到一半嫌枯燥就放弃了，觉得口风琴新鲜又去学口风琴，然后又抛下了……导致到现在什么都没有学会。眼看着其他同学都有自己的一技之长，而我却什么都不会。我心中十分难过，觉得自己一无是处。妈妈常说：“抓紧时间，好好利用你的生命吧！”我总是不以为然。现在我知道是我看轻了生命的价值，不知道自己为了什么而活着。读了海伦·凯勒的这本书，我决定改变自己。做事要坚持不懈，不能半途而废，既然决定了要去学一样东西就一定要把它学完，不能三心二意。即使什么都学不会，也不能对自己的人生绝望。如果上天给了你两条路，一条是绝望，另一条一定就是希望。就像海伦·凯勒一样，她并没有因为自己是个聋哑人，既听不见又看不见也发不出任何声音就对自己放弃，她在莎莉文的引导下依然对生活充满了希望，最后创造了生命的奇迹。

结合自己的生活实际来加以说明，更有感触。

夹叙夹议，联系文中内容谈自己的感受体会。

所以我要向她学习，我会像盲人珍惜视力一样珍惜自己的生命。以后无论做什么事，我都要抱有坚定的信念，让信念推着我奔跑。我会对未来充满斗志和希望，让自己的生命变得更有意义，更有价值！

再谈感受，升华情感。

星星梳理的思维导图：

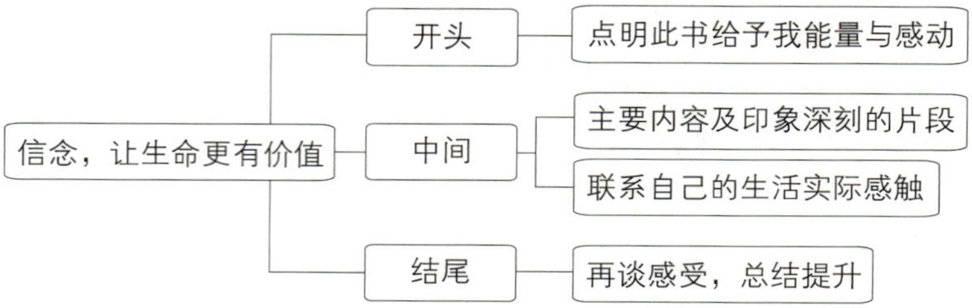

星星：王婧文，你为什么挑《假如给我三天光明》这本书来写啊？

王婧文：这本书是我这次寒假看的，我在读的时候被里面的文字深深地感动了。故事中的主人公海伦·凯勒也带给了我许多人生上的思考，我只“恨”自己没有早一点“遇”上她呢！

文文：我发现你在文章的后半段描写自己的感受部分写得特别详细，这是怎么做到的呢？

王婧文：读后感作文的重点是在这个“感”上，因此我们就要学会联想、联系、联结。具体地讲，就是围绕阅读后提取出来的内容、观点、感触，联系自身或自己身边的社会的实际，联系到阅读积累和自己的生活经验。这样多方面、多角度地去联想，可以是具体生动的事例，也可以是名言警句，可以是引用文中句子或事例，这样我们的读后感就不愁没话可说了。

星星：难怪，我注意到你在后面的叙述时还讲了你自己学乐器的相关经历呢！

王婧文：是啊！看到海伦·凯勒如此不幸都能够为自己的梦想坚持不懈、顽强拼搏，我就联想到了自己学了几样乐器都半途而废，真不应该呀！

我的发现

四 对话佳作，开拓思路

懂得感恩，珍惜当下

——读《童年》有感

童梓焜

“我连忙把身子探出窗外，只见外祖父雅客夫挤在院子的偏门口，正使劲地把米哈伊尔舅舅往街上拖，打他的胳膊、脊背，用脚踹他……”这就是《童年》的主人公阿廖沙的生活环境。

《童年》是著名作家高尔基先生写的。这本书主要描写了小主人公阿廖沙三岁到十岁苦难的童年生活，阿廖沙的原型就是高尔基先生本人。

阿廖沙的童年经历异常辛酸。他自幼父母双亡，被送到外祖父家中，冷酷的外祖父经常打他，还做出了许多违背道德的事，两个贪财的舅舅几乎不理他，为了争夺家里的财产，总是争吵不休，甚至有时会大打出手，表哥萨沙总是欺负他……在这个家庭里，除了外祖母，几乎没有人关爱他，阿廖沙过早地体会了痛苦的生活。

相比之下，我们的生活就幸福多了。我们的生活是无忧无虑的，衣来伸手，饭来张口，被父母当作宝贝一样对待，捧在手里怕碎了，含在嘴里怕化了。我们坐在宽敞明亮的教室里，听着老师的谆谆教导。放学到家，父母就会拿来美食，对我们嘘寒问暖……可谓是照顾得无微不至。

可就算这样，有些人还不知足，经常惹父母生气，让长辈们失望。在他们的眼中，这似乎本就是应得的，还总是奢求更多，一点都不懂得珍惜，甚至挑

文文的点评

采用“主标题+副标题”的形式，读后感的中心思想一目了然。

开头引用书中的片段，一下子把读者带入了那个环境中，为下文做铺垫。

介绍了本书的相关信息。

描写了整本书的主要内容。

过渡自然，由书中主人公的遭遇自然地联想到了自己的生活。

三拣四。殊不知，有些人并没有得到过这样的关爱，在默默地羡慕着我们，他们是多么渴望得到这样的生活啊！我们不能身在福中不知福，不然失去了连后悔都来不及。要知道，没有什么是理所应当的，只有互相关爱体谅，才能创造出更为温暖和谐的环境。

从现在开始，我们要懂得感恩，好好学习，珍惜当下的幸福生活。

> 结尾点题，留下深刻思考与感悟。

文文梳理的思维导图：

- 懂得感恩，珍惜当下
  - 开头
    - 引用书中片段
  - 中间
    - 简单介绍基本信息
    - 描述主人公生长环境
    - 对比联系自身生活优越
    - 可是有些人不知足
  - 结尾
    - 总结：要懂得感恩

勇气，撑起生命的天空

——读《鲁滨孙漂流记》有感

李恒俊

每当我看到那些在风雨中昂首挺胸的花草，我就告诉自己要有勇气，像它们一样有勇气战胜困难。今天读了《鲁滨孙漂流记》更是让我记住了这句话。

《鲁滨孙漂流记》这本小说全篇着重描写了鲁滨孙在一个荒岛上，通过自己的劳动，克服了重重困难，最终战胜了险恶的环境，与土著人“星期五”共同回到了家乡，过上了幸福生活的故事。

鲁滨孙能创造奇迹，有人说是因为他坚韧不拔；有人说是因为他拥有异于常人的智慧……但我觉得，

星星的点评

> （我能帮星星补充完整余下部分）
> 开篇揭示中心，别具一格。

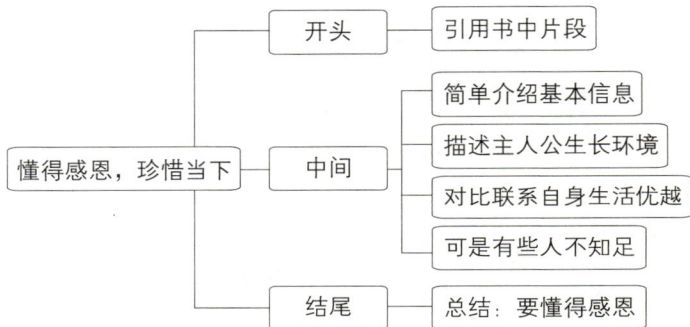

他和常人没有什么不一样，他之所以能在如此险恶的环境中生存，全靠他的勇气——克服困难的勇气，克服恐惧心理的勇气，更有面对现实的勇气。他，一个身陷绝境的人，竟能如此勇敢地面对生活，创造生活，是因为勇气之火，在他的体内得到了充分燃烧：他勇于面对现实，改变现状，拯救自己。

这不禁让我想到了2020年初中国经历的一场浩劫——新型冠状病毒肺炎疫情。新型冠状病毒肺炎传染性极强，短短几天，便使几万人感染患病。尤其是病毒肆虐下的武汉，商店关门，交通停运，人们被迫“禁足”。但是人们没有被吓到，无数个勇敢无畏的“逆行者”纷纷驰援武汉。医院病床不够了，建设者们仅用十天时间就火速建起了雷神山和火神山两座医院；医院人手严重不足，全国各地的医务工作者一批批空降武汉……中国人民没有被病毒、被疫情吓倒，而是勇敢地去面对，勇敢地采取行动，想尽一切办法改变现状，仅用短短两个月时间就奇迹般地控制了疫情。

胜利的鲜花，从来都是在风雨中绽放；荣誉的桂冠，总是在斗争中用荆棘编织；生命的春天，本就用勇气之水浇灌。让我们像鲁滨孙那样用勇气撑起天空，做生命的强者。

我能帮星星补充完成余下的思维导图：

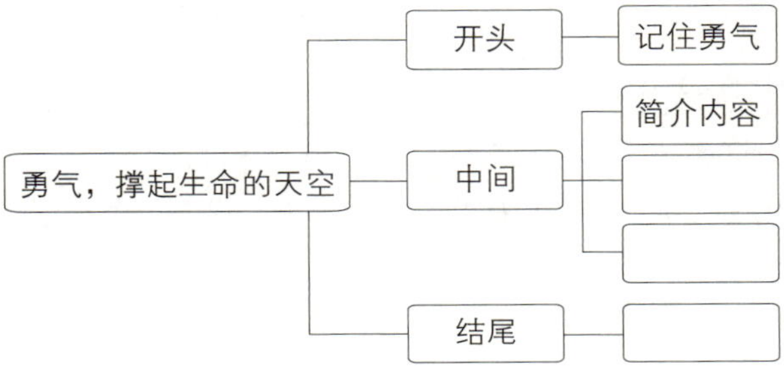

《狼王梦》读后感

施丰源

我的点评

我曾经读过一本书，是由中国动物小说大王沈石溪写的，名叫《狼王梦》，读了这本书后，我不禁感慨万分。

此书主要讲述了一匹名叫紫岚的母狼为完成其丈夫公狼黑桑的遗愿——登上狼王宝座，决心培育生下的小狼成为狼王的故事。在这一个过程中，她历经了常人难以想象的艰辛——几个儿子相继去世。最后她只能将希望寄托在自己的狼孙上，可最终为了狼孙的安全，跟金雕同归于尽了。

紫岚的精神深深地打动了我，她那伟大无私、至高无上的母爱让我流泪。读着读着，我想起了过往的一件事情。记得那是我上二年级时，因为家离学校有点远，所以都是母亲接送我上下学的。那一天放学，我和同学们挥手告别后像往常一样等在校门口，可半个多小时过去了，还是没有看到母亲的身影。我急得像热锅上的蚂蚁，哇哇大哭起来，一旁的保安叔叔见了，就把我带到保安室，让我慢慢等。过了一会儿只见母亲骑着电瓶车匆匆地赶来了，她当时满头大汗，整张脸都布满了忧愁、担心。可当时的我只顾着自己的委屈，一个劲地埋怨她怎么来那么迟。后来，我才知道母亲当天生病在打点滴，拔了针头就赶来接我。这件事使我深受感动，我一直牢记在心。

《狼王梦》这本书让我再次感受到了母亲对我的无私付出，感受到了母爱的伟大。

我梳理的思维导图：

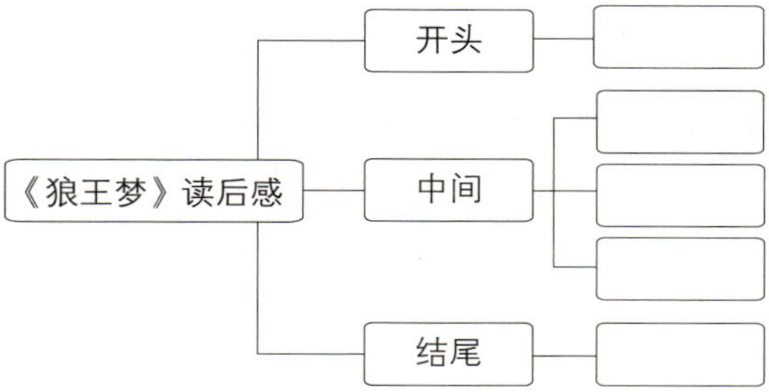

五 对话体验，整理素材

老师：我们看过的书有很多，印象深刻、有过感触的应该也不计其数。那么我们到底要确定写哪一本呢？我们先和伙伴们一起回忆回忆自己的阅读经历吧！

星星：啊，一聊起我看过的书，我就想起《老人与海》，里面那位叫圣地亚哥的老渔夫给我留下了深刻印象。他虽然最后一无所获，但我觉得他那种执着、乐观的精神和坚定的信念值得我去学习。

文文：我知道这本书，它是美国作家海明威写的，我也非常敬佩这位老人，我还喜欢我国台湾女作家林海音的著作——《城南旧事》。这是作者以她自己七岁到十三岁的生活为背景写的一部自传体的短篇小说集。小说由五个相互没有因果关系的小故事构成，按照时间顺序编排。透过小说主人公英子童稚的双眼，体会成人世界的喜怒哀乐、悲欢离合，读后让人欲罢不能。

星星：我四年级的时候还看过《绿山墙的安妮》，这是一个充满友情、责任和爱的感人故事。主人公是个名叫安妮的一头红发的小姑娘，悲惨的身世并没有让她自卑。安妮没有放弃生活，而是努力争取获得美好的生活。安妮把我们带到了一个神奇、充满欢乐的世界。这种对生活的热爱之情，真是让我印象深刻。

文文：是啊，茫茫书海，畅游其中，我们常常能从书中感悟到许多道理，里面的情节让我们感同身受。让我们拿起笔来，赶紧把自己的读书感悟写下来吧！

我的读书记忆

星星：去年暑假我读了曹文轩爷爷的《根鸟》，深有感触，我想写一写：

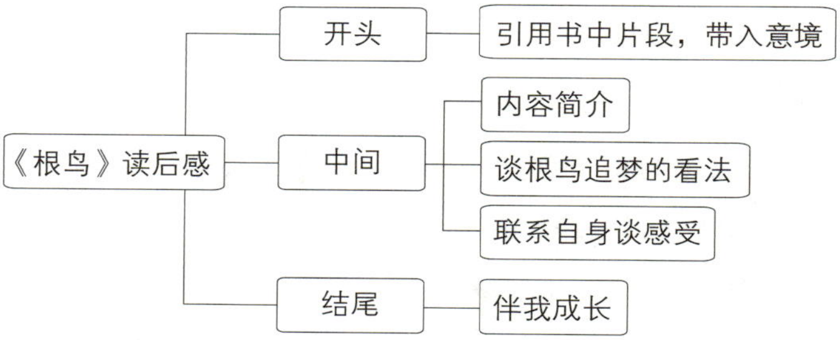

文文：我准备写《名人传》读后感，里面讲述了三位历史名人——一位是德国的音乐家贝多芬，一位是意大利的雕塑家、画家、诗人米开朗琪罗，还有一位是俄国作家、思想家、文学家列夫·托尔斯泰，其中贝多芬给我留下了深刻印象，我想谈谈我读完这部分传记后的感受。

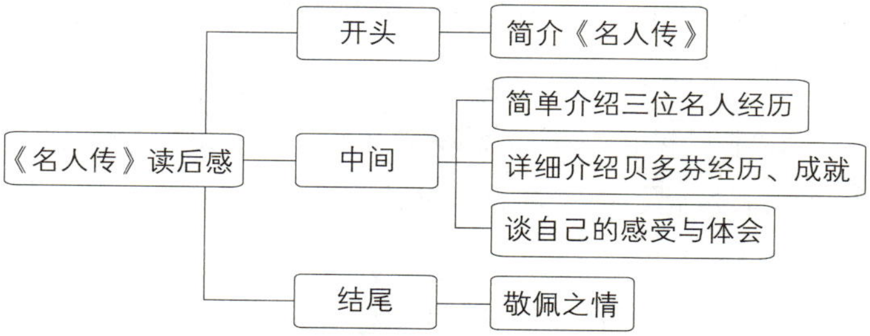

六 对话积累，激活语言

我收集了许多备用词句，我会根据表达需要选用好词佳段。

一、词语盘点

讲述　记载　分享　浮现　感悟　感触　共鸣　变化

智慧　哲理　震撼　启迪　道理　深情　心扉　顿悟

将心比心　换位思考　跃然纸上　栩栩如生　身临其境

久久难忘　余味无穷　铭记在心　挥之不去　受益匪浅

醍醐灌顶　深受启发　振聋发聩　总而言之　茅塞顿开

二、佳句集萃

1. 圣甲虫就是大家平时说的屎壳郎。许多人认为它们又脏又臭，瞧不起它们，但它们却是一种益虫，是人类的朋友。圣甲虫会把粪便搓成球后带回窝里，当作粮食吃掉。它排出来的粪便对植物也有好处。因此，假如没有了圣甲虫，地球将被粪便所淹没，那该多么可怕呀！

——读《昆虫记》有感

2. 读了朱自清写的《匆匆》后，我受益匪浅，我知道了时间是一去不复返的，它不会为了谁而停下前进的脚步，也不会为了谁而让时光倒流，“嘀嗒嘀嗒”的声音是时间行走的声音，它经常回荡在我的耳边。

——读《匆匆》有感

3. 在生活中，每个人都有自己的梦想。只要我们努力奋斗，坚持不懈，像根鸟一样为梦想而不懈追求，每努力一步，你的梦想就离你近了一步，一直坚持下去，有朝一日，你的梦想就会实现。

——读《根鸟》有感

4. 今天，在这瓦蓝的天空下，在这洒满了热血的黄土地上，那几根残留的石柱仍然挺立着，好像是在时刻提醒着炎黄子孙：落后就要挨打！是呀！我们要牢记那些可恶的侵略者是怎样肆无忌惮地毁坏我们的文化瑰宝的！我们要牢记爱国百姓是怎样无辜惨死在侵略者的手中的！我们要牢记

这沉痛的历史教训！——《圆明园的毁灭》读后感

5.《水浒传》是中国四大名著之一，是一部描写宋代农民起义的长篇小说。全书通过描写北宋末年以宋江为首的一百零八位好汉在梁山聚义，以及聚义之后接受招安、四处征战的故事。书中的情节有喜有悲，读到宋江率领大军杀得高俅落荒而逃，丢盔弃甲时，我不禁拍手称快。看到书末宋江和其他头领散的散、死的死，心里莫名感到伤心和失落。

——《水浒传》读后感

三、精彩首尾

开头：

1. 初看《鲁滨孙漂流记》这本书的简介，有一个问题如云雾缭绕心间，挥之不去：鲁滨孙是怎样一次又一次战胜苦难、重返家园的呢？带着这个问题，我认真阅读了这本世界名著，终于找到了答案：大无畏的勇气和超凡的智慧让鲁滨孙绝处逢生。（设问式开头）

2. 这几天我在读《80天环游地球》这本书，读着读着，我不知不觉被这本书深深地吸引了。仿佛我也刚刚经历了探险归来，既感到紧张、奇异，又觉得轻松、有趣。(叙述式开头)

3. “幸福”是一个美好的字眼，许多人在追求它。然而，什么是幸福，人们理解各有不同。就拿我来说吧，以前，我以为过春节才是幸福，既能得到压岁钱，又能穿上新衣服；既能吃上好东西，又能逛灯会。总之，仿佛吃好穿好就是幸福。直到读了《幸福是什么》这篇童话后，我才受到了启发，似乎找到了答案。(议论式开头)

4.《我的战友邱少云》这篇文章真是太感人了。作者那饱含深情的真实、细腻的描写把我带到了那令人揪心的难忘的日子——1952年10月12日，带到那硝烟弥漫的朝鲜战场，带到那邱少云烈士壮烈牺牲的地方。我常常拿起文章反复地深情地读着、背着，激动的泪水常常会夺眶而出——是愤怒，还是悲伤？是惋惜，还是崇敬？各种情感交织在一起，使我久久不能平静……(描写式开头)

结尾：

1. 读完了这本书。忽然，我懂得了人生中的每一分每一秒都是宝贵的。人生如一条小溪，会遇到不同的困难与艰辛，如果没有了困难，一路畅通无阻，那样的人生也就毫无价值和意义了……（抒情式结尾）

2.《爱的教育》中，把爱比喻成很多东西，确实是这样又不仅仅是这些。我想，“爱是什么”不会有明确的答案，但我已经完成了对爱的思考——爱是博大的、无穷的、伟大的力量。（感悟式结尾）

3. 每当我遇到困难而退缩时，我会想起保尔，每当我受挫折而落泪时，我会想起保尔。保尔·柯察金时时激励着我，鞭策着我，使我通过不懈的努力，战胜一切困难；鼓励着我面对人生的任何挑战！决心要把自己炼成一块真正的钢铁！正如保尔在书中说道：“人最宝贵的是生命，生命对人来说只有一次。人的一生应当这样度过，当一个人回首往事时，不因虚度年华而悔恨，也不因碌碌无为而羞愧……” （引用式结尾）

4. 读了《爱迪生》这本书以后，我懂得了：汗水是把愿望变为现实的条件，不付出辛劳的汗水，就不会有智慧和灵感，也不会成就真正的天才。（点题式结尾）

5.《三国演义》这本书让我懂得了一个深刻的道理：不管什么时候都不能认为自己是最厉害的，永远都不能骄傲，否则就会让“关羽大意失荆州”的历史再次重演。（总结式结尾）

七 对话自我，升格提优

一、左右对比，巩固写作要点

原文：

读《汤姆·索亚历险记》有感

在假期里，许许多多的书籍走进了我的生活。

提升点：

开头可再加一句印象深

升格文：

读《汤姆·索亚历险记》有感

在假期里，许许多多的书籍走进了我的生活。每一本书、每一个故事、每一个情节、每一个人物都其中，《汤姆·索亚历险记》一书最使我印象深刻，受益匪浅……

《汤姆·索亚历险记》是美国文学大师马克·吐温的代表作，我最喜爱的就是书中的主人公——汤姆。他很早就失去了母亲，顽皮淘气，喜欢自由的生活，总是逃学出去玩耍。他曾和好朋友哈克去墓地玩耍，目睹了一桩恐怖的杀人案，并亲眼看着波特被栽赃陷害；他和朋友一起离家出走，逃到无人的岛屿过起了逍遥的海盗生活，又在人们绝望的时候“死而复生”……

汤姆在我们的印象中是顽皮、淘气的，他虽然不能给我们做模范，但是，他也有值得我们学习的地方。他足智多谋，又向往自由，性格直爽。在法庭上，他能够不畏强暴，勇敢地站

刻原因的句子。

适当加些描述人物形象的词句，为下文的人物评述做铺垫。

汤姆·索亚历险记夹叙夹议，及时总结人物形象。

有各自的特点，都有吸引我的地方。其中，《汤姆·索亚历险记》一书给我的印象最为深刻，受益匪浅……

《汤姆·索亚历险记》是美国文学大师马克·吐温的代表作，书中以欢快的笔调，塑造了许多性格鲜明的人物，其中，最令我喜爱的就是主人公汤姆了。他很早就失去了母亲，一直都是好心的姨妈抚养着他。他顽皮淘气，喜欢自由的生活，因为受不了老师和姨妈的管教，总是逃学出去玩耍。他曾和好朋友哈克去墓地玩耍，目睹了一桩恐怖的杀人案，并亲眼看着无辜的波特被可恶的印第安·乔栽赃陷害；他和朋友一起离家出走，逃到无人的岛屿过起了逍遥的海盗生活，又在人们绝望的时候“死而复生”……

汤姆在我们的印象中是顽皮、淘气的，他虽然不能给我们做模范，但是，也有值得我们学习的地方。他足智多谋，又向往自由，性格直爽。在法庭上，经过一番激烈的思想斗争后，他能够不畏强暴，勇敢地站出来一五一十地说出真相，揭发印第安·乔邪恶的面目，给波特一个清白，这充分地显示出了汤姆的善良正直和勇敢。在寻找宝藏时，虽然经历

出来说出真相，揭发印第安·乔邪恶的面目。在寻找宝藏时，虽然经历多次的失败，但他并没放弃，最终找到了宝藏，那种坚持不懈的精神同样值得我们学习。

《汤姆·索亚历险记》这本书深深地吸引着我、教育着我，永远地激励着我。

应联系实际发表自己的感想。

多次的失败，但他并没放弃，经过不断冒险和探索，终于找到了宝藏，那种坚持不懈的精神同样值得我们学习。而在现代生活中，我们很多人生性胆小，不敢去尝试触碰新的事物，也不愿轻易付出，生怕一味地坚持到底，但到头来却一无所获。更令人担忧的是，大部分人都缺乏主见，不明确自己到底想要什么。这样，又如何去做一个独立自主、个性鲜明的自己呢？我们应该从书中学习如何做更好的自己。

《汤姆·索亚历险记》这本书深深地吸引着我、教育着我，永远地激励着我。

二、与同学互改互评

同学的修改建议

三、自我修改评价

我的评价

四、此次作文评价参考标准

评价参考标准

1. 内容具体，语句通顺。（加 1 ★）
2. 有主要内容的简单介绍。（加 1 ★）
3. 能联系自己谈看法、感想、体会等。（加 1 ★）
4. 详略得当，突出感想。（加 1 ★）
5. 结尾有深化读后感的中心思想。（加 1 ★）

11 写一份简单的研究报告

胡岳松

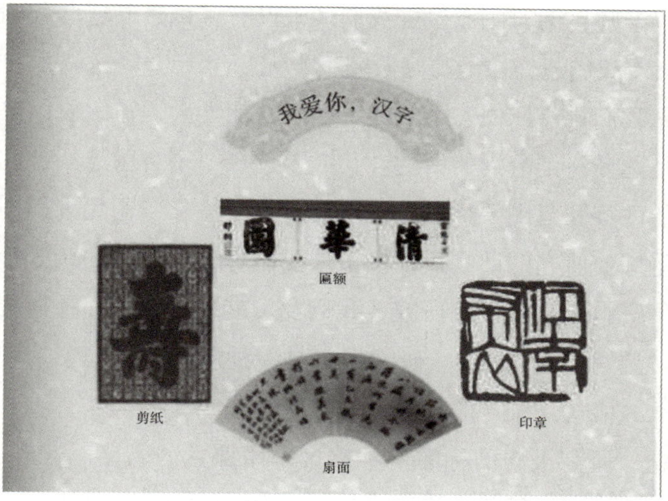

活动建议：

汉字有着悠久的历史，蕴含着丰富的文化。我们每天都在学习和使用汉字，应该增进对汉字的了解，为汉字的规范使用做一些力所能及的事情。从下面的内容中选择一项开展活动，写一份简单的研究报告。“阅读材料”供参考。

搜集更多的资料，围绕汉字历史、汉字书法或其他感兴趣的与汉字有关的内容，开展简单的研究。

调查同学的作业本、街头招牌、书籍报刊等，围绕生活中用字不规范的情况，开展简单的研究。

一 对话名师，明确要求

星星：老师，这个单元要求我们写研究报告，那么什么是研究报告呢?

老师：研究报告是人们对某一情况或问题经过深入细致的调查研究而写成的书面报告，它反映了人们通过调查研究找出某些事物的规律，并提出相应的措施和建议，是社会调查实践活动的成果。学习撰写研究报告，有助于同学们进一步认识社会，参与社会，把所学知识与社会实践结合起来，全面提高自身素质。

文文：老师，撰写研究报告我们从来没有尝试过，这和我们平常写作文差别很大。我们怎样才能写好研究报告呢?

老师：我们只要抓住三个关键之处，就能学会撰写一份简单的研究报告。首先是选择一个恰当的话题。我们要选择一个自己感兴趣的话题，话题所涉及的内容和范围要尽量小，还要有实际意义，避免大而不当，力不能及。确定好要研究的话题后，接下来要制订一个简单的调查计划，通过多渠道搜集资料，开展调查研究，我们要可能多地、全面地搜集信息。最后，就是“撰写研究报告”。研究报告是一种应用文，同书信、演讲稿一样，有标准的格式。研究报告的一般格式是：

1. 标题。研究报告的标题常常直接采用课题的名称。标题下是署名，一般应写明研究人员所在的单位，如 ×× 学校 ×× 班。

2. 提出问题。简要说明研究的目的，如课题提出的缘由、研究这一课题的意义、该项研究所要解决的问题。

3. 研究方法。介绍研究是怎样进行的，主要包括研究对象的选取、研究的方向、资料的搜集和处理等。

4. 资料整理。这一部分要把研究结果整理出来。

5. 研究结论。主要就是对调查研究结果进行简要的分析。

星星：撰写研究报告的时候要注意什么呢?

老师：首先选题不要太大，材料尽可能翔实，从问题的提出到最后的结论，要有理有据，经得起推敲。

二 对话课文，感悟表达

我们先来看一看这一单元《关于“李”姓的历史和现状的研究报告》这篇范文，看看作者是如何有条理地来撰写研究报告的，通过下面星星和文文的对话，相信大家可以借鉴到许多方法。

星星：我发现《关于“李”姓的历史和现状的研究报告》，全文分成四个部分，第一部分是提出问题；第二部分是研究方法；第三部分是资料整理；最后一部分是研究结论。这样的四部分，不仅条理清晰，而且每一部分紧密相连。

文文：是的，我读这个研究报告的标题就能很清楚地知道作者研究的主要内容。作者先用了一段话写出此次研究的目的，接着写清楚研究的方法，然后花了很大力气把搜集到的资料分层整理出来，最后对资料进行简要的概括和分析。这样，一份研究报告就写好了。

老师：我们再来研读《我爱你，汉字》部分中的“阅读材料”，寻找写研究报告的思路吧！

星星：“阅读材料”中介绍了汉字字体的演变。在漫长的发展演变过程中，汉字字体发生了很大的变化，其中以甲骨文、金文、小篆、隶书、楷书五种字体最为典型。第二板块还重点介绍了甲骨文的发现。

文文：是啊，读了这两部分的内容，我的脑海里就有了这样的写作思路：涉及汉字演变的内容极为丰富，我可以选择感兴趣的一个阶段来写，如我可以写写《仓颉造字传说由来的研究报告》，也可以抓住汉字演变中的某个字体进行研究，如《甲骨文的出现与被取代的研究报告》。

星星：阅读材料中还给我们介绍了书法欣赏和制定国家通用语言文字法的必要性，这些材料如果和我们的现实生活联系起来，也能给我们带来许多写作的思路。

文文：是呀，我对书法家王羲之非常感兴趣，欣赏王羲之的书法作品，激发了我写一份《王羲之书法在当时和现今影响的研究报告》的写作冲动。

星星：大家也可以联系生活，围绕生活中用字不规范的情况，开展简单的研究，也可以根据自己的兴趣爱好去写自己感兴趣话题的研究报告。

我感悟的方法

三 对话高手，学习方法

认识一下作文高手国晨瑜。

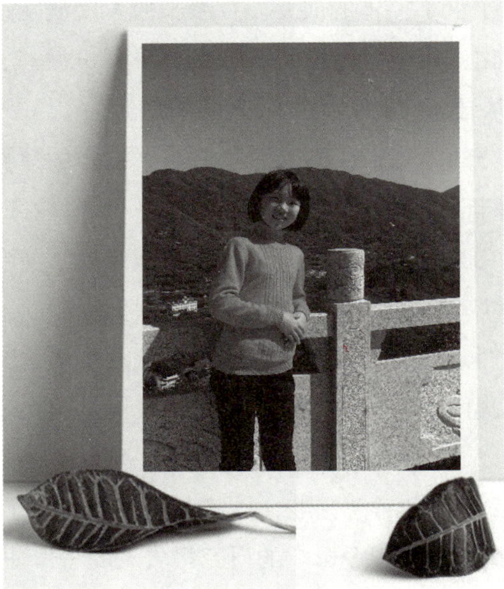

她，自信开朗，多才多艺，田径、习作、书法都是她的强项。她，热爱书，善于读书，能将不同书中的素材厚积而薄发。她思想灵动，文笔隽永，能把身边的人和事，汇成涓涓细流，流进读者的心田。

关于汉字有关问题的研究报告

国晨瑜

汉字是世界上最古老的文字，是中国千年历史文化演变的见证者。从古到今，汉字经过了无数次的演变和发展，针对这个话题，我开展了一次调查研究。

一、提出问题

1. 汉字的起源有哪些说法？

2. 汉字的字义经过了怎样的演变？

3. 世界上到底有多少汉字？

4. 汉字的优点和缺点有哪些？

二、研究和调查的渠道

我利用书籍、报刊、网络、电视上的专家点评节目等研究汉字的发展以及变化。

三、资料整理

研究问题	具体内容	搜集渠道
汉字的起源	关于汉字的起源，中国古代文献上有各种说法，如“结绳”“八卦”“图画”“书契”等，古书上还普遍记载有黄帝史官仓颉造字的传说。现代学者认为，成系统的文字工具不可能完全由一个人创造出来，仓颉如果确有其人，应该是文字整理者或颁布者	网络及书籍
汉字字义的演变	最早的汉字就是象形字，然后就到了指事、会意、假借、转注还有形声，每一个造字法的意义都十分不一样	书籍
世界上汉字的数量	当代《中华大字典》收录 48000 字；《汉语大字典》收录 56000 字；《中华字海》收录的汉字高达 85568 字	网络及电视节目

星星的点评

开门见山提出本次研究的主题，让读者一目了然。

问题的罗列有条理有层次，列举的问题也是大家都比较感兴趣的问题。

针对不同的问题，分成表格罗列，叙述清晰准确，让读者一看便懂。

搜集的渠道比较多样，同时，数据详

汉字的优点和缺点	汉字跟汉语相通，不过汉语无法将同音字区分开，而汉字的记录却可以做到这一点。不同的地区方言无法相互沟通，汉字还可以给人们相互沟通的机会。但汉字数量太多，没有统一的表音，难免会给人们带来一些不便	网络及书籍

细可靠。

四、研究结论

1. 汉字的来历可追溯到远古时代，初始古人以口口相传为主，由于口传存在局限性，无法保存，传递给第三者时会出现误差。古代部落首领就创造出了“符号文字”，起初以不同的简单符号来传递不同的信息，后来演变为象形图画，是它开启了人类文字的最初时代。

研究的结论，对应前面提出的问题，一一对应，很好地做出了回答。

2. 汉字字义的变化就更加大了，从一开始的象形字（即用线条来描绘事物的形状）到如今的形声字（即字义用偏旁表示，读音用同音字代替，再与偏旁合成字），处处体现出人类思维的进步。比起以前的象形字，形声字能更好地把这个字的字义解释出来，这何尝不是人类的一种巨大的进步。

3. 文字是历史文化的载体，传达着一定的信息，不同社会阶段文字使用特点也不同。从现代汉语角度，人们传情达意需要更简便的方式，四万甚至九万多汉字，恐怕许多人一辈子也记不完。汉字中的生僻字很多，即使自己记住了，如果交流时对方不懂，还是没用。许多生僻字就是这样逐渐被淘汰出常用字范畴的。

针对研究过程中相关数据的分析，提出了自己独特的见解和看法，这是研究报告最可贵的地方。

4. 如今的汉字还有很多需要进步的地方，如汉字存储量在电脑中所占空间，是英文字母的284倍。现在还有很多异体字出现在大街上，但是字典又没有明确地标注这是否属于汉字。相信随着时代的进步，人们会主动地改革文字，使它变得更规范，变得更完美。

星星梳理的思维导图：

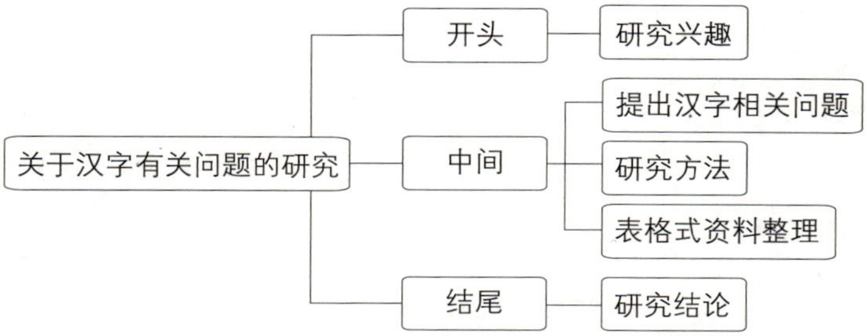

星星：晨瑜，你能跟我们说说为什么会选择关于汉字的这几个问题进行研究吗？

国晨瑜：因为学习了《遨游汉字王国》这一综合性学习单元，我对中国汉字文化产生了极大的兴趣，但依然有许多感兴趣的问题困扰着我，所以激发了我继续探索有关汉字字义的演变、数量的多少、汉字的优缺点等问题深入研究的兴趣，这些问题也是书本中没有详细讲到的。

文文：看出来了，你对中国汉字提出来的问题还真不少呢，而且我发现你研究的方法也非常丰富，在研究过程中让你印象最深的是哪种方法？

国晨瑜：为了解决我心中的困惑，我可是费了不少的劲呢，其中观看一档电视节目《说文解字》让我印象非常深刻，有一位语言学家开设了12节课，详细介绍了一些汉字的演变、字义变化等知识，给我的研究带来了很大的帮助。

星星：是呀，现在网络发达，图书馆也能找到很多书籍，这对于我们进行研究探索提供了巨大的帮助，但是要在这浩如烟海的信息里找到有用的信息，再进行分类总结可不容易。

国晨瑜：对的，我们研究报告的结论尽量做到条理清晰，让人一看就懂，而不是长篇大论，让人看了反而云里雾里的，我想大家从我的研究报告中肯定得到了属于自己的启发吧！

我的发现

四 对话佳作，开拓思路

关于中国过年习俗的研究报告

魏梓宇

一、问题的提出

快过年的时候，家里人特别忙，爷爷和爸爸在一起买春联，贴春联；奶奶和妈妈一起大扫除，买年货……这些习俗都有哪些重要含义？中国过年还有哪些传统习俗？这些习俗是从什么时候开始的？带着这些问题，我对中国过年的习俗做了一次研究。

二、研究方法

1. 查阅书籍。

2. 询问身边的人。

3. 浏览互联网。

文文的点评

从生活的现象中发现问题，从而找到自己研究的方向，这样的选题很有现实意义。

三、资料整理

类别	内容
习俗的来源	一般认为起源于殷商时期年头岁末祭神祭祖活动。时间最后的确定，相信和这个时间对农业劳作影响最小有关
重要的习俗	春节前扫尘：寓意打扫干净，除旧迎新；腊月二十三或二十四日的祭灶：祈望灶神“上天言好事，下界降吉祥”；春节时张贴春联、贴年画：寓意避邪，祈求吉祥；贴“倒福”：寓意福到；除夕放爆竹：寓意辞旧迎新；长辈分发压岁钱：压岁钱能驱邪免灾，保佑孩子平平安安；拜年：晚辈给长辈拜年，祝愿长辈福如东海、寿比南山；元宵上灯：寓意加丁……
现状	随着时代的迅速发展，中国的过年习俗逐渐简化。扫尘有家务机器人；鞭炮在城市也被限制燃放；拜年不用亲临，互联网云拜年逐渐流行……过年的仪式感正在渐渐流失……

对春节重要习俗做了梳理分类，加深读者对中国过年习俗的系统了解。

四、研究结论

1. 过年的习俗起源于殷商时期年头岁末祭神祭祖活动。

2. 春节前扫尘；春节时张贴春联、贴年画；贴“倒福”；除夕放爆竹……花样繁多、有趣、热闹，背后无不蕴含着老百姓对新的一年的美好期盼。

3. 随着时代的迅速发展，中国的过年习俗逐渐简化，随着时代的发展和新兴事物的产生，中国传统的过年习俗将会发生巨大的变化。

三个结论，清晰明了，通过大量的研究大胆预测过年习俗在未来将会发生重大变化这一新论断。

文文梳理的思维导图：

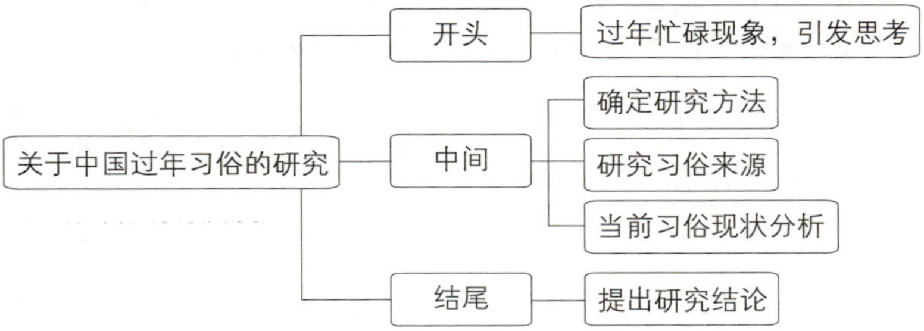

宁海方言与古汉语渊源的研究报告

干思成

一、问题的提出

无论在日常生活或学校中，我们普遍使用普通话和人们交流。即使听得懂方言，也很少去说，觉得方言难学。直到妈妈说宁海方言中有很多的语言延用了我们的古汉语，如筷和“箸”，天气和“天卦”，厕所和“东司间”……这些既搞笑又让人摸不着头脑的文字引起了我一探究竟的渴望。这些文字到底是从什么时候开始被我们的老祖宗延用至今的呢？这些文字的传承又有什么意义呢？带着这些疑问，我查阅了有关资料。

二、研究方法

1. 网络搜索。

2. 查阅相关书籍《宁海城关镇志》等。

3. 询问老人。

三、整理资料

类别	内容
箸和筷	《韩非子•喻老》：“昔者纣为象箸而箕子怖。”这说明箸在商纣时期就有了文字记载，并且它还是纣王奢靡享乐直至亡国的罪证。一直以来箸在古代的文学作品中也有诸多的表现，如李白《行路难》中有“停杯投箸不能食，拔剑四顾心茫然”的诗句。直到明代，陆容在《菽园杂记》中记载：“民间俗讳，而吴中为甚。如舟行讳住、讳翻，以箸为快儿……此皆俚俗可笑处，今士大夫亦有犯俗称快儿者。”“箸”乃“住”音，因害怕船儿不走，才改“箸”为“快儿”。“快儿”在当时仅是民间俗称，也就是现在的筷子

星星的点评

（我能帮星星补充完整余下部分）

生活中的方言延续着家乡文化的脉络，小作者的选题独特而又新颖。

文献资料查实，有依有据，非常具有说服力。

鲎和虹	鲎是一种流淌着蓝色血液，有着“活化石”之称的神秘海洋生物。在《山海经》中就有“鲎”的记载：“葛山之首，无草木。澧水出焉，东流注于余泽，其中多珠鳖鱼，其状如肺而四目，六足有珠，其味酸甘，食之无疠。”这里的“珠鳖鱼”，就是“鲎”。那“鲎”和天上的“虹”又有什么关联呢？根据《汉语方言地图集》绘制的地理分布图和南宋的《六书故》“越人谓虹为鲎”显示：虹从南宋的吴地开始就被叫作“鲎”。就词源而言来自《尔雅》，“虹”江东呼“雩”，“雩”因经历语音演变而一度造成了词源中断，后来人们就用同音的“鲎”字来记录。在同处于吴地的上海有谚语：鲎高日头低，明朝着蓑衣。而宁海有：东鲎日头西鲎雨。说的都是天上的虹
东司间和厕所	东司指禅林东序之僧所用的厕所，也称雪隐。至后世，成为厕所通称。早在唐代就有将厕所称为东司的，到了宋代更为流行。日本东福寺是京都最大禅寺，有最古老的国家级珍贵文物——山门，而山门东侧的东司是日本唯一定为重要文化财产的厕所

四、研究结论

宁海县自唐永昌元年（689）以来，已有1300多年的历史。而宁海方言作为文化的一种载体，它承载着我们地方在长期的历史过程中积累的大量文化信息。正像作家王蒙所说的，地方方言它不仅仅是一种工具，而且是一种文化，是一种生活的韵味，是一种奇妙的风光，是自然风光也是人文景观。所以，作为生活在这片土地上的骄子，我们更应该去呵护它，学习它，用好它。作为非物质文化遗产的宁海方言，希望能在我们这一代人的努力下继续发扬光大。

我能帮星星补充完成余下的思维导图：

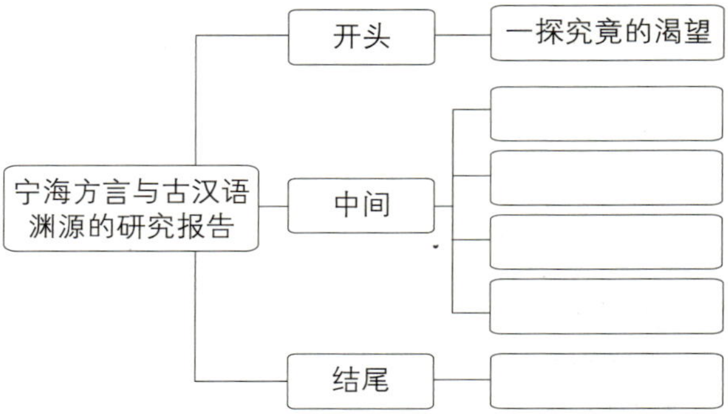

关于小学生零用钱的调查报告

陈诺

一、问题的提出

我国一些错误的传统观念认为小学生最好少接触金钱以及与金钱相关的一些事物，否则他们的思想会受到“铜臭味”的影响。但这种消极防范的教育结果会造成许多小学生缺乏金钱意识、盲目消费、不会理财。其实小学生也是社会的一员，他们不可能完全杜绝和金钱打交道，而且完全真空的消费环境也是不切实际的。因此，指导小学生合理使用零花钱，适当培养小学生的金钱意识，有利于提高小学生的社会适应能力，有利于小学生心智的健康发展，提高小学生辨别和分析事物的能力，从而促进逻辑思维能力的提高。

二、研究方法

1. 结合笔者自身实际。

2. 口头或问卷调查笔者的同学和亲朋好友。

3. 上网查阅相关信息。

三、资料整理

1. 小学生零用钱的主要来源。来源主要是两个，

我的点评

一是为了满足小学生的购物需求，家长一般每月或每周发放给孩子固定数额的零用钱，数额是几十元到几百元不等。因为年龄的原因，大多数小学生（约占被调查者的69%）每月拥有的零用钱是50元以下，少数小学生（约占被调查者的6%）每月拥有的零用钱是100元以上。二是每年积攒下来的压岁钱，数额是几百到几千元不等。

2. 小学生零用钱的使用情况。据调查，在小学生零用钱的支出项目中，购买零食的花费占零花钱的70%，位列第一。紧随其后的是购买文具、玩具、书籍等。笔者在做“你的零花钱够花吗？”这个调查中发现，每次还没到月末，有些人已经将当月的零用钱用光，甚至当他们“身无分文”的时候也不知道自己的钱都花到哪里去了。零用钱该怎么花？零用钱可以用来理财吗？对于这些简单基本的理财知识，有些人甚至存在偏见和误解。总而言之，小学生的零用钱在使用过程当中存在乱消费、缺乏理财的普遍现象。

3. 乱消费是零花钱理财能力差的主要原因。就像部分小学生说的那样“钱财乃身外之物”，所以要花得潇洒。还有人说记账麻烦，算来算去折腾，省来省去也省不出多少钱，所以“今朝有钱今朝花”。消费观念错误、理财意识淡薄导致大部分的零花钱被浪费。家庭对孩子理财意识和能力的培养疏漏，学校教育也很少涉及理财这部分，也是造成部分小学生理财能力差的重要原因。

4. 家庭和学校应该做些什么来杜绝这些不良现象。家庭和学校应该指导小学生如何使用零花钱。比如培养良好的消费习惯，懂得进行质量和价格比较后再理性消费；家庭讨论有关财务问题时，小学生也应当适当参与；了解适度消费，在消费能力允许的条件下消费，预防和杜绝向同学借钱消费甚至从家里偷拿零花钱等不良现象发生。

四、研究结论

理财能力是一个人生存能力不可缺少的一部分，也是素质教育不可缺少的一部分，而要培养和锻炼这部分能力，必须“从娃娃抓起”，从如何科学使用自己的零花钱做起。从我们拥有自己的第一笔零用钱开始，我们就应该逐步养成以下四种良好的消费习惯。

1. 懂得钱来之不易，要正确认识钱的作用，珍惜父母的劳动成果，养成勤俭节约、不奢侈浪费的好习惯。

2. 学会消费，懂得必要消费的规矩。养成正确花钱、懂得算账的好习惯。在买东西时，多问问自己该不该买，值不值得买，买了划不划算。

3. 增加金融知识，必要时可以进行储蓄存款，开设自己的银行存款账户，将剩余的零花钱和压岁钱积攒起来，凑够一定的数目存入银行，当有需要的时候再取出来，这就是所谓的零存整取。体会自己去计划、管理和理财的滋味。

4. 适当了解一些投资的信息和渠道，可以集邮集币，有机会还可以购买基金债券等，体验投资的乐趣。

我梳理的思维导图：

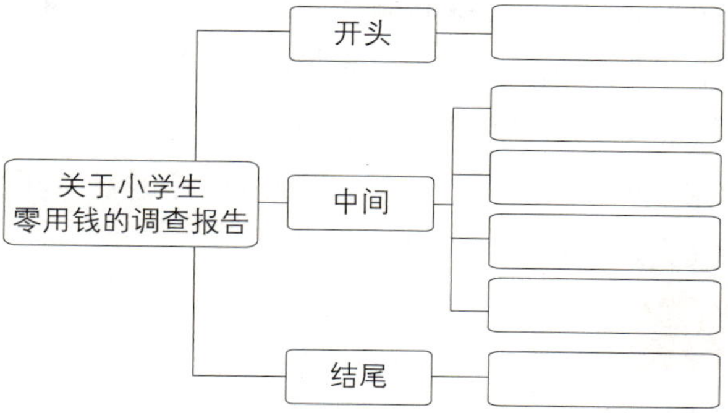

五 对话体验，整理素材

老师：撰写调研报告，我们的选题非常重要，课题选得怎样，直接关系到我们的研究报告是否有价值、研究能否顺利进行等一系列的重要问题。下面我们一起来聊一聊如何选择一个好的课题来写研究报告吧。

星星：两次获诺贝尔奖的巴尔丁博士曾说过，决定一个研究能否取得成效，很重要的一点就是看他所选择的科研课题。文文，你说我们刚接触写研究报告，如何才能选好课题呢？

文文：我觉得我们的研究报告的主题可以源于自然，因为自然界中有很多神奇的现象，我们可以进行观察研究；也可以来自我们社会生活中的问题，我们可以去探寻社会问题背后的原因；当然也可以源于我们自己，自己迫切想了解想解决的问题，这些都是很好的课题研究方向。

星星：对了，你的话提醒了我，最近我们小区在进行严格的垃圾分类，政府和学校也在大力提倡垃圾分类，我就打算写一写“如何有效提高垃圾分类的利用率”，这样和社会热点相结合又有很明确的目的性的调研报告肯定会引起更多人关注。

文文：是的，我们是小学生，不是专业的科研人员，所以在撰写研究报告的最初阶段，是仔细观察你的周围，对每一个事物提出为什么，然后试着给予回答，我们可以随时记下自己不能回答的问题，不管它是怎样的一个问题。坚持不懈地提问题，由一个主题出发，提出各种问题，这样我们就有了研究的方向，也会提高我们综合、全面思考问题的能力。

星星：对的，课题的确定方向可以是自己独立提出的，也可以是在老师的指导下和同学们共同讨论出来的，前段时间上科学课，我和同学们一起探讨了“节水洁具的设计”这个问题，我们分工合作，为了做到节约用水，花费了不少功夫进行研究调研呢！

我的选题

星星：之前我们上过一堂口语交际课《走进他们的童年岁月》，我了解了祖父母、外祖父母、爸爸、妈妈童年时的生活，我很想写一份中华人民共和国70周年来家庭生活变化的研究报告：

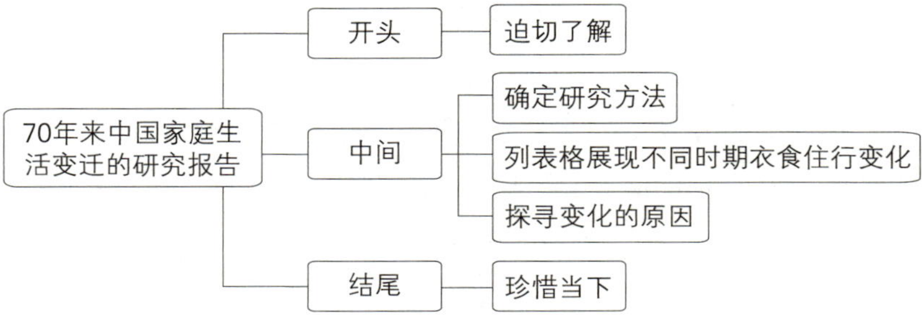

文文：自从我家搬进新居以后，不知怎么，爸爸得了一种奇怪的咳嗽病——有时咳得轻一些，有时又像没病似的。我打算进行一次调查研究，去发现其中的原因。我的思维导图是这样的：

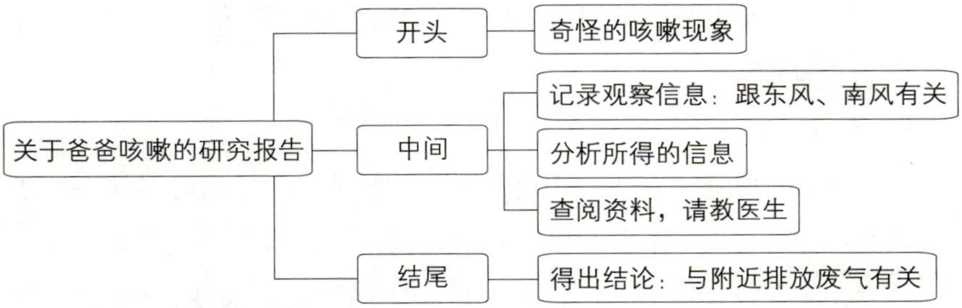

我的思维导图

六 对话积累，激活语言

我收集了许多备用词句，我会根据表达需要选用好词佳段。

一、词语盘点

描写汉字：仓颉造字 象形会意 古老文字 古老艺术
博大精深 历经千年 简化汉字 魅力无穷
内涵丰富 工工整整 发展演变 源远流长

描写书法：行云流水 纵横挥洒 龙飞凤舞 飘若浮云
矫若惊龙 苍劲有力 力透纸背 铁画银钩
笔酣墨饱 行书流畅 正楷端庄 狂草奔放

描写研究：搜集资料 筛选信息 合并归类 实地调查
分条列述 受益匪浅 走家串户 上网浏览

明察暗访 追根寻源 探其究竟 自主探究

二、佳句集萃

描写研究目的：

1. 汉字不仅神奇、有趣，还有悠久的历史呢！为了增进对汉字的了解，为祖国文字的规范使用做点实事，我们开展了一次汉字调查活动。

2. 汉字是一门独特的艺术，历经数千年的发展和演变，形成今天的规范汉字。可是在生活中，特别是在街头巷尾，一些商店的招牌、广告牌上经常出现一些不规范的汉字。到底是什么原因造成这种现象的呢？为此，我和班上的三位同学组成一个调查小组，开展了这次调查研究活动。

描写研究结论：

1. 我们把这些错别字放在一起，进行了研究，结果发现有三种纠正错别字的方法：一是字音分辨，记住声旁读音；二是从字义上分辨，记住形旁所表示的词义类别；三是初学时要特别认真，尤其是与生字第一次见面要记牢字形。

2. 汉字的演变经历了甲骨文、金文、小篆、隶书、楷书等几个阶段的变化，最终形成了横平竖直、四角方折的方块字，并流传下来。

三、精彩首尾

开头：

1. 随着网络的普及，大部分同学的家里都有了电脑。电脑可以帮助我们获得知识，开阔眼界，然而许多小学生沉迷于网络游戏，导致学习成绩下降。为此我做了一个关于小学生如何正确使用网络的调查报告。（生活现象中提出问题）

2. 最近我们学校组织我们进行了一个关于“增强体质，健康成长”小课题研究综合性实践活动，活动的内容就是利用寒假假期搜集有关资料进行研究。（结合活动提出问题）

3. 我从电视上看到了过量喝饮料的害处，又想到自己是一个不折不扣的“可乐迷”，我想，小学生过量喝可乐到底有何害处呢？为此我展开了调查。（结合自身提出问题）

4.“昨夜新收压岁钱，板方一百压枕边”……过年啦，同学们的钱包又变成了一个个的“超级小胖”，那么“小胖”们又是如何“减肥”的呢？让我们一起去做一个关于小学生如何使用压岁钱的社会调查报告。（关注社会问题提出问题）

5. 如今，儿童及青少年近视的防治越来越被学生、家长、社会关注。为什么患近视的青少年越来越多？孩子们的眼睛到底是怎样近视的？仅仅是不良用眼习惯造成的吗？（步步深入提出问题）

结尾：

1. 中国历来有“礼仪之邦”的美称。我们每一个中华儿女，应该发扬光大文明古国的传统美德。作为小学生，我们要担负起建设文明、繁荣祖国的重任，一起营造文明的社会氛围。（倡议式结尾）

2. 通过这次的研究，我明白了有时候心理健康比生理健康更重要。性格、心理、情绪，是每个人健康的保证。所以有一个良好的性格，才能拥有一个健康的体质。（发现式结尾）

3. 建议不要在暗光下看有强光的东西，科学实验研究得出，若要长时间写作业、看电脑和看电视，则每半小时闭眼休息5—10分钟或做一次眼保健操，这样眼睛能得到很好的休息。（有理有据式结尾）

4. 愿同学们更爱看书，而且要看对我们有益的书，“多读书，读好书”。去开启那扇未知的大门，走向成功的彼岸。（希望式结尾）

七 对话自我，升格提优

一、左右对比，巩固写作要点

原文：

关于甲骨文的研究报告

吴瑕

一、问题的提出

甲骨文是我国古代最早的文字，历史悠久，值得研究。于是，我对甲骨文的历史和来源做了一次调查。

二、调查方法

1. 查阅有关古代文字的书籍，阅读报刊。

2. 上网浏览，了解甲骨文的来源和历史。

三、调查情况与资料整理

1. 甲骨文的来源

商朝时期，人类非常迷信，常请巫师占卜，占卜结果常刻在兽骨、龟甲上，于是被后人命名“甲骨文”。

提升点：

研究报告的题目指向要更加清晰明确。

从生活中的有趣的事情聊起，更能引起读者的兴趣，问题的提出也更加自然。

调查方法应该是多种多样的，这样的研究报告才会

升格文：

关于甲骨文历史和来源的研究报告

吴瑕

一、问题的提出

我们班上有几个字迹不工整的同学，每次看到他们的字，其他同学总会开玩笑说：“他们可能是从甲骨文的那个时代穿越过来的，所以字写得像甲骨文一样。”有一次听老师说，甲骨文是我国古代最早的文字，历史悠久，源远流长，值得研究。于是，我对甲骨文的历史和来源做了一次调查。

二、调查方法

1. 查阅有关古代文字的书籍，阅读报刊，上网浏览，了解甲骨文的来源和历史。

2. 询问老师、家长有关甲骨文的事。

3. 通过其他途径来了解甲骨文。

二、甲骨文的历史有多长

距现今已有3600多年的历史了。

三、甲骨文是谁发现的

清朝末年，1899年，有个叫王懿荣的官员在龙骨上发现了文字，就是甲骨文。

四、结论

1. 相传商朝时期，人们非常迷信，帝王一般在做很多重大决定前要请巫师进行占卜。占卜完成后，巫师又会把与占卜相关的内容都记录在甲骨上，从而逐渐形成了甲骨文。

2. 甲骨文是商朝的文化产物，距今约3600多年的历史。

更加准确。

采用表格式，研究的内容就更加清楚，显得有条理。

从多个方面来进行综合叙述，对什么是甲骨文进行系统阐述，加深了读者对甲骨文历史和来源的了解。

三、调查情况与资料整理

信息渠道	涉及的方面	具体内容
书籍教科书	甲骨文的来源	商朝时期，人类非常迷信，常请巫师占卜，占卜结果常刻在兽骨、龟甲上，于是被后人命名“甲骨文”
上网报刊书籍	甲骨文的历史有多长	距现今已有3600多年的历史了
教科书	甲骨文是谁发现的	清朝末年，1899年，有个叫王懿荣的官员在龙骨上发现了文字，就是甲骨文

四、结论

1. 相传商朝时期，人们非常迷信，帝王一般在做很多重大决定前要请巫师进行占卜。占卜完成后，巫师又会把与占卜相关的内容都记录在甲骨上，从而逐渐形成了甲骨文。

2. 甲骨文是商朝的文化产物，距今约3600多年的历史。

二、与同学互改互评

同学的修改建议

三、自我修改评价

我的评价

四、此次作文评价参考标准

评价参考标准

1. 选题合理，有中心内容。（加 1 ★）
2. 研究方法多样，资料搜集有重点。（加 1 ★）
3. 数据真实，语言流畅，条理清晰。（加 1 ★）
4. 符合格式要求。（加 1 ★）
5. 观点鲜明，结论充分，有自己的总结提升。（加 1 ★）

12 他______了

叶贤仁

生活中，谁陶醉、生气、伤心……的样子让你印象深刻？把题目补充完整，如“他陶醉了”“他生气了”“他伤心了”。回想一下，当时发生了什么事？事情的前因后果是什么？把这件事写下来，特别要把这个人当时的表现写具体，反映出他的内心。

读下面这个片段，注意它是怎样把这个人当时的表现写具体的。

他的眼睛闪着奇异的光芒，面孔因为激动而涨得通红，嘴里不停地说：“太美了！真是太美了！”他根本没听见周围喧闹的声音，整个世界对他来说好像都消失了。一个小时过去了，两个小时过去了，他痴痴地站在那里，一动不动地凝望着这座雕像……

我们可以从多个角度写一个人当时的表现，如：

◇他的面部表情是怎样的？眼神与平时一样吗？

◇他有哪些不寻常的举动？

◇他说了哪些话？说话时的语气是怎样的？

写好后，和同学交流，看看有没有把人物当时的表现写具体，反映出他的内心，然后对不满意的地方进行修改。

一 对话名师，明确要求

星星：老师，这次作文要求写“他____了”，我们应该如何思考立意和选材呢？

老师：这是一次半命题作文，“他____了”，主人公是“他”。“他”可以是谁呢？可不可以是“她”呢？当然可以。这个“他”既可以是男性，也可以是女性，明白了这一点之后，你的选择范围是不是扩大了呢？那么你会选谁呢？是一个与你只有一面之缘的人，还是你身边的亲人、老师、朋友、同学？其实，只要这个人给你留下了深刻的印象，他的形象、事迹就会一直在你脑海中挥之不去，那就可以成为你笔下的“他”。

星星：那么，怎样才能写好这篇文章呢？

老师：我们选定了要描写的主人公，接着需要思考“他”身上发生的一件令你印象最深的事。事件中的“他”要么与众不同，要么与平时不同。想好写一件什么事情，反映这个人的什么内心，是感动，是生气，还是后悔等，把题目补充完整，如“他后悔了”。接着回想一下，当时发生了什么事？为什么后悔？后悔的样子是怎样的？搞清事情的前因后果，然后画出思维导图，安排好段落结构。写作重点是描写一个人陶醉、得意、吃惊、兴奋、生气、伤心等时候的表现，尝试运用动作、语言、神态描写等来表现人物的内心，把他当时的表现写具体。

星星：写作时，还要注意什么呢？

老师：这件事一般按照事情发展顺序写，对于开头应该仔细斟酌一下，是按时间顺序开头，还是倒叙开头，效果是不一样的。一部分同学会专注于表现事件的发展过程，而忽略对人物细节的刻画，导致人物的内心凸显不够；还有的同学会出现审题偏差，没有抓住“他”来展开描写，而是一味地写“我”。

二 对话课文，感悟表达

老师：我们先来学习第四组课文，感悟作者如何通过动作、语言、神态的描写表现一个人的内心。我们先看看三首古诗中，有哪些可以借鉴学习的地方。

星星：我读了《从军行》这首诗，仿佛看到了在茫茫雪山上，将士们穿着残破的铁甲战衣，坚守在边疆，誓死不回的情景。“暗与孤”两字写出了环境的恶劣，“穿”则写出了战斗的激烈和生活的艰苦，在如此艰难的环境中，将士们还抱着“不破楼兰终不还”的坚定决心，歌颂了将士们爱国、报国的情怀。这首诗分别从环境、外貌和语言描写中表现了人物的内心。

文文：“遗民泪尽胡尘里，南望王师又一年。”这两句诗运用了神态（泪尽）和动作（南望）描写，表达了诗人对那宋朝遗民深受压迫的无限关切、强烈盼望祖国统一的爱国情怀以及对南宋朝廷的愤懑。

星星：而《闻官军收河南河北》，从“涕泪满衣裳”“漫卷诗书”“放歌”“纵酒”“即从……穿……”“便下……向……”等词句中，可以感受到诗人听到收复蓟北的消息后“喜欲狂”的心情，表现了作者狂喜的内心。

文文：学习了这几首诗后，我明白了表现一个人物的内心，更多是正面描写，也需要侧面描写，两者结合就能更好地表现人物的内心。

老师：我们再来研读《青山处处埋忠骨》《军神》和《清贫》等课文，寻找作者写作的秘妙。

星星：《青山处处埋忠骨》这篇文章，作者运用动作、语言、神态、心理描写等方法，记叙了毛主席惊悉毛岸英牺牲后极度悲痛的心情和对岸英遗骨是否归葬的抉择过程，表现了毛主席超于常人的情感和胸怀。这展现了一位父亲的爱子之情和作为一代伟人的博大胸怀间的极其复杂的内心世界。

文文：《军神》这篇文章的正面描写和侧面描写运用得很好。正面描写，直接描写了刘伯承语言、动作、神态等，表现了他坚韧不拔钢铁般的意志。侧面描写，通过描写沃克医生动作、语言、神态等，从侧面表现了刘伯承的坚强意志。

星星:《清贫》这课，方志敏用简洁朴实的语言，叙述了清贫的自己被俘时被两个国民党士兵搜身，一个铜板都没搜到，只搜出了一支手表和一支自来水笔的故事，并补叙了家里的“传世宝”，赞扬了共产党人甘于清贫、矜持不苟、舍己为公的高尚情操。

文文：哦，我明白了，这些文章都运用了正面描写还有侧面描写，通过人物的语言、动作、神态和心理描写等来表现一个人的内心。我也想学着这样去写。

我感悟的方法

三 对话高手，学习方法

认识一下作文高手胡家羽。

她是一个天真活泼、率直可爱的女孩。她兴趣广泛，喜欢下五子棋，喜欢打羽毛球，特别喜欢种花，家里的花花草草围绕着整个房间。每次一进家门，就能闻到一股清香，令人陶醉。她热衷于唱歌，唱起歌来，总是旁若无人。一首好歌能让她陶醉其中，难以自拔。即使过了许久，她还是会念念不忘，常常随口哼起小曲儿来。

他哭了

胡家羽

由于这次考试成绩不错，妈妈看到我那千疮百孔的橡皮，便为我买了一块又香又漂亮的橡皮。

数学课上我做错了一道题，便想拿出新橡皮擦一下。谁知橡皮不见了！我吓了一大跳，把铅笔盒里的所有文具都倒了出来，没有！我满头大汗地把头探进桌板底下，没有！会不会忘在家里了？不可能！不可能！我清清楚楚记得放在铅笔盒里的。看着老师快要走过来了，我只好悄悄碰了同桌一下："橡皮能借我一下吗？"见他点头，我便伸手把橡皮拿来。拿到手一看，我立刻火冒三丈——这竟和我那块橡皮一模一样！我生气地说："你干嘛拿我橡皮？喜欢的话我可以送你，但你绝不能偷！"他刚想张口辩白，我就把橡皮扔到他桌子上，转头不理他了。

他一向信奉一句话："男儿有泪不轻弹。"可这次，他的眼睛两旁竟落下了两行水珠。有人问他怎么了，他只是说有虫子进了眼睛，迷了眼。

体育课上，我们被体育老师指挥得"团团转"，在操场上整整跑了五圈。回到教室后，我口干舌燥，去书包里找水杯喝水，刚把水杯放回书包，就看到一块扁扁的东西在那儿，是橡皮！大概是铅笔盒没盖紧，橡皮利索地逃出了铅笔盒，滚到了书包里。

我错怪了他！我找到他，对他说明了真相并道了歉，抬起头竟发现他眼圈红红的。我不好意思地问他："你怎么哭了？"他低下头，拉了拉衣角，故意掩饰地说："没有啊！"

他就是这样一个要强的人，却为了我们的友谊流下了眼泪。

星星的点评

"千疮百孔"写出了这块橡皮不像样了，应该换了。"又香又漂亮"写出了作者对新橡皮的喜爱。为下文找不到橡皮生气，埋下伏笔。

"吓了一跳"写出了作者发现橡皮不见后不安的内心。

倒出来、探进桌底等动作描写和满头大汗的神态描写，写出了作者找不到橡皮着急的状态。

"火冒三丈""生气""扔下橡皮""转头不理"这些词中，写出了作者看见和她一样的橡皮后气愤的情绪。

委屈让他落了泪，可要强的内心使他在同学面前说了谎话，只说是虫子进眼了。

一个有担当的男孩形象出现在我们眼前。

"口干舌燥"这个词用得好，这是跑了五圈的结果，后来也是因为去喝水，才会发现书包里的橡皮。

"他低下头，拉了拉衣角，故意掩饰地说"，这些动作描写写出了他尴尬的内心。

结尾对他的评价，也深化了主题。

星星梳理的思维导图：

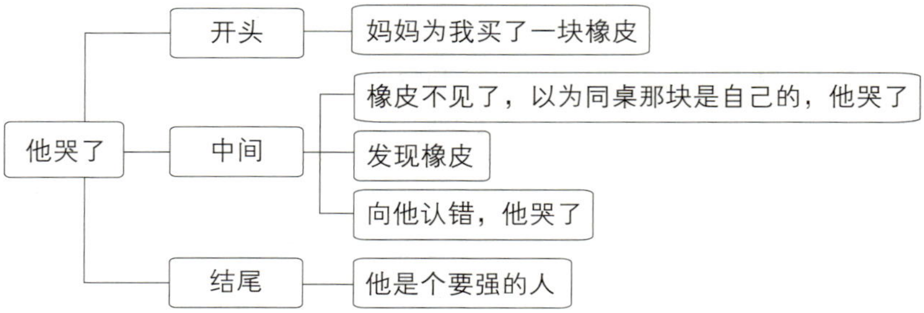
开头
妈妈为我买了一块橡皮
他哭了
中间
橡皮不见了，以为同桌那块是自己的，他哭了
发现橡皮
向他认错，他哭了
结尾
他是个要强的人

星星：胡家羽，我认真欣赏了你的作文，还梳理了文章的思维导图。但我很好奇，你为什么会选择写这件事，你是怎样构思的呢？

胡家羽：我读了文中的作文要求，就把题目补充完整：他哭了。他为什么哭了？我想起了一块橡皮，失踪了，看见同桌和我一样的橡皮，我以为是他拿走了，很生气。他因为被冤枉，气得哭了。后来我拿水时，发现了自己的橡皮，就向他道歉。借事写人，通过这件事写出同桌的要强的内心世界。

星星：你想好了就马上动笔写了吗？

胡家羽：没有，我先构思，画出思维导图。我觉得写人的文章，离不开写事。把一件事情的前因后果说清楚很重要。你可以顺着说，先讲事情的起因、经过，再讲高潮、结果。也可以倒着说，先讲这件事情的结果，再讲起因、经过等。你还可以先说最精彩的部分，也就是他当时的表现，然后再讲讲他发生了什么事，为什么会这样。最好这件事能够一波三折，使读者阅读的兴趣更加强烈。

星星：你是怎么把平凡的小事写得那么具体细致的呢？

胡家羽：这次作文的主人公从“我”变成“他”，就要考验我们平时的观察能力了。我们需要从多个角度写他当时的表现就是要观察人物的语言、神态和动作，多种描写巧妙地结合起来，恰当地运用到作文中，人物的内心世界就会淋漓尽致地展现在读者面前，人物形象也会变得鲜活起来。

星星：哦，我知道了，借事写人的文章我们不仅要写清事情的前因后果，更重要的是要试着从多个角度写出这个人当时的表现。

我的发现

四 对话佳作，开拓思路

他害怕了

李静宜

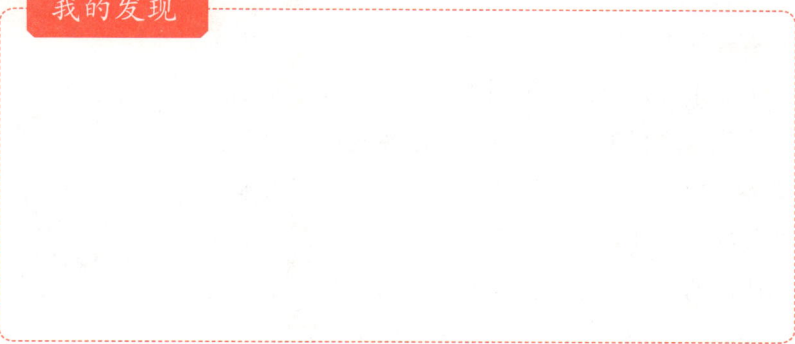

周末下午，我和表哥相约在游乐场见面。我们玩了一会儿，发现了一个鬼屋。我提议进去看看，因为我知道他很要强，但是胆子却比蚂蚁还小，想恶搞一下他。没想到他爽快地答应了：“走啊！”“啊？还是算了吧，我和你开玩笑的！”“你不会是害怕了吧？”说着，他就把我强拉硬拽地拽了进去。

我心想：“我胆子可大了，就是真鬼在我面前我也不怕！”推开幕布，里面一片黑暗，还不时传来阵阵凄厉的尖叫声，格外阴森。我感觉背后有股凉风吹来，幽暗的灯光下，发现我表哥的脸色很难看，他的手一直在抖。我牵住他的手，发现他的手心都是汗，手冷得跟个冰棍似的。他一边低语：“表妹，我们回去吧，这有什么好玩的？”一边深一脚浅一脚地向前走着，步子极其不稳。“哎，你这人胆小就别逞能

文文的点评

明明知道表哥胆小，还想恶搞他，这表妹真淘气。

从语言和动作描写中，看出这表哥想要强的心理，一点不胆小，为下文逞能埋下伏笔。

脸色难看、手在抖和手冰凉的描写，写出了表哥胆小的事实。

语言描写“劝说回去”和动作描写“步子不稳”，写出了表哥内心的害怕。

嘛！”我小声嘀咕着。

好不容易走到鬼屋中间，忽然有一“鬼”从大黑布后冲了出来，张牙舞爪地叫着，而且“鬼”脸上还有血丝。我当时很镇定，就这么个小鬼还能吓到我？我正想着，“啊！”的一声尖叫响起，只见表哥他转身躲到我的背后，一只手死死地抓住我的衣服，另一只手扣住他的帽子，把头抵在我的后背，嘴里不停地喊着：“鬼呀，鬼呀，不要吃我啊！我跟你无冤无仇，不要过来，不要过来……”他差点被吓哭了。我既同情他又有点可怜他：“这么胆小还来鬼屋，还不如我这个女生呢，唉！”等这“鬼”走了后，我带他回到了出口。我把他扶到椅子上，他目光呆滞，脸色苍白得像一张白纸，双手还在不由自主地抖动，看来已经被吓破了胆，过了许久才有所好转。

我故意问他：“太刺激了，好好玩，要不要再玩一次？”他连忙摆手，磕磕巴巴地说：“不……不了，以……以后我，我再也不逞能了，太吓人了。”我安慰他说：“不怕，不怕，世上哪有什么真的鬼。”

“尖叫”“躲”“抓”“抵”等动作描写，表现了他非常害怕的样子。

语言描写更明显地体现了他内心的惊恐。

“脸色苍白”和“手不由自主地抖动”这里的神态描写和动作描写又一次体现了他害怕的内心。

“连连摆手”“磕磕巴巴”又通过动作和语言来反映人物内心的害怕。

文文梳理的思维导图：

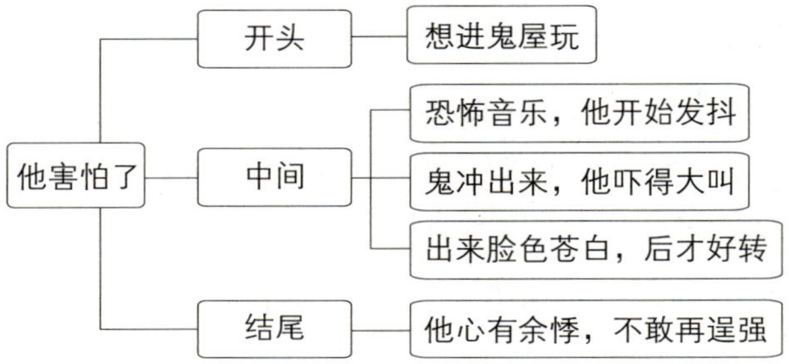
他害怕了
开头
想进鬼屋玩
中间
恐怖音乐，他开始发抖
鬼冲出来，他吓得大叫
出来脸色苍白，后才好转
结尾
他心有余悸，不敢再逞强

他开心了

赵伊诺

“姐，陪我玩奥特曼打怪兽……”弟弟在我旁边不停念叨着。我喜欢看书，再说这个游戏太无聊了，才不想玩呢！于是，我不耐烦地对他说：“不玩，不玩，姐要读书。”

弟弟只想着找人玩，哪会管我看书，不罢休地蒙住了我的眼睛，连连说：“陪我玩，陪我玩……”

“我还要看书呢！”我放下手中的书，边说边想拨开他的小手，“不想陪你玩。”

“你不陪我玩，我就不让你看书。”弟弟边说边蒙住我的眼睛不放。唉，我还是拗不过弟弟，只好答应陪他玩了。

他说他要当奥特曼，那我当然就是怪兽了，只见他嘴里叽里呱啦说些谁也听不明白的话，表情怪异地朝我打了一拳，又拍了我肚子一掌。我也懒得还手，陪他玩呗，只是连连向后退。他双手交叉又说了些什么鸟语，反正我是举手投降了。

见我输了，弟弟好兴奋，猴似的跳来跳去，双手摆出“耶”的手势。瞧，他的眉毛弯弯的，原本小小的眼睛变成了月牙儿，还露出了可爱的小酒窝，嘴里喊着：“耶，我赢了，我赢了！我比姐姐还厉害，我就是奥特曼！”

这局结束了，我正准备回房间看书，弟弟还让我陪他玩。以前一向好胜的我，这次居然故意输给他。而他呀，更高兴了，欢呼雀跃，还露出了白花花的牙齿，高举双臂，笑得跟花儿一样。

不知道为什么，看着他高兴，我心里也像吃了蜜糖一样甜。

星星的点评

（我能帮星星补充完整余下部分）

用语言开头，这叫先声夺人，点明了小弟的可爱。并从语言描写中知道这小弟年龄不大，很喜欢玩奥特曼游戏。

既有语言描写（不玩，不让你看书），又有动作描写（蒙住眼），写出了小弟要姐姐陪他玩的坚定决心，写得很生动。

我能帮星星补充完整余下部分的思维导图：

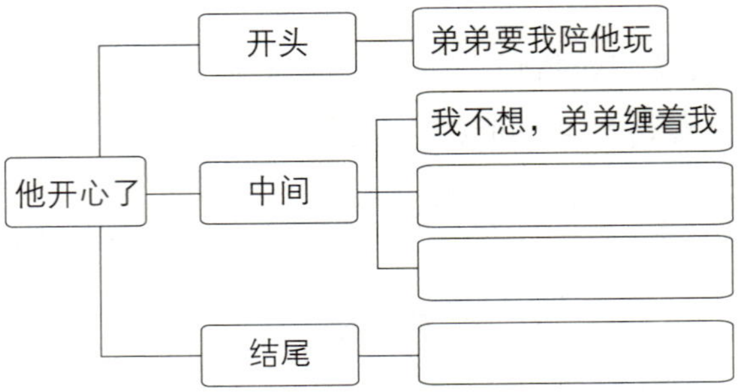

他成功了

葛欣乐

我的点评

他站在领奖台上，眼睛注视着前方，身子直直的，有些颤抖地站着，仿佛是接受观众们瞻仰一样，激动得无法平静下来。当他接过奖杯时，双手举着奖杯，就像世界运动员获得金牌一样高举起来。他成功了，我暗暗地对所有人这样说。

他叫陈菲乐，是我的好朋友。他爱好舞蹈，学的是拉丁舞。每个周末，当我们在睡懒觉的时候他已早早起来练舞了，家里练完还要去少年宫练，从开始的压腿都要痛，到现在随时都可以做到一字马，他不知流了多少汗，流了多少泪。每个清晨都要提早起床练完舞再去上学。所谓一分汗水换来一分收获，他的努力没有白费，指导老师经常夸他认真，进步很快，跳得很好。这不，这次比赛就是老师鼓励他参加的。

为了给他鼓鼓劲，我主动提出陪他参加比赛，他欣然答应了。

“喂！你要比赛了！快去！”我拍拍他的肩说。他微笑着回了我一个：“哦！”说完后，就朝预备赛场走去。

我也跟着他到了赛场旁边的警戒线后面。只见他双手握拳，下唇紧咬，皱着眉头，好像很紧张的样子。

“下面有请008号选手进场。”随着主持人洪亮的声音，我看到他缓缓地走进了赛场。

“噔……噔……”随着音乐缓缓响起，他就进入了舞蹈状态，随着音乐节奏，翩翩起舞。他那灵动有力的舞姿吸引了评委和所有的观众们，全场那么多人居然没有一点动静，都目不转睛地看着舞台上的他。

音乐高潮的那一瞬间他的动作更加优美了，高潮是最好加分的时刻，他的节奏感很强，身穿红色舞衣的他在舞池里像极了森林里的一只火狐狸。我很想大声地向他呼喊，大声地喊加油！但是又怕惊跑了这只火狐狸，就这样这只火狐狸在舞池里翩翩飞舞。

音乐停了，他的动作戛然而止，可大家都沉浸在舞蹈之中，直到他谢幕离开，才响起了雷鸣般的掌声。

他跑回到我身边，不停地问我：“怎么样？怎么样？没出什么乱子吧？”

激动人心的时刻到了，当主持人宣布名次时，他的眉毛皱起来了，眼睛一眨不眨地盯着主持人手里的名单，好像能看出名次似的，紧张极了。

“接下来公布亚军得主，他是008号陈菲乐。”当他听到自己竟然获得亚军这样的好成绩，高兴得一下子就跳了起来，一把抱住我说：“你听到了吗？是我吧，008号，亚军！我没有听错吧？”

“嗯，是的，是的，是你008号陈菲乐，亚军啊！祝贺你！”当他确认没有听错，便激动地向领奖台跑去。

捧着金灿灿的奖杯，他笑容满面地回到我的身边，自豪地对我说：“我成功了！欣乐，我的心血没有白费！”我笑了起来，他也跟着我笑了起来，那笑容真好看！

我梳理的思维导图：

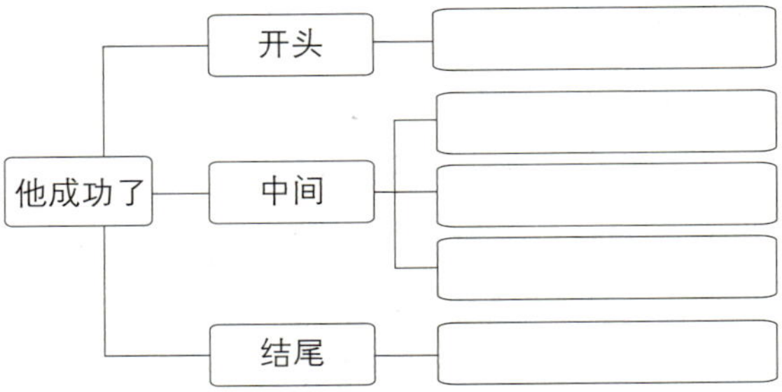

五 对话体验，整理素材

老师：同学们，生活是丰富多彩的，因为每时每刻都会有很多事情发生，而我们会通过这些事情看到形形色色的人。这就需要同学们打开思路，在脑海里搜寻自己心中的“他”和“她”的故事，为习作锁定一个描写的对象。我们先和伙伴们一起去寻找一下吧！

星星：这次作文从题目上知道是通过一件事写他怎么样了，所以要搞清楚，他为什么会这样？这是因为什么事而引发这样的结果。

文文：对！我也觉得应该先想清楚这件事情的前因后果，如他生气了，就要弄清楚，他为什么生气，到底发生了什么事，让他生气。再写生气的样子，就能表现他的确生气了。

星星：不过，叫我补充题目，我觉得很简单，可以填上陶醉、得意、吃惊、高兴、开心、后悔等词语都可以，可要写一件事，就想不起来了。文文，你有办法吗？

文文：我觉得要是心里一时想不起来写什么，那就从题目开始拓展思路吧！如他得意了，可以想想他比赛获奖了，考试得第一了，家里给他买了什么新奇的玩具等，这样去想，是不是就有内容可写了？

星星：你这么一说，我也想到了“他惊呆了”，可以写他平时学习成绩很差，总是调皮捣蛋，同学们都不喜欢和他玩，这次春游活动，没人愿意和他一组，而总要批评他、讨厌他的学习委员却提出和他一个组，他惊呆了。

我的素材锦囊

星星：我想写我弟弟抓来麻雀养，麻雀死了，他很后悔的事。我的思维导图是这样的：

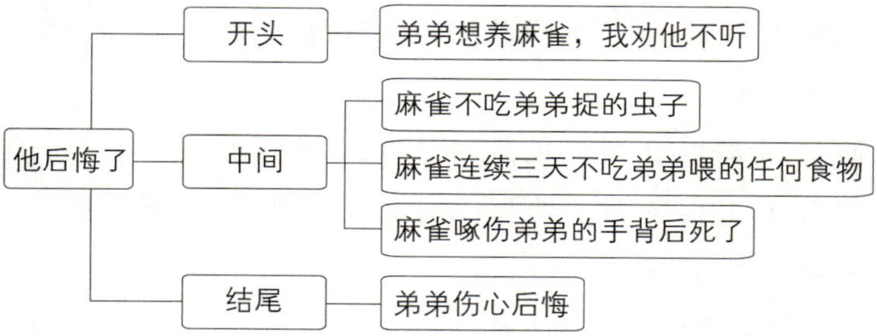
他后悔了
开头
弟弟想养麻雀，我劝他不听
中间
麻雀不吃弟弟捉的虫子
麻雀连续三天不吃弟弟喂的任何食物
麻雀啄伤弟弟的手背后死了
结尾
弟弟伤心后悔

文文：我准备用倒叙的方式写我同桌在老师和同学的帮助下，拿到学习进步奖，他笑了的故事。我准备这样写：

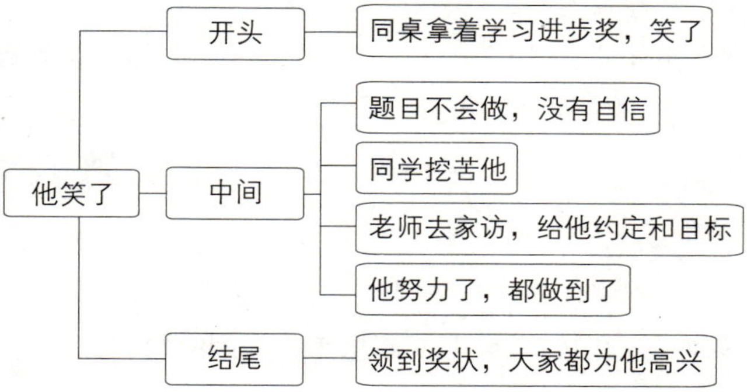
他笑了
开头
同桌拿着学习进步奖，笑了
中间
题目不会做，没有自信
同学挖苦他
老师去家访，给他约定和目标
他努力了，都做到了
结尾
领到奖状，大家都为他高兴

我的思维导图

六 对话积累，激活语言

我收集了一些备用词句，我会根据表达需要选用好词佳段。

一、词语盘点

描写人物神态的词语：

心不在焉 六神无主 泰然自若 平心静气 目瞪口呆 兴高采烈

忍俊不禁 若有所思 和颜悦色 和蔼可亲 垂头丧气 神灵活现

神色自若 神采飞扬 眉飞色舞 眉开眼笑 怒气冲天 热泪盈眶

笑逐颜开 谈笑风生 冥思苦想 捧腹大笑 悠然自得 喜上眉梢

描写人物动作的词语：

手忙脚乱 手舞足蹈 摇头晃脑 挤眉弄眼 举目远望 昂首挺胸

张牙舞爪 横冲直撞 蹑手蹑脚 摩拳擦掌 手疾眼快 落荒而逃

描写人物语言的词语：

伶牙俐齿 结结巴巴 对答如流 能说会道 娓娓而谈 妙语连珠

出口成章 喋喋不休 低声细语 巧舌如簧 滔滔不绝 夸夸其谈

描写人物心理的词语：

忐忑不安 疑神疑鬼 犹豫不决 欣喜若狂 心灰意冷 灰心丧气

心旷神怡 怒气冲天 杞人忧天 兴高采烈 喜出望外 喜笑颜开

二、佳句集萃

1. 他从早晨到现在一直一声不吭，眉头紧紧皱着，两道泪痕延伸到下巴，突兀的下颚有些尖瘦。

2. 他空咽一口唾液，再选一粒瓜子来咬。这回他剥得非常小心，把咬碎了的瓜子陈列在舱中的餐桌上，俯伏了头，细细地剥，好像修理钟表的样子。

3. 爸爸钓鱼去了，独自一人在家的我终于自由啦！我左手一本课外书，右手一包零食，正快活似神仙的时候，忽然听见钥匙插进门锁的声音，大事不妙！我飞也似地扔了课外书，藏好零食，扑到书桌前，假装认真地写起作业来。

4. 他猫着腰，踮着脚悄悄走进教室，偷偷地拿出同桌的铅笔盒，将笔取了出来。他举起笔，眼神似乎在发光，还一边赞叹着："太美了！太美了！"突然，脚步声传来，他吓呆了，手中的笔"啪"的一声掉到了地上。他四处张望，原来是一名低年级的同学经过，他长舒了一口气。当他朝地面看去，不禁愣住了，笔已经彻底散架了！这时，又有一阵脚步声逼近，是他的同桌从图书馆回来了，他顾不得别的，在慌乱中将损坏的笔与笔盒一并放回桌上，装出一副什么事都没发生的样子。

三、精彩首尾

开头：

1. "哇……"一声惊天动地的号哭划破傍晚的宁静，吓得正聚精会神看电视的妈妈立马从沙发上跳了起来。

2. 有人说"不写作业，父慈子孝，一写作业，鸡飞狗跳"，我特害怕爸爸管我写作业。

3. 去年暑假，我在乡下老家待了大半个月，虽只有几条窄窄的马路，几栋小小的房子，几片黄绿相间的田野，但清甜的空气，淳朴的民风，让我感觉特别轻松、愉悦。

4. 我的奶奶是个中学老师。她乌黑的眉毛下面有一双炯炯有神的眼睛，个儿不高，略胖的身子总是那样忙忙碌碌。奶奶是一个对工作极其认真负责的人，我很敬佩她。

结尾：

1. 望着妈妈沉默地转身离去时孤独的背影，他有些不知所措，是不是刚才自己说错了什么？

2. 夜晚，一轮明月嵌在夜空中，显得格外皎洁。他来到文具店，出来时手中多了一个小袋子，第二天早上，同桌的桌上放着一支崭新的笔。

3. 顿时，他的脸"唰"地一下红了，像一只小老鼠似的偷偷摸摸回到了自己的座位，拿出眼前的作业本写了起来，好像刚才什么都没有发生……

七 对话自我，升格提优

一、左右对比，巩固写作要点

原文：

他羞愧了

沈梦晨

贪吃总会让人犯错误，这天小明就因为贪吃做了一件让自己羞愧的事。

星期六的下午，小明在家写完了作业，准备走着去奶奶家吃饭。一路上他蹦蹦跳跳的，眉飞色舞。突然看见邻居家的桌子上摆着一盒喜糖，脚步便停住了。心里出现了糟糕的想法：“这盒喜糖里面一定有很多糖，我肚子那么饿，要不先吃一点？”想完，他就迅速得像一阵风一样拿到了喜糖，津津有味地吃了起

提升点：

开头换成倒叙的方法，他手里拿着昨天偷吃过的那盒糖，羞愧不已。

小明这个名字太大众化，应该取一个有特点的名字。

“蹦蹦跳跳的，眉飞色舞”，这语句写得有点不自然。

“迅速得像一阵风一样”，句子不通顺。

邻居奶奶怎么目睹到的，交代不清楚。

升格文：

他羞愧了

沈梦晨

小馋看着自己手里拿的这盒糖，居然是昨天自己偷吃过的，脸上顿时热辣辣的，心里涌上一股酸酸的味道，唉！

昨天下午，小馋在家写完了作业，准备到不远的奶奶家吃晚饭。一路上他一蹦一跳地往奶奶家的方向跑，嘴里还哼着什么乱七八糟的歌，满脑子都在想奶奶会给他做什么好吃的，想到那些好吃的就忍不住直咽口水，肚子也更饿了。

这时，他突然看见邻居奶奶家的门口放着一盒喜糖，脚步便停住了。贪吃的小馋心里冒出了一个念头：“这盒喜糖里面一定有好多糖，离奶奶家开饭还有一会儿，我要不拿一颗吧！这么多糖吃一颗应该看不出来吧？”想完，他快得像一阵风似的跑过去，迅速拿出了一颗喜糖，津津有味地吃了起来。

可是他没有想到，邻居家的奶奶就坐在家门前那个樟树下，目睹了他偷喜糖的全部过程。邻居奶奶觉得小孩子不能这样做，要吃就光明正大地要，不能

来。可是他没有想到，邻居家的奶奶目睹了他偷喜糖的全部过程，并用异样的眼光看着他。那位老奶奶走到小明的面前，有点儿生气地说："小朋友你在干嘛呢？"小明意识到了自己的不对。一向从容冷静的他，现在却慌张得不知如何回答。结结巴巴地说："我……不是……"就慌忙地逃走了。

到第二天早上，小明穿好衣服，吃完早饭准备开门透气。打开门一看，发现外面有一盒喜糖，才知道原来那天偷吃喜糖被老奶奶看到了眼里。自己脸色变得苍白，没有了当时红润的脸色。心里十分羞愧。

老奶奶是真生气，还是假生气？为什么生气，应该写清楚。老奶奶的心理描写没有，可以充实。

既然是邻居，怎么还叫小朋友？邻居都不认识吗？

老奶奶为什么要把这盒糖给我？没有交代。

就这样结尾了吗？后面小馋怎么想怎么做，可以扩充。

文章过于简单，修改时，在交代清楚那些疑问时，细致描写，文章一定会更加具体有趣。

偷偷摸摸地拿，就想借此好好地教育教育他。老奶奶装作生气的样子，叫道："小馋，你在干嘛呢？"并且慢悠悠地向小馋走来。小馋意识到了自己被发现了，一向能说会道的他，现在却紧张得不知如何是好。愣了一下，他赶忙结结巴巴地说："额，没……没干什么，我……奶奶再见。"说完就慌慌张张地逃走了。

到第二天早上，小馋心里还惦记着昨天发生的事，他穿好衣服，吃完早饭准备开门透气。打开门一看，发现外面有一盒喜糖，小馋拿起来打开一看，竟然是自己昨天偷吃过的那盒喜糖。原来老奶奶想让小馋知道这糖本来就准备送给他吃的，大大方方地吃，比偷偷摸摸地拿安心多了。"勿以善小而不为，勿以恶小而为之。"

看到这盒糖，想起昨天的尴尬样子，小馋瞬间脸色变得通红，心里不好意思极了！因为邻居奶奶一直对他很好，常常把好吃的东西给他吃，可自己却偷吃了糖不承认还跑了。可老奶奶不仅没有批评他，还把这盒糖送给他吃，小馋决定向邻居奶奶承认错误。

小馋拿着这盒糖，来到邻居奶奶家，支支吾吾地对老奶奶说："奶奶，我昨天偷吃了这盒糖。我错了。"

老奶奶笑着说："我知道，知错就改，

是个好孩子。做人要做堂堂正正的人，可不能做偷偷摸摸的事。”

此后，小馋再也不会犯这样的错了，这种羞愧的感觉一直围绕在他的心里，他决定一直记着以提醒自己。

二、与同学互改互评

同学的修改建议

三、自我修改评价

我的评价

四、此次作文评价参考标准

评价参考标准

1. 内容具体，语句通顺。（加 1 ★）
2. 用了比喻和拟人的手法，描述人物的特点。（加 1 ★）
3. 按事情发展顺序写，有条理。（加 1 ★）
4. 能通过语言、动作、神态、心理等描写表现人物的内心。（加 1 ★）
5. 结尾点题，有深化主题的语言。（加 1 ★）

13 形形色色的人

林华烨

我们每天都会接触到形形色色的人：小区里锻炼身体的爷爷奶奶，学校里的老师、同学，还有上学时遇到的公交车司机、维持秩序的交通警察……选择一个人写下来，运用本单元学过的描写人物的写法，具体地表现人物的特点，题目自拟。

写的时候，要选取典型的事例，如叔叔的记忆力超群。

事例 1：

他读完一本故事书，能把所有的细节都记住。

事例 2：

他记住了我昨天说过的一句话。

事例 3：

他能记住我的生日。

事例 4：

那幅地图他只看了一遍，就能一点儿不差地画下来。

事例 1 和事例 4 最能表现叔叔记忆力超群的特点。

写完后，和同学交流，看看有没有具体地表现出人物的特点，再根据同学的意见进行修改。

一 对话名师，明确要求

星星：老师，这次作文要求写形形色色的人，形形色色的人是指怎样的人？

老师：形形色色的人就是各种各样的人。他（她）可以是小区里锻炼身体的爷爷奶奶，可以是学校里的老师、同学，还可以是上学时遇到的公交车司机、维持秩序的交通警察以及生活中素不相识却印象深刻的人……一个特点鲜明的人总是会给人留下深刻的印象，即使偶然见上一面，他（她）的音容笑貌，举手投足，也会留在人们心中挥之不去。所以，确定要写的人选很重要。

文文：确定写作的人选后，我们又该如何去写这篇文章呢？

老师：确定人选后，就要想好所写的人有什么特别之处，有什么鲜明的特点，有哪些典型难忘的事例能突出人物的特点，要选取一个或几个片段，运用描写人物的几种基本方法，细致描述，这样才能集中表现人物的特点。

星星：那我们在写作时有什么要注意的地方吗？

老师：描写人物特点时，我们可以采用先抑后扬、先贬后夸、前后对比的方法体现一个人的特点；也可以用“总—分—总”结构方式，总写人物特点，用一个事例或几个事例场景来具体描述；还可以采用事情发展的叙述方法，让人物的特点在事件中闪现。

二 对话课文，感悟表达

老师：“字里行间众生相，大千世界你我他”，这组课文很有特色，我们先来看看课文中，有哪些值得借鉴的表达方法。

星星：我最喜欢《两茎灯草》中描写临死前的严监生的语段，作者紧紧抓住严监生临死前伸着两个手指头不肯断气的动作、细节、神态描写来突出他的内心活动，刻画了一个爱钱财胜过爱亲人、爱生命的守财奴形象。

这样的描写富有画面感，看着文字脑海中就会浮现出鲜活的形象。

文文：是的，这样的描写真精彩。尤其是选择了严监生病重说不了话，伸出两个手指头时，大侄子、二侄子的猜测应该是合乎人之常情的，然而结果却只有深知严监生秉性的赵氏才得以猜中。严监生撑着不肯咽气居然是为两茎灯草，这样吝啬鬼的形象便跃然纸上，这个材料选得真是太经典了！

星星：“人物描写”一组中，不仅《两茎灯草》写得很传神，《摔跤》《他像一棵挺脱的树》中的描写亦是精彩得很。比如，小胖墩儿和小嘎子的摔跤，运用了简洁的语言描写及一连串的动作描写，再辅以适当的心理描写，写出了“实力派”小胖墩与“机灵派”小嘎子天真可爱的少年形象；又如，《他像一棵挺脱的树》通过高个、贴扇面似的胸、直硬的背、“出号”的大脚等的描写，写出了祥子身体的健壮和旺盛的生命力。

文文：读了冯骥才的《刷子李》，我也仿佛真的跟着曹小三去观摩了刷子李高超的刷墙技艺。文中运用了细致的动作描写，同时还选择了“一个小白点”这个典型事例，这是从正面直接写刷子李的。除此之外，借助曹小三在观察师傅刷墙时，从质疑到崇敬的心理变化，侧面反映出刷子李的高超技艺。

星星：是的，这些写法特点，在习作例文中也体现得很清晰。我们要细细品读，读出方法，读懂方法，并学以致用。

我感悟的方法

三 对话高手，学习方法

认识一下作文高手董羚程。

她是一个性格开朗、活泼热情的女孩。兴趣广泛，喜欢下围棋，喜欢游泳，特别喜欢画画，是班级里的黑板报“小达人”。她画的画和手工作品多次获奖，老师夸她是“小画家”。

她酷爱阅读，看起课外书来，总是爱不释手，是一个妥妥的“哈利波特”谜，最大的梦想是当一名演员，这样就可以去哈利波特的魔法学校玩个过瘾。

“林撕撕”和“林补补”

董羚程

“林撕撕”和“林补补”是同一个人。她是我们班的女神级人物——语文老师林老师。

林老师鼻梁上架一副朱红色的眼镜，镜片后边射出严厉的光芒，有一种不怒而威的气场。林老师总喜欢把长长的头发挽成丸子头，端庄而又俏皮，给人一种很亲切温婉的感觉。

“嘶——”

一阵清脆的声音响过，我预习本上的一页纸便孤零零地躺在了桌上。我的心悬在了半空中。

“董羚程，你是练过书法的，这样随意对付的作

星星的点评

开篇点题，交代“林撕撕”和“林补补”是语文老师林老师。

重点抓住林老师眼神的威严、丸子头的端庄俏皮，凸显老师的个性特征，为下文埋下伏笔。

举了一个作者亲身经历的具体事例，写出了林老师撕作业的干脆利落，不留一点余地地严厉。

业可配不上你！所以，林老师把它撕了，马上回去补好了。”

我仅存的一丝侥幸随着老师的话音落下而不见踪迹，心头一股懊恼——昨天情绪不佳，写作业有些应付，没想到今日便尝到苦果了。我偷眼望去，林老师继续专注地翻看、批阅，一丝不苟，鼻梁上架着的无框眼镜，透着冷幽幽的光。“林撕撕真不愧是林撕撕，我以为她只会象征性撕几本书写特别差的树树典型，没想到我想偷会儿小懒的心思在她的‘探照灯’下无处遁形。”

谁都别想在她眼皮底下蒙混过关。当所有的心存侥幸都变成了“不幸”，惰性的小苗就被生生地压在了大石头底下。而林老师，则摇身一变成为“林补补”——改着作业，发现哪个同学封面没保护好，裂开了，她会顺手撕条透明胶条帮忙补上；哪个同学被撕了作业后本子散了页，她也会用透明胶贴平整了。

概括介绍林老师在批改作业时会帮同学修补破了、裂开的本子。写出老师对学生的温情与爱。

林老师不仅会帮我们的作业本打“补钉”，还擅长在课堂上“补画面”。林老师的课很有趣：讲到许地山的《落花生》，我们眼前仿佛看到了许地山一家在茅亭里吃花生、聊花生的画面，其乐融融；讲到琦君的《桂花雨》，仿佛作者就在我们面前摇桂花，教室里漾满了桂花浓浓的香气；讲到冯骥才的《珍珠鸟》，我们仿佛看见了怕人的珍珠鸟如何一步一步接近作者，最后还在作者的肩膀上睡着了、打着呼噜的可爱样子。林老师每次上语文课，都能让我们看见一幅幅美丽的画。

“林补补”的“补”不仅仅是帮学生补破损作业本的“补”，还在于上课时擅长“补画面”，使讲课的内容生动鲜活，使“林补补”的形象更加鲜活立体。

妈妈说：“林撕撕也好，林补补也好，你们要读懂老师背后的苦心和爱。”

借助妈妈的话做了一个总结性结尾，表达了自己对林老师的喜爱之情。

星星梳理的思维导图：

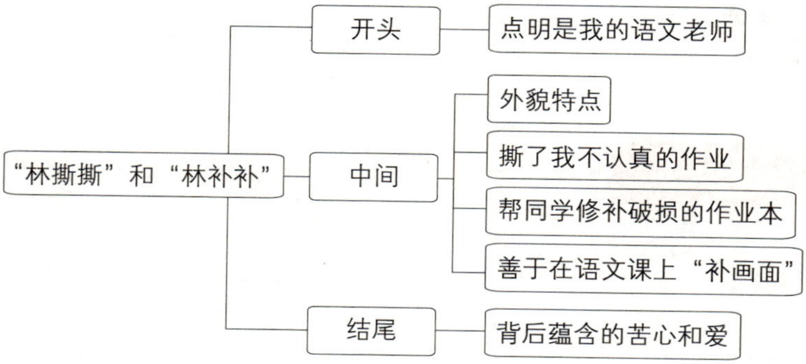

星星：董矜程，我很喜欢你写的《“林撕撕”和“林补补”》，感觉读这样的文章，特别的亲切，把老师严格里的爱和温暖都写出来。你是怎么想到用这样的方式写的？

董矜程：我觉得平时用心观察、留心周边事物这一习惯非常重要。只要你留心观察，不管是事物的特点，还是人物的特点，都会在你脑海中形成烙印。这就是老师平时所说的厚积的一种，厚积才能薄发。

文文：对，你很灵活地运用了对比的方式凸显老师的特点。这样，老师的形象就比较鲜活、立体，这是一种很好的方法，值得我们学习、尝试。

董矜程：是的，同样是举例，我把林老师撕本子的事做了具体描写，描绘再现了当时的情形，努力营造一种身临其境的现场感；而林老师补本子的事则做了略写处理，这样有详有略，具体事例和概括介绍相结合，使文章在表达上显得丰富一些。

星星：我特别喜欢看你写的林老师撕本子的描写，你当时的心理活动描写和对老师的神情描写，特别有感染力，读着很有画面感。

董矜程：是的，我们写作文的时候，对能突出人物特点的要着重描写，千万不能吝惜笔墨三言两语打发了事。我们可以综合运用动作、神态、心理等描写，让人物鲜活饱满一点。当然，在外貌描写的时候，我们要紧紧扣住能凸显人物个性特点的外貌特征，不要胡子眉毛一把抓，从头写到脚是不必要的。

文文：哦，我知道了，描写也要有针对性。不是写得越多越好，我们老师说，语言是箭，得“射中靶心”才对。

董矜程：对的，你真是“一语中的”！

我的发现

四 对话佳作，开拓思路

贪吃李

王乾旭

贪吃李，原名李泽民，是我们班一位“重量级”人物，从小就超胖，到现在都已经120多斤了。他是因贪吃而长胖的，他甚至还给自己立下了一个规矩：每天带两个大饼子去教室里吃。

记得那是在上四年级的时候，当时已是寒冬时节。天气异常冷，风在窗外呼呼地刮着，光秃秃的树杈发出呜呜的悲鸣，令人毛骨悚然。贪吃李照例最后一个来到教室。他眼睛圆圆的，脸蛋肥肥的，每走一步，脸颊上的一坨肉就会跟着抖动，让人忍不住就想捏一把。手放在背后，因为手里握着刚刚煎好的手抓饼。

贪吃李拖沓地走到了自己的座位，把书包卸下

文文的点评

开篇点题，寥寥数语简明扼要介绍贪吃李的“贪吃”规矩。

环境描写营造氛围，吸引读者进入那日情境。适时对贪吃李的胖进行特写，传神且到位，令人印象深刻。

来，以迅雷不及掩耳之势把手抓饼塞进课桌里面。这时候，老师走过来，贪吃李赶紧拿起英语书，装模作样地读起来：“plant，plant，photo，photo……”就在英语老师转过去时，迅速地取出刚才的手抓饼，露出大门牙，一口就咬出了一个大大的月牙儿，他飞快地咀嚼着，腮帮子一鼓一鼓的。几秒钟的工夫，大半块儿就没了，剩下那小块儿还包裹着鸡蛋和香肠，散发出一种独特的香味。这时，几个“好闻者”已经转过身来，因为他们已经闻到手抓饼弥漫开来的那种冬日里温暖的香味。这时课堂纪律大乱，班级里胆子大的同学竟然离开了座位，半蹲着身子，避开老师的目光，活像一位消防队员救火一般跑到贪吃李那里，像小弟对大哥似的苦苦请求，说：“大哥，给点儿吧！”别看贪吃李平时很和蔼的样子，但一到关于吃的话题时，他就像一位守财奴守钱一般，死也不给半点儿。其他同学借此机会大声地讲起话来。

选取了一个极为典型的贪吃事例——早读课在老师眼皮底下偷吃手抓饼，大有一番“刀口上舔蜜”的惊险，把早读课时一边躲避英语老师巡视，一边抵御闻饼逐香的“讨要者”催讨的贪吃李的形象彰显无遗。

不用说，贪吃李被老师“请”进了办公室。

“我爸说了，民以食为天，人吃饱了才能学习。下次我吃东西，你们都不要来抢！”贪吃李掏出第二个手抓饼一边狼吞虎咽，一边对着“抢食者”义愤填膺，振振有词。

最后以一幅训诫后依然对吃手抓饼“痴心不改”画面结尾，让人读后忍俊不禁——贪吃李真是“吃”心不改啊！

文文梳理的思维导图：

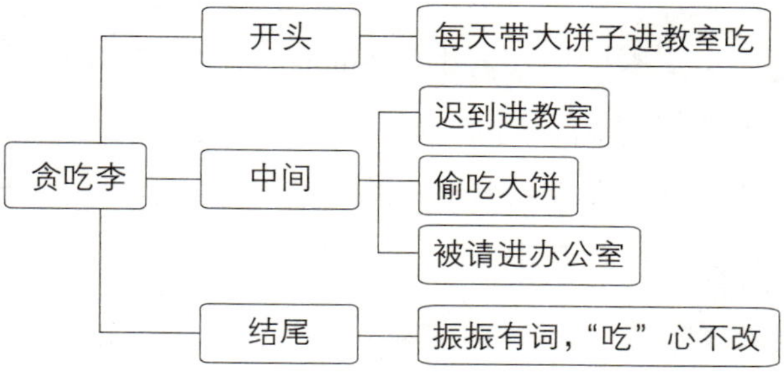

“书痴”外公

王景瑶

我的外公已经66岁了，脸上的皱纹一笑就挤成了一簇。外公总喜欢鼻梁上架一副老花镜，神情专注地读书、看报。他的爱看书、爱看报，是十里八乡出了名的，素有“书痴”之雅号。

每年，外公都会订《今日宁海》等各类报纸。虽然家里有一个专门给他放报纸的角落，但是他的报纸实在太多了，因此，他还借用了我的书桌一角。每当送报纸的人将报纸塞进我们家门底下的缝隙中，正准备骑车去往下一个地点送报纸时，外公总会第一时间走到门口，弯下腰，拾起报纸，紧接着拍拍报纸经过地面时带起的灰尘，然后便从口袋里拿出随身携带的老花眼镜戴上，最后坐下来看报纸。

我特别爱看外公看报时的专注神情。阳光暖暖的午后，外公坐在院子里的那把老藤椅上，旁边的小茶几上搁着一壶茶。外公戴着老花镜，捧着一张大大的报纸，一会儿点头颔首，一会儿皱眉沉思。看到开心处，就欣慰地笑着呷一口茶，呵呵地笑着。看到不开心处，就嘟嘟囔囔着一副恨铁不成钢的样子。外公看报时，返老还童的样子纯真可爱。

外公不是只喜欢看报纸，他也很喜欢看手机上、电脑上的一些小说。手机屏幕太小，电脑不利颈椎，他还特意托姨妈买了专门用来看书的kindle。外公说这个现代科技水平就是高，用kindle字体可以放大，不伤害眼睛。外公早上会醒得很早，但是他不是马上起床，而是躺在床上看一会儿小说。外公平时一有空

星星的点评

（我能帮星星补充完整余下部分）

开篇点题，并用简洁的语言介绍了外公具有“书痴”气质的外貌。

抓住外公第一时间去拾起报纸这一细节，突出外公喜欢看报的人物特点。

就会坐在沙发上看小说。

记得有一次，外婆外出买东西了，家里只有我和外公。外婆让外公看着煤气灶上的烤土豆，她一会儿便回来。外公坐在沙发上看小说，他嘴里“嗯嗯嗯”地应着，眼睛都没离开手机屏幕一会儿。我坐在课桌旁写作业，也不知道过了多久，突然闻到了一股什么东西烧焦了的味道，赶紧叫外公。外公跑到了厨房一看，原来土豆烤糊了，外公赶紧把火给关了。

这就是我的外公，一个爱看小说到入迷的“书痴”外公。

我能帮星星补充完整余下部分的导图：

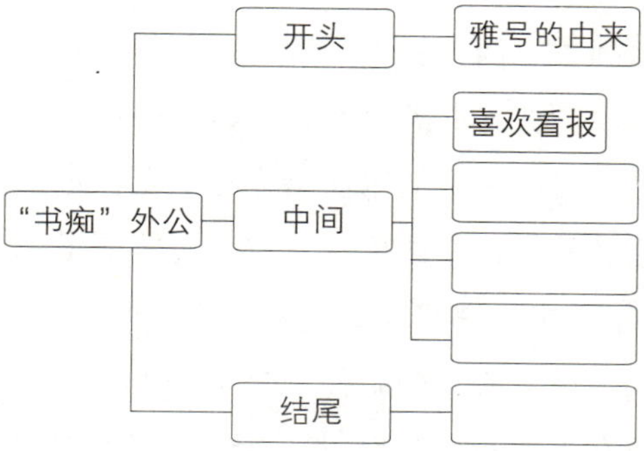

“一休”弟

聂锦霆

我的点评

我家的小表弟今年两岁半，聪明又机灵，我们都喜欢叫他“一休”弟。

“一休”弟长得跟日本动画片《聪明的一休》中的小“一休”一样。皮肤很白皙，大大的眼睛水汪汪的，水嘟嘟的嘴唇像涂了口红一般红润。弟弟的脑袋特别大，总被舅妈剃成光头。

“一休”弟不仅模样机灵，脑筋也动得特别快，反应特别灵敏。

有一次，外婆带着“一休”弟在我们厂子的门卫室玩。这时有一大车的货到了，外婆和我一起出去帮忙卸货，“一休”弟留在门卫室玩。我们正搬着，突然听到“砰”的一声，伸缩的大门撞在车尾上。车尾被撞了一块很大的凹槽。在场的人都傻眼了，怎么好好的伸缩门长脚了？我马上就想到坏了、坏了，肯定是这小家伙动手动脚按了电子门的开关了。

我赶紧跑进门卫室，只见他不慌不忙地从写字台上爬下来。我看见那个伸缩门开关的“关”字按钮指示灯，正一闪一闪地亮着。这时，外面传来车主在大声地责怪我外婆。小家伙这才感觉到事情的严重性，飞快地跑到里间关上门，躲了起来。而且门还被反锁了起来，不管我们在外面怎么叫、怎么哄他都不开门。可能，他是被自己犯下的错误给吓坏了吧。最后我们实在没办法，只好把在西店的舅舅、舅妈请了来。后来他听到自己的爸妈来了，好像救星来了一样，终于打开了门，低着头，两眼往上瞟了一眼，大概是想看看我们所有人的脸色和反应。看到我们安慰他，告诉他不能随便按开关，否则要出事情的，他确定没出什么大事情，这才长长地松了一口气。

还有一次，我和“一休弟”一起拼一个超难的拼图，拼了好长时间都没完成，没有耐心的我就放弃了。可是“一休”弟却没有放弃，他一个人坐在那里琢磨着。差不多一个多小时之后，“一休”弟兴奋地跑了过来，拉着我的手拼命地往书房跑。我进了书房一看惊呆了，这幅图竟然被他完整地拼好了。他用那双“忽闪忽闪”的大眼睛盯着我，希望得到我的夸奖。

我双手竖起大拇指表扬了他，他这张小脸顿时像开花一样的灿烂。

这就是我的“一休”弟，他会带给我们很多意外的欢乐。

我梳理的思维导图：

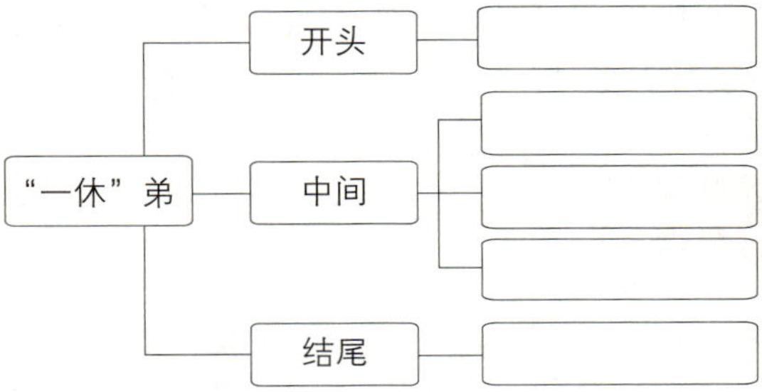

五 对话体验，整理素材

老师：我们每天都与人在打交道。面对我们接触到的形形色色的人该如何选择一个人写下来呢？我们先和小伙伴们一起回忆回忆我们印象深刻的人吧！

星星：说起我们身边的人，那可多了。同学、老师、父母、兄弟、姐妹，我们每天都看在眼里，都有交流。但是，可能没有留心观察，要一下子想出他们的特点来，还真有点难度。

文文：如果说身边熟悉的人都发现不了，那就更不要说一面之缘的警察叔叔、环卫工人了。所以，我也觉得发现一个人的特点是挺难的，而写出一个的特点则更难。

星星：对的，正所谓“画龙画虎难画骨，知人知面不知心”。要写出人物的特点，其实就是要读懂人物的心，凸显人物的思想性格。要使人物的形象立体起来，除了通过人物外貌、动作、语言、神态之外，还要通过典型事例来表现人物品质。

文文：比如，交警叔叔的负责认真，你可以选择在风雨中执勤，在烈阳下坚守的具体事例。但是，如果你选择的这件事有你的亲身经历，有切身感受，那就更能唤起共鸣。例如，上学路上，因交通堵塞差点迟到，幸亏交警叔叔在暴雨中尽职尽心地疏导，才使车流正常起来，你才没有迟到。这样的话，你内心的感触特别多，写起来就特别入情入境了。

星星：谢谢你提醒了我。不仅如此，文章的题目就如文章的眼睛，我们取题时，也要紧扣这个特点才行。

文文：对的，“光说不练假把式”，让我们一起去试试吧！

星星：我的妈妈很注重打扮，我想通过妈妈涂雀斑霜导致过敏，满脸

我的素材锦囊

红肿，但为了去掉雀斑立下“豪言壮语”坚持涂抹的这件事来描写我妈妈的爱打扮。

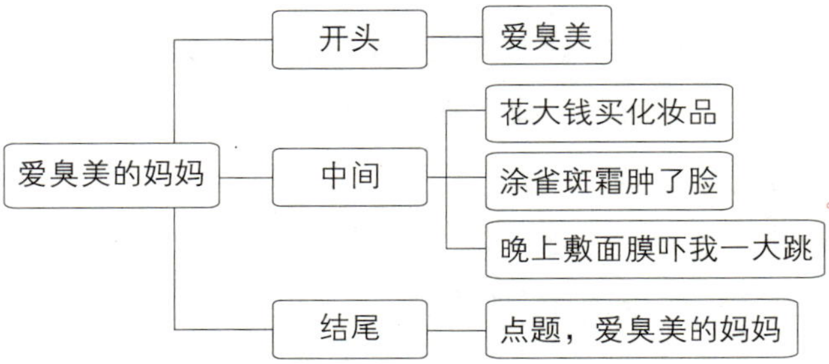

文文：我准备写我家小区里那个爱唠叨的电梯阿姨。我想选择电梯阿姨坚持原则，兢兢业业做好“电梯门神”的事来写。

- 电梯门神
  - 开头
    - 管电梯的阿姨爱唠叨
  - 中间
    - 劝告我们不能在电梯口玩
    - 不让小孩单独坐电梯
    - 我肚子疼，破例让我坐电梯
    - 医院回来后又恢复她的电梯规则
  - 结尾
    - 觉得电梯阿姨的唠叨亲切悦耳

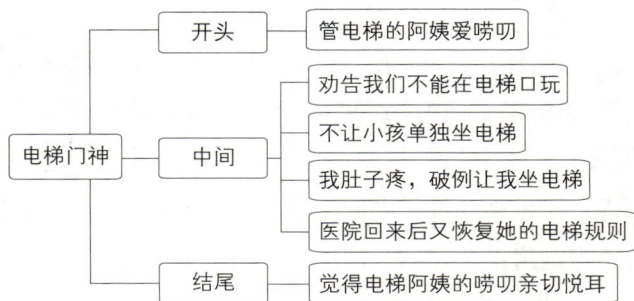

我的思维导图

六 对话积累，激活语言

我收集了许多备用词句，我会根据表达需要选用好词佳段。

一、词语盘点

描写人物外貌：一表人才 风度翩翩 明眸皓齿 膀大腰圆 倾国倾城
虎背熊腰 衣冠楚楚 相貌堂堂 珠圆玉润 鹤发童颜

描写人物动作：身手敏捷 风驰电掣 动如脱兔 举目眺望 大步流星
昂首挺胸 手舞足蹈 张牙舞爪 谈笑风生 高谈阔论

描写人物神态：呆若木鸡 目瞪口呆 神采奕奕 全神贯注 聚精会神
眉飞色舞 张口结舌 挤眉弄眼 眉开眼笑 目不转睛

描写人物心情：举棋不定 忐忑不安 心急如焚 七上八下 六神无主
心神不定 心惊肉跳 心神不定 心猿意马 心慌意乱

二、佳句集萃

1. 琴穿了一件淡清湖绉棉袄，下面系着一条青裙。发鬓垂在两只耳边，把她的鹅蛋形的面庞，显得恰到好处。整齐的前刘海下面，在两道修眉和一根略略高的鼻子的中间，不高不低地嵌着一对大眼，这对眼睛非常明亮，非常深透，射出来一种热烈的光，不仅给她的热烈、活泼的脸添了光彩，而且她一走进房里，连这个房间也显得明亮多了。众人的视线都集中在她的身上。（人物外貌描写）

——巴金《家》

2. 有一天，我在家听到打门，开门看见老王直僵僵地镶嵌在门框里。往常他坐在蹬三轮的座上，或抱着冰伛着身子进我家来，不显得那么高。也许他平时不那么瘦，也不那么直僵僵的。他面如死灰，两只眼上都结着一层翳，分不清哪一只瞎，哪一只不瞎。说得可笑些，他简直像棺材里倒出来的，就像我想像里的僵尸，骷髅上绷着一层枯黄的干皮，打上一棍就会散成一堆白骨。我吃惊地说："啊呀，老王，你好些了吗！"（人物神态描写）

——杨绛《老王》

3. 我看见他戴着黑布小帽，穿着黑布大马褂，深青布棉袍，蹒跚地走到铁道边，慢慢探身下去，尚不大难。可是他穿过铁道，要爬上那边月台，就不容易了。他用两手攀着上面，两脚再向上缩；他肥胖的身子向左微倾，显出努力的样子。这时我看见他的背影，我的泪很快地流下来了。我赶紧拭干了泪。怕他看见，也怕别人看见。我再向外看时，他已抱了朱红的桔子往回走了。过铁道时，他先将桔子散放在地上，自己慢慢爬下，再抱起桔子走。（人物动作描写）

——朱自清《背影》

三、精彩首尾

开头：

1. 我们班的林诗雨同学是一个名副其实的"独行侠"，他总是一个人独来独往，一个人看书，一个人回家。（开门见山式开头）

2. 我的妈妈是一个多面派，她的戏演得可好了！你看，前一秒她还在温柔地接电话，下一秒就冲着我大吼大叫。想看我妈妈是怎么演戏的吗？继续看下去吧！（问题引出式开头）

3. 妈妈的爱就像火炉，即使在寒冷的冬天里也很温暖；妈妈的爱就像蜡烛，即使在漆黑的夜里也很明亮；妈妈的爱就像清泉，即使在干燥的季节里也很湿润。（排比渲染式开头）

4. 老头子浑身没有多少肉，干瘦得像老了的鱼鹰。可是那晒得干黑的脸，短短的花白胡子却特别精神，那一对深陷的眼睛特别明亮。（外貌描写式开头）

5. 乱哄哄的教室突然安静下来。我抬头一看，一个人站在教室门口，眼神犀利地看着大家。那不是我们的班主任吗？我心中一惊，想起刚刚自己在大声喧哗，不由地低下了头。（场面描写式开头）

结尾：

1. 每当取得好成绩时，我总想对老师说："感谢您把我带进了一个奥妙无穷的知识海洋，让我像鱼儿一样自由呼吸，不断汲取知识的营养。"（呼应式结尾）

2. 林老师是我学习中的良师，前进道路中的明灯，我怎能忘记这位好老师呢？（反问式结尾）

3. 妈妈笑了，笑得那么开心。我终于领悟到孩子给妈妈最好的礼物就是不断努力，不断进步啊！（感悟式结尾）

4. 看到这里，我仿佛看到老人纯洁的心灵，仿佛看到和谐社会的新风吹遍祖国大地。（联想式结尾）

5. 啊！老师就是无私的蜡烛，燃烧了自己，照亮了我们；啊！老师就是平凡的桥梁，送走了一批又一批的学生，毫无怨言。（抒情式结尾）

七 对话自我，升格提优

一、左右对比，巩固写作要点

原文：

我家的“购物狂”妈妈

周怡君

所谓“天大地大，老妈最大”。这个世界上，我最怕我妈了，因为她对我非常地严厉，老妈吼一吼，地球抖一抖，吓死我了。但是平常我老妈也是很可爱的，只是有时候她“购物瘾”上来的时候真有点让我受不了。

老妈空闲的时候非常喜欢在淘宝上购物，每天没事就拿着手机看个不停。尤其每年“双十一”的时候，我们家就会不停地收到一个又一个快递，家里的卧室、客厅、阳台，甚至是厨房里都是大大小小的快递箱，不用说这些全是妈妈淘到的宝。

有人说：“那你还不

提升点：

开头不需面面俱到，与妈妈是个“购物狂”无关的语句一律删去。

有了我不停上下楼地拿快递，不停地被妈妈逼着试衣服的细节衬托，更突出了妈妈购物之“疯狂“。

适时的抒情，是情感的自然流淌，有叙述也有抒情，让人感觉真

升格文：

我家的“购物狂”

周怡君

我的妈妈是个名副其实的“购物狂”，她“购物瘾”上来的时候，真有点让我受不了。

老妈空闲的时候非常喜欢在淘宝上购物，每天没事就拿着手机看个不停。尤其每年“双十一”的时候，我们家就会不停地收到一个又一个快递，家里的卧室、客厅、阳台，甚至是厨房里都是大大小小的快递箱，不用说这些全是妈妈淘到的宝。我的朋友来我家中找我玩，都要以为我们家是快递站点了。我不停上下楼拿快递，都觉得疲惫不堪了，妈妈却在一旁兴致勃勃地拆起了快递。时而兴奋地上前拿快递盒子，时而小心翼翼地剪开泡泡包装，中间还要指挥我去试衣服。我无力地瘫坐在椅子上想：“老妈这购物的毛病，该改改了！”

有人说：“那你还不得烦死！”当然不，我妈妈买的全是我和妹妹、爸爸、爷爷、奶奶用的东西，却少有给自己买的。有时候，她看见了一件喜

得烦死！”当然不，我妈妈买的全是我和妹妹、爸爸、爷爷、奶奶用的东西，却少有给自己买的。有时候她看中自己喜欢的东西，但还是忍住没买。原来，老妈的购物成狂是因为爱我们。

我爱我家的“购物狂”妈妈。

情涌动。

增加一段排比的抒情，情真意切。

结尾点题，画龙点睛凸显主题。

欢的衣服，思虑再三，却终究没忍心下手。这背后，不是勤俭，不是铺张，而是浓浓的爱！这爱，不是对我一个人的爱，而是对我们大家的爱，对我们所有人的爱！

她，爱得沉重，爱得艰巨，因为她的背后，是一个家的责任！她，爱得自由，爱得心甘情愿，因为她所有的付出，都是为了她最亲的人。

她，就是我家的“购物狂”妈妈。爱购物成“狂”，更是爱我们成“狂”。

二、与同学互改互评

同学的修改建议

三、自我修改评价

我的评价

四、此次作文评价参考标准

评价参考标准

1. 题目新颖，有意思。（加1★）
2. 内容具体，语句通顺。（加1★）
3. 选择一个典型的事例具体写一个人的特点。（加1★）
4. 紧扣人物的特点展开描写，描写生动形象。（加1★）
5. 结尾点题，表达自己的喜爱之情。（加1★）

14 神奇的探险之旅

鲍明芳

你喜欢探险吗？你读过有关探险的书吗？这次习作就让我们编一个惊险刺激的探险故事吧。

你希望和谁一同去探险？从下面两列人物中各选一个，和你一起组成一支探险小队。

人物	
经验丰富的探险爱好者	好奇心强、性格活泼的妹妹
知识渊博的生物学家	胆子大但行事鲁莽的表哥
见多识广的向导	心细而胆小的同学

你想去哪儿探险？打算带上哪些装备？可能会遇到什么险情？下面的提示供你参考：

场景	装备	险情
茫茫大漠、热带雨林	指南针、地图	遭遇猛兽、暴雨来袭
海中荒岛、幽深洞穴	饮用水、食物	突发疾病、断水断粮
南极冰川……	药品帐篷……	落石雪崩……

准备好了吗？快开始我们的探险之旅吧！

写的时候要展开丰富合理的想象，把遇到的困境、求生的方法写具体，如果能把心情的变化写出来就更好了。

写完后，认真修改自己的习作。如果有兴趣，可以续编你的探险故事。

一 对话名师，明确要求

星星：神奇的探险之旅，这个题目太有意思了。老师，是不是应该先确定一个主人公？

老师：是的，你读过的探险故事里都有些怎样的人物呢？别急，老师还在这里为大家准备了一些候选人物（见习作要求），大家可以选择或自主创作一个角色。

文文：我决定在第一列的“神队友”中选择知识渊博的生物学家，这样探险成功的可能性大一些。

老师：有了人物，我们还得确定一下去哪里探险，带上哪些装备。

星星：我想到海中荒岛去探险。我想想鲁滨孙一个人在荒岛上生活需要的东西，要帐篷、食物、指南针、地图、小刀，还要有把枪对付野兽，有手电筒夜里可以照明。

老师：你考虑得真周到，你有没有发现刚才在准备物品的时候，其实已经考虑到将会遇到的险情，如野兽攻击、缺少食物、迷失方向等。除了这些，我们还要考虑得更周密一些，主人公将会面临很多意想不到的挑战，我们就要注意了，选择其中一个困难考虑详细。如可以按这样的思路来考虑：主人公遇到什么困境——怎样克服困难——发生什么意外——如何解决危机。

星星：老师，怎样才能把主人公求生的经过写具体？

老师：克服困难的过程和求生的历程两者是一致的。在这过程中，主人公遇到困难要想办法，要动手解决问题，要和朋友讨论，心里还会有想法，有情绪波动……你看，你是不是一下子想起很多了？

文文：是的，我真的好像感受到探险中的“我”的恐惧了。

二 对话课文，感悟表达

老师：我们先来回顾第六组的课文，看看课文中的人物遇到了什么困境。

星星:《田忌赛马》中的田忌是因为赛马比赛赢不了。

文文:《跳水》一课中船长的儿子为了追猴子拿回帽子，爬到桅杆顶端的横木上，如果摔下来，就是悲剧了。

老师：那么，又是怎样解决困难的呢？

星星：田忌是听从了孙膑的主意赢了赛马，船长让他儿子跳入水中安全得救。

老师：是的，这样的事情，作者又是怎样写精彩的呢？我们不妨借助下面的表格，看看你能找到哪些习作秘密。

课文	开头内容	遇到困难段落	解决办法段落	人物心情变化
《田忌赛马》	介绍田忌	第 2 自然段	第 3—14 自然段	田忌：不动声色　微微一笑　满意地笑了
《跳水》	事情起因	第 2—4 自然段	第 5—6 自然段	水手：哈哈大笑　大笑　笑得更欢　吓呆了

星星：我发现了，开头段可以介绍解决困难的那个人，也可以直接从事情的起因开始写。

文文：我这里有个疑问，到底是把困难写详细还是把解决办法写详细？这两篇课文不一样。

老师：文文的这个疑问恰恰不是疑问，反而是她的发现。困难和解决办法正是这篇文章的重点，到底哪个写得更详细，要看具体的事情。有些困难是摆定在那里的，讲清楚，让读者明白即可。有些困难是随着事件发展的，就像《跳水》中，随着小孩子越爬越高，困难越来越大，就要把这个经过写具体。因此，这里就有三个自然段了。

星星:《田忌赛马》这一课，田忌的心情变化预示着比赛结果，这个我理解。《跳水》为什么是水手的心情变化呢？

老师：水手的心情变化中最多的描写是水手的笑，正是这笑声推动着故事情节的发展，使猴子和小孩的矛盾不断激化，最后小孩处于危险之中。大家再读读课文，你会发现小孩子的心情也是在变化的。你能找到吗？

文文：我找到了，是这些："只有那个孩子哭笑不得""孩子气得脸都红了""孩子气极了""两条腿不由得发起抖来""孩子心惊胆战"。我发现这些心情也正暗示着事情的发展。

我感悟的方法

三 对话高手，学习方法

认识一下作文高手童威宁。

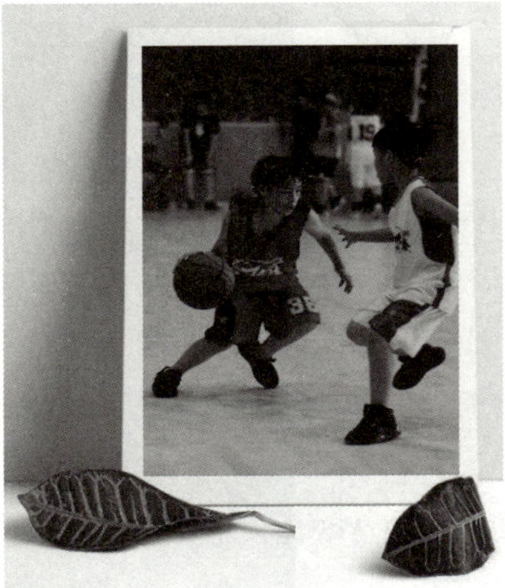

他，打得一手好乒乓，爱看书，爱学习，更爱打篮球，已经坚持打了四年的篮球，梦想有一天能踏入清华大学之门。他，喜欢和同学们玩乐，喜欢收藏各种有趣的东西，更爱写作文，多篇作文在报刊上发表。

熊出没

童威宁

我和生物学家表哥来黄果树瀑布考察生态环境，没想到过河的时候桥塌了。我们俩往下掉，结果穿过瀑布，竟然掉进了一片原始森林。

我们又饥又渴，天渐渐暗了下来，似乎森林里的每一棵树下都有一个红眼怪在等着我们。周围出奇地安静，静得可怕，一点风吹草动的声音都没有。“我……我们快走吧！”我心惊胆战地说，连大气也不敢出。我紧紧地跟着表哥，仿佛一离开他就会有怪物把我吃掉。

森林里的迷雾越来越重，深幽得让人打寒颤。

吃了点背包里的饼干，我们继续赶路。每走一段路，我们就在树上做个“十”字记号，以防我们在原地打转。

当我刚在树上做好第二个记号时，一只黑熊不知什么时候冒了出来，它正迈着悠闲的步子向我们走来。我大惊失色，连忙往地上一躺，想装死骗过黑熊。表哥连忙走过来扶起我说：“熊是杂食动物，死的活的通吃。”“啊？书上是骗人的？”我一骨碌地爬了起来。

那只熊越走越近，不时用鼻子嗅几下。我们能感觉到它那黑洞洞的眼睛正看着我们，表哥小声地说：“别管它的眼睛，它是近视眼。我们慢慢后退，尽量不要引起它的注意。”

那只熊东嗅嗅西闻闻，好像在寻找什么东西。它身躯庞大，每走一步都是那么缓慢。奇怪的是它总是不停地用鼻子在嗅什么，就像探测仪在找地雷一样。

星星的点评

开门见山，直接点明探险的人物、起因以及遇到的困境。

这些语句写出了我当时害怕的心情。

环境描写是必不可少的。

险情出现了。求生方法之一是装死，体现了“我”的胆小。

熊的特点有些是直接描写，有些是通过表哥介绍。

第一处“好像”是推测熊的活动，第二处是用比喻形象写出熊嗅觉灵敏。

它闻到我们的气味了？我开始后悔自己总是懒得洗澡，妈妈说我总是有汗馊味。不对，熊怎么会喜欢汗馊味呢？

头上发出了“簌簌”声，一只松鼠快速跳过树梢，一个松果扑哧一声掉在我的背包上。我用手一摸，忽然我想起来了，我的包里还有一只鸡腿，这是我的午餐呢。难道黑熊冲着鸡腿而来？要知道它的视觉不行，嗅觉是超级灵敏的。

松鼠的出现使眼前的困境出现了转机，机灵的“我”想到了用鸡腿来对付黑熊。

我看了表哥一眼，用手指了指背包，又做了个啃鸡腿的动作。表哥似乎明白了我的意思，他悄悄地走到我的背后，拉开拉链，然后轻轻地取出鸡腿。只见他转身，举手，投掷，鸡腿完美地呈现一条抛物线，落在黑熊背后的不远处。

连续使用动词，写出表哥镇静地解决了困难，不愧是生物学家。

黑熊笨拙地转过身子，它像小孩子一样一屁股坐在地上，然后在地上抓起鸡腿。我和表哥相视一笑，表哥拉开他自己的背包，从里面拿出一个汉堡，放在我们站立的不远处。这是给黑熊的奖赏——不追我们的奖赏。

黑熊吃鸡腿，一个美好的结局。

我们快速地撤退。森林远处的迷雾竟然在慢慢地散去……

“迷雾”呼应第三自然段。

星星梳理的思维导图：

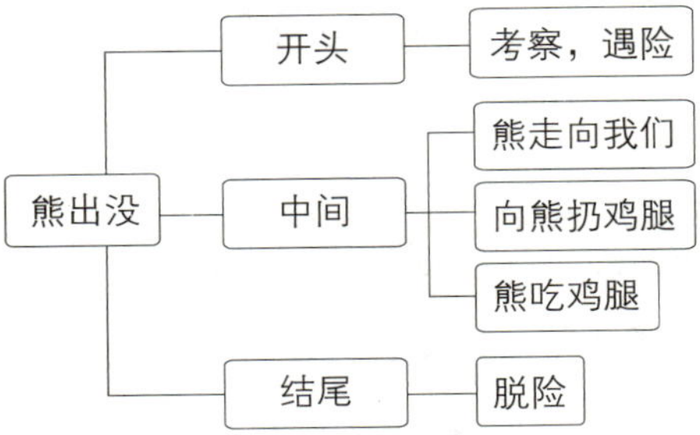

星星：童威宁，我认真地欣赏和梳理了你的作文。我发现你的探险之旅除了像一般的文章一样按照事情发展顺序写清楚以外，还有吸引读者很重要的一点是你写的求生方法非常奇特。

童威宁：星星说得对，我先是按照事情发展顺序写的。我确定困境是写如何逃离熊掌，开始是走为上计，准备逃走的。后来觉得有点无聊，心想找个巧妙的办法，于是想到了用鸡腿吸引熊，我自己都觉得这个方法很有意思。

文文：童威宁，我想问你，你怎么知道熊这么多的习性的？

童威宁：我透露一个小秘密，写探险之旅是需要一定的知识储量的，当我们一时不知道特性或者找不到解决办法时，往往要借助网络检索相关资料。就像我在写熊的特点的时候，它是近视眼但是嗅觉灵敏等特点都在网络里验证过的，不能随便瞎编。

星星：我还发现你把自己的心情变化也写出来了。是这样吗？

童威宁：是的！不仅如此，我的心情经历了害怕——后悔——喜悦的过程，也就是说，心情是随着情节的变化而变化的。

我的发现

四 对话佳作，开拓思路

热带雨林探险记

童得亿

见多识广的生物学家黄叔叔，带领我和表哥，向着危机四伏的热带雨林出发冒险。

雨林里到处都是高大的树木，因为这时正是雨季，再加上湿热的气候，所以小路泥泞不堪，每一步的行进都变得异常艰难。黄叔叔拿出指南针，带领我们小心翼翼地前进。

这时，我突然感到自己的脚下好像踩到了一根树枝，低头一看，我忍不住叫了出来：“啊！是条蛇！”我们连往后退了几步，黄叔叔说：“蛇头是三角形的，这是条毒蛇！”我刚刚那一脚似乎激怒了它，使它弓起自己的身体，上半身悬空着，下半身伏在地上，摆出一副随时准备攻击我们的架势。可大胆并鲁莽的表哥不以为意：“蛇有什么好怕的，从后面抓住蛇的脖子不就好了吗？”黄叔叔回应道：“这可没有你想的那么简单，还是绕道走比较安全。”

说着，我们便一边退后，一边找别的道路。在退后的过程中，我的目光始终停留在那条毒蛇上，它不时发出“嘶——嘶——”的声音，我都能听到自己的心脏一上一下地快速跳动着。

渐渐地，夜幕降临，我们顺着一条路来到河边。“天马上就要黑下来，猛兽要出动了，”黄叔叔说，“我们不能再前进了。”随后，我们在河边搭起了帐篷，又找来较干燥的树枝生火。今天晚上，由黄叔叔、表

文文的点评

开篇点题，指出作者要写的是热带雨林探险，同时还确定了探险的队友。

这句话写出了环境的恶劣，增加了探险的难度。

不经意间，就描写出探险小队遇到的第一个危险——毒蛇。

通过语言描写，充分地展现了队友的性格特点。

巧抓心理，体现作者十分紧张、害怕。

哥和我三个人轮流看守。当我睡得正香时，表哥突然叫道：“鳄鱼！有鳄鱼！”我猛地睁开眼睛，只见鳄鱼的上半身就在表哥面前。黄叔叔一声“快跑！”让我一下子清醒过来。可是，鳄鱼已经向表哥张开了血盆大口，可表哥居然还想伸腿将鳄鱼踢回水里。哎，表哥真是胆子太大了！要不是黄叔叔和我赶紧把表哥拉回来，表哥可就一命呜呼了。

描写了探险小队遇到的第二个危险——鳄鱼。同时，通过动作描写淋漓尽致地展现了表哥十分胆大而鲁莽的形象。

这时，天空泛起了鱼肚白，马上就要天亮了。我们补充了食物，继续向前走。终于，我们到了安全地带，找到了公路，搭车回到了大本营。

我爱这热带雨林原始的环境，更爱探险带来的惊险刺激！

探险顺利结束，安全回到大本营。

结尾表达了作者的感情，既呼吁人们热爱大自然，又总结了探险十分惊险刺激。

文文梳理的思维导图：

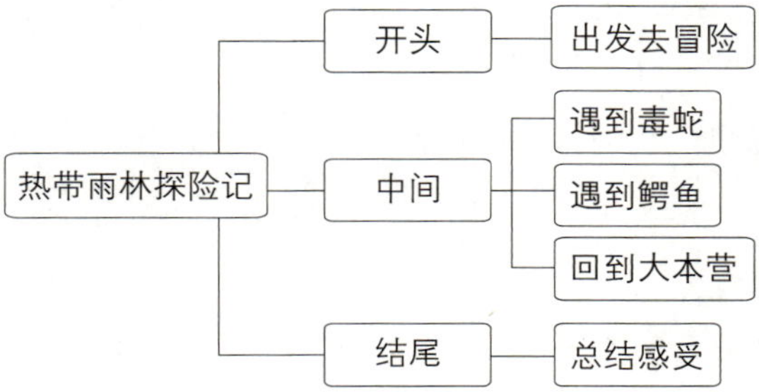

沙漠求生记

王奕凯

因为直升飞机失事，我和最要好的伙伴王麒凯不得不跳伞逃生，当我们降落时才发现，居然降落在一片大沙漠上！眼前除了沙子还是沙子，无边无际，热浪不断地向我们袭来，鞋子踩在沙堆上似乎要融化了。

“我们再这么走下去，非中暑不可，得想点办

星星的点评

（我能帮星星补充完整余下部分）

开头介绍了遇到的困境，跳伞逃生降落在沙漠，现在要对付沙漠的炎热。

法。”王麒凯抹了抹脸上的汗，坚定地说。可是目光所到之处，只有沙子和高高的仙人掌，哪里有阴凉的地方！

突然，他笑着说：“我看见有个帐篷，我们快过去吧！”说完就把自己用过的降落伞拿了出来。

“不用这么麻烦。”我一把夺过他手中的降落伞，抓起其中一个角，像头巾一样披在头上，只露出了两只眼睛。

“就像我这样。”

“好。”

他拿起另一半的降落伞，在我的帮助下，也和我一样装扮起来。但是，没走几步，我就知道这方法有多愚蠢，竟然比原来增加了几分闷热。汗水顺着我的脖子往下淌，我都可以感觉到它流淌的路线。

“这个方法不是长久之计，”王麒凯说，“我们还是利用降落伞搭一个帐篷，白天乘凉，晚上在里面过夜。”

“可是，搭帐篷用的杆子在哪里？”

“你瞧，不是现成的吗？”王麒凯指着巨大的仙人掌说。

我一看，这里有一簇巨大的仙人掌群，四五棵围在一起，中间恰好有一块空地。真是最佳的休息营地！

我们立刻行动起来，我和王麒凯一起合作把降落伞拉开。这是一顶圆顶的降落伞，伞面红绿相间，在单调的沙漠里是那么显眼。王麒凯熟练地拉起一根伞绳，绕到最近的一株仙人掌后面，把绳子绕了一圈，再绕回来，又缠上一圈。我也学着他的样子做起来，小心地把绳子绕过去，“哎哟，好疼！”我不小心碰到仙人掌的尖刺了。王麒凯笑着说：“仙人掌看你这么能干，要亲密接触你一下。”我摸了摸被扎红的手指，继续干活，这可不是撒娇的时候。

五根绳子全部绑牢了，终于，我们用自己的双手创造出了一个阴凉的世界。王麒凯从腰包里掏出一把折刀，在仙人掌上割开一道口子，我连忙把杯子放在下面接住滴下来的汁水，喝了一口，犹如一股清冽的泉水流入心田，再也没有比这更解渴的东西了。

休息了一会儿，王麒凯从包里掏出一面小镜子，对着太阳光不断地晃动着。我知道他这是利用镜子的反光在向高空求救：如果你恰好接收到一束光源了，请你一定要帮助我们……

我能帮星星补充完整余下部分的导图：

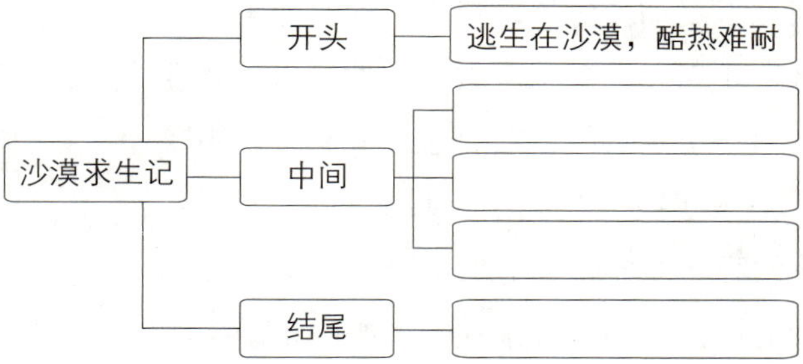

洞穴探险记

朱恒毅

我的点评

我一直都很想去洞穴看看，特别是那些漆黑的洞穴。我和我的好朋友登登，还有一位见多识广的向导，我称他为王叔，我们三人将一起前往洞穴。

在前往洞穴之前，我们先购买了三个矿灯，戴在头上，之后就前往洞穴。

我们挑选的洞穴不是普通的观光洞穴，而是非常神奇的探险洞穴。在进入洞穴之前，王叔嘱咐我们："进去之后，一定要戴好矿灯，才能看清前方的路，遇到危险一定要开闪光灯，我会来救你们的。"我将王叔的话牢记在心。

我们进入洞穴之后，看见到处都是钟乳石和石笋，几只蝙蝠在我们的头顶飞过，有些在岩壁上栖息。我们还听到了流水的潺潺声，只是看不见小溪在哪里。深入洞穴，可以感受到洞穴的地势在慢慢变低，洞口的亮光也慢慢不见了，洞内伸手不见五指。于是，我打开头灯，却发现登登和王叔都不见了，只剩下我一个人。我害怕而又焦急地大喊："王叔，登登！你们在哪里呀？"留给我的只有回声，之后就又陷入了一片寂静中。我沿着原路走了一段，可还是找不到他们，我心里更加着急了，再加上非常恐惧，我差点哭了出来。正当我心灰意冷时，突然传来了登登的声音："我们在这儿呢！"接着，王叔和登登从黑暗中走了出来，进入了我的视线中。我们终于会合了，这时，我悬着的心才逐渐放了下来。

我们继续向前走，洞穴逐渐狭窄，蝙蝠也越来越多了。哪怕是打开了矿灯，前方也是黑压压的一片，怪恐怖的。

我们继续走了一会儿，突然听到洞穴里传来一声巨响，只见一块巨大的钟乳石从岩壁上掉下来，摔成两半，伴随而来的是摇晃的感觉。我们虽然感到恐慌，但只是看了一眼，不敢惊动什么，继续慢慢地向前走。可走了不远，又有一些钟乳石掉了下来，发出巨大的声响，摇晃的感觉更剧烈了些。王叔喊道："快点逃离这个区域！"钟乳石像炮弹一样从我们头上飞落，和我擦肩而过，碎裂在地上，地上满是坑洞和碎石。

为了逃命而不断奔跑的我们终于看见了光明！那是来自出口的亮光，逃离洞穴后我们欢呼雀跃，有种劫后余生的庆幸，真是一次惊险的洞穴之旅！

我梳理的思维导图：

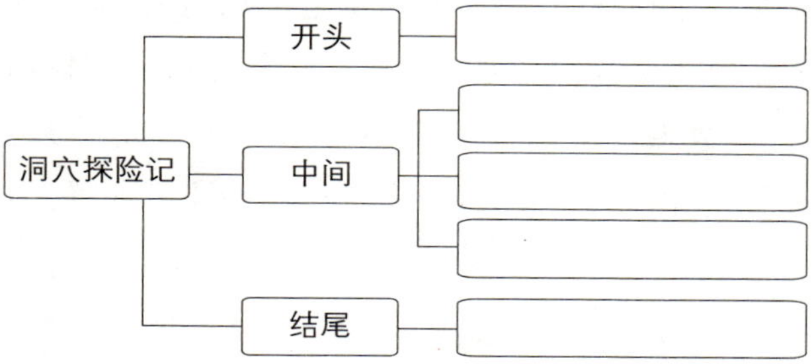

五 对话体验，整理素材

老师：每次节假日都是一次旅行的好机会。要写旅行，真的是去过很多地方呢！上海迪士尼、浙东大峡谷、贵州黄果树大瀑布、长沙玻璃栈道……可是，“神奇的探险之旅”要求编写一个惊险刺激的探险故事，让我们想一想，会考虑同谁一起去哪儿参与探险？会在什么场景遇到什么困难，又是如何化险为夷的呢？

星星：要进行一次神秘的探险之旅，首先要思考去哪儿探险，这个探险的地点奠定了环境氛围，以及将会遇到的危险，可以根据书上的提示和自己的兴趣爱好来选择。

文文：我一直都很想去热带雨林探险，根据热带雨林的自然环境，我可以写在树下遇到毒蜘蛛，在河边遇到鳄鱼，在丛林中遇到毒蛇，在茂密的植物中遇到食人花等。可以运用比喻、拟人、夸张等手法对环境的奇特之处进行重点描写，突出环境的险恶，这样文章就慢慢有了内容，接下去可以想一想自己会和谁一起探险。

星星：是的，面对自己所遇到的危险，想象如果要组成一个探险小队，需要什么样的人。我觉得选择“经验丰富的探险爱好者”和“好奇心强、性格活泼的同学”组成小队，这样效率会很高，一路上也不会寂寞。

文文：选择队友后，要抓住人物的语言、动作等方面的细节，尤其要对能够体现探险惊险的细节进行具体描写。写出人物在探险过程中的细微变化，使故事情节曲折生动。

星星：如果写作时能对人物的心情变化有所把握，这样会使文章条理更加清晰。例如，刚开始探险，心情是兴奋、激动的。在探险过程中，心理由害怕、慌张变成恐惧、更加紧张。探险结束后，豁然开朗。通过对人物思维的把握，可以让探险的故事变得更利于读者理解，对当时的处境感同身受。

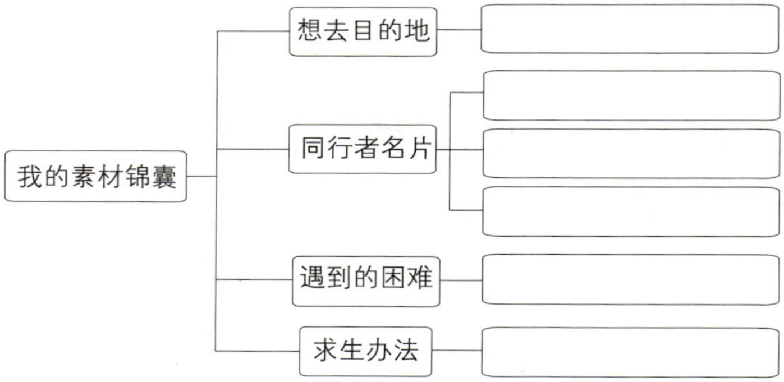

星星：我很想去昆仑山的死亡谷探险，很想经历死亡谷对我的考验。我准备这样构思：

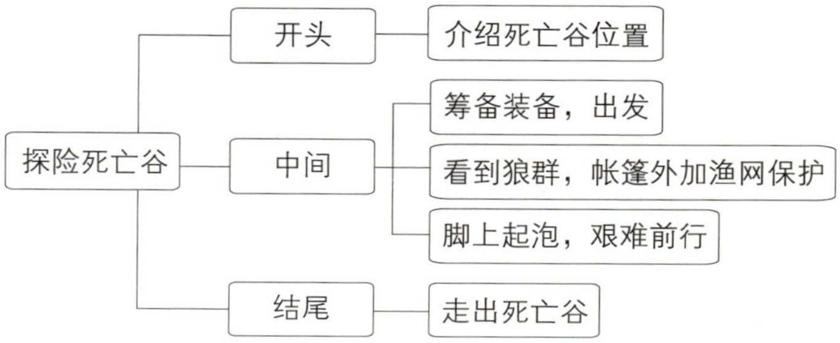

文文：我准备写我和伙伴坐船出海，船翻了，我们被冲到荒岛上。我们团结合作，最终渡过难关，被大船救回的故事。这是我的写作思维导图：

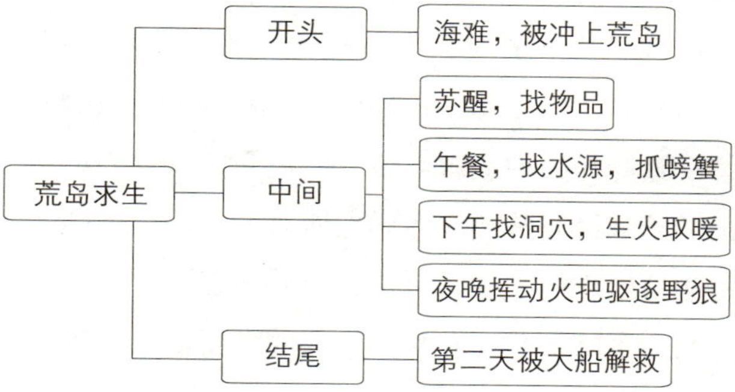

我的思维导图

六 对话积累，激活语言

我收集了许多备用词句，我会根据表达需要选用好词佳段。

一、词语盘点

描写心理的词语：心有余悸 胆战心惊 急中生智 悠然自得 忐忑不安 惴惴不安 欣喜若狂 欢呼雀跃 冥思苦想 心慌意乱

描写环境的词语：崇山峻岭 山高林密 月朗星稀 赤日炎炎 惊涛骇浪 狂风暴雨 风急浪高 飞沙走石 污泥浊水 阴云蔽日

表示人物的词语：自以为是 大智若愚 刁钻古怪 斤斤计较 小心谨慎 疑神疑鬼 瞻前顾后 风趣幽默 成熟稳重 善解人意

二、佳句集萃

1. 那是个偏僻的地方，古老的传说又把那个时刻说得十分阴森可怕。飒飒作响的树叶间妖精在窃窃私语，漆黑的角落里有鬼怪在埋伏，远处又传来深沉的狗叫和猫头鹰的应和，声音仿佛来自坟墓。（通过声音写出一个阴森可怕的环境）——〔美〕马克·吐温《汤姆·索亚历险记》

2. 当木柴已经烧成火种或炽炭时，我把它拿来放在炉子上面，把炉子盖满，让它把炉子烧得非常热；然后把所有的火种统统扫去，把我的面包放在里面，用瓦盆把它们扣住，再把瓦盆外面盖满火种，一方面为了保持热度，另一方面为了增加热度。这样，我的大麦面包烘得非常好，不亚于世界上最好的炉子烘出来的。（把烤面包过程写得详细具体）

——〔英〕笛福《鲁滨孙漂流记》

3. 茫茫冰雪苔原上，已写下它们弯弯曲曲、深深浅浅的迁徙轨迹：它们从北方极地一路南下，却没有像往年那样进入忽尼盖里米尔，而是远远地绕道避开了那横断岩石山，由北折往东南方向……（把眼前的场景写具体，给人画面感）——谢长华《驯鹿苔原》

4. 狂热的叫喊声回荡在会场里。每个人都在呼喊弗格森的名字，我们有理由相信这些英国人的大嗓门肯定会使这个名字传遍英国的大街小巷。会议厅也似乎被这些叫喊声震撼得摇动起来。（描写叫喊声就是在描写胜利的喜悦）——〔法〕儒尔·凡尔纳《气球上的五星期》

5. 清晨，他躺在床上回想昨天遭遇中的那些不同寻常、让他胆战心惊的细节，非常奇怪地注意到，他们仿佛正在越变越模糊，越变越遥远，都好像发生在另一个世界，而且是很久很久以前的事了。（回忆往事时的心理活动描写）——〔美〕马克·吐温《汤姆·索亚历险记》

三、精彩首尾

开头：

1. 在我家的对面，有一座延绵不绝的山——大罗山。我时常望着它发呆，期望有一天能够绕大罗山一圈，看看它到底有多大。渐渐地，爸爸看出了我的心思，便决定带着我骑车绕大罗山脉一圈，来个探险之旅。（开

门见山式开头）

2. 要过“六一”儿童节了，淘淘的父母带他去郊外游玩。可是，淘淘在途中与家人走散了，正当他急着寻找父母的时候，一个与他一般高的树洞出现了。从树洞深处发出的奇异光芒吸引了淘淘，淘气不知不觉地走了进去。（梦幻式开头）

3. 魏叔叔是一位经验丰富的探险爱好者，是表哥大学时的老师，表哥是旅游学院刚毕业的高材生，我是一名五年级的小学生，对外面世界充满好奇。我们组成“神奇三人组合”，一起去沙漠探险。（介绍式开头）

4. 直升机降落在地上，我们走下机舱。眼前是一片新绿，放眼望去是郁郁葱葱的树木，耳畔是鸟儿叽叽喳喳的叫声。（描写式开头）

结尾：

1. 人类因探险而富强，生活因探险而美丽。拥有一份勇于探险的精神，是很重要的。世界需要探险，生活需要探险，发展需要探险，只有探险才有创新！（议论式结尾）

2. 这次探险，虽然途中我们遇到了许多危险，但我明白了一个道理：遇到困难不能退缩，只要一步一个脚印，就能抵达成功的彼岸。（感悟式结尾）

3. 过了许久，我们终于找到了源头，大家都很高兴，我突然感觉到脚边有什么软软的东西在动，我大叫了一声：“啊，蛇！”“哈哈……”我一旁的小伙伴突然大笑道：“这是我的手指呀，哈哈！”周围的小伙伴们都笑了，这次探险就在众人的大笑中结束了。（情景式结尾）

4. 在这次探险之旅中，我遇到过蛇、狼、食人鱼和豹子，但是我们都成功躲过了，是团队合作让我们都活了下来。我明白了团队的力量是最大的，一定要互帮互助。（总结式结尾）

七 对话自我，升格提优

一、左右对比，巩固写作要点

原文：

神奇的探险之旅

顾于涵

在家里可真无聊，要不就来一次盛大的探险之旅吧！说干就干，我连忙找到我最好的朋友——小怡，决定和她一起出发，准备好装备我们就出发了。

走呀走，走了三天三夜，我们终于来到了大沙漠，沙漠荒无人烟，连一棵树木都看不见。我非常激动，但是小怡有些害怕：“小顾，我们还是回去吧。如果刮起一场沙尘暴，我们就很难再回去了。”我说：“不行，好不容易来了这，又要回去，不太好吧！”于

提升点：

开篇点题，确定探险地点。

作者通过安慰小怡，并劝她继续前进，可以展现出作者和小怡的人物形象。

升格文：

沙漠探险之旅

顾于涵

在家里可真无聊，要不就来一次奇特的探险之旅吧！说干就干，我连忙找到我最好的朋友——小怡，决定和她一起出发。准备好水、指南针后，我们就前往充满未知的沙漠，真是令人兴奋。

走呀走，走了三天三夜，我们终于来到了大沙漠，沙漠荒无人烟，连一棵树木都看不见。马上就要接受挑战了，我非常激动，但是小怡有些害怕：“小顾，我们还是回去吧。如果刮起一场沙尘暴，我们就很难再回去了。”虽然这里很危险，但我不想这么快放弃，便劝说小怡一起探险，为我们留下一段难忘的回忆。小怡终于答应了，于是我们继续前进。

走了不远，水都喝光了，眼前还是一片沙漠。我摇了摇水杯，只剩下最后一小口，感到很绝望。又看到小怡已筋疲力尽，快挺不住了，我心灰意冷，并且责怪自己为什么要带小怡

是，我们又一起走了起来。

走了不远，水都喝光了，眼前还是一片沙漠。小怡快挺不住了，我摇了摇水杯，希望可以摇出一点儿水来，可是就是摇不出来。

这时正是中午，太阳在头顶上发出强烈的光，可恶的老雕在我们头顶盘旋，小怡倒下了，我也挺不住了，后悔当初不听小怡的话。太阳的光刺得我眼冒金星，我倒在沙漠里，仿佛看见了天堂。

我迷迷糊糊醒了过来，一看，原来是考古学家发现了我们。小怡也醒了。考古学家把我们送回了家，我们终于脱险了！

这次探险之旅真险啊！

通过心理描写表现环境的恶劣。

描写出当时危险而又无能为力的情景。

运用语言描写，更加生动地展现了考古学家的人物形象。

一起来冒险，真是后悔极了。

这时正是中午，太阳在头顶上发出强烈的光，可恶的老雕在我们头顶盘旋，小怡倒下了，我也挺不住了，后悔当初不听小怡的话。眼看我们马上就要成为老雕的盘中大餐，可是我却没有半点力量与老雕抗衡。太阳的光刺得我眼冒金星，我倒在沙漠里，仿佛看见了天堂。

我慢慢醒了过来，感受到嘴角有一丝湿润，逐渐睁开眼睛后，我看到了绿洲，天啊，这不会是海市蜃楼吧！我坐了起来，发现小怡就躺在我的身边。我刚想叫醒小怡，“你好，小朋友，我是一名考古学家，正在沙漠寻找文明古迹，意外地发现了你们，在老雕对你们下手之前，成功地救了你们。”考古学家微笑着对我们说，“不用担心，你的朋友只是暂时昏迷。你可以在绿洲边休息一下，等你的朋友醒了，我就用骆驼将你们送回家。”原来，这里真是绿洲，太感激这位热心的考古学家了，要不是他，我和小怡早就成了老雕的美餐，现在想想都后怕。小怡终于醒了，考古学家送我们回了家。我们终于脱险了！

这次探险之旅告诉我，没有充分的准备可不能贸然行动啊！

二、与同学互改互评

同学的修改建议

三、自我修改评价

我的评价

四、此次作文评价参考标准

评价参考标准

1. 内容具体，语句通顺。（加 1 ★）
2. 开头根据要求交代清楚探险的背景。（加 1 ★）
3. 探险过程具体生动。（加 1 ★）
4. 有具体的可以解决困难的方法。（加 1 ★）
5. 要写出探险人物的内心感受。（加 1 ★）

15 中国的世界文化遗产

伍雪

你游览过宏伟的北京故宫吗？你知道美丽的敦煌莫高窟吗？你对秦始皇陵兵马俑感兴趣吗？这些令中国人骄傲的世界文化遗产，凝结着我们祖先的汗水和智慧。

从中国的世界文化遗产中，选择一处你感兴趣的介绍给别人。

搜集资料：

有目的地搜集相关资料，如历史资料、基本现状。

把资料来源记录下来。

整理资料：

根据要介绍的内容分类整理资料，如描绘外观和结构的，记录历史变化的，讲述相关故事的。

筛选资料，剔除无关信息。如果资料不够完善，可以继续搜集、补充。

撰写：

将整理后的资料用自己的话写下来，也可以引用别人的话，但要注明资料来源。

可以使用图片、表格等辅助形式。

写完后，和同学交流，互相评一评介绍得是否清楚，再根据同学的意见进行修改。

一 对话名师，明确要求

星星：老师，这次作文要求我们选择一处感兴趣的中国的世界文化遗产写一篇习作，我应该选哪个地方来写呢？

老师：中国历史文化遗产是古代劳动人民智慧和汗水的结晶，它们不但有着美丽或者独特的景观，更承载着中华民族的历史和文明。至2020年1月，中国共有55个世界文化遗产项目，这些世界文化遗产都可以作为我们介绍的对象。在选取材料时，我们除了要对外观和建筑结构的相关内容进行整理选择外，还需要保留一些相关的历史资料，这样才能体现中心。

文文：那我选择了一处世界文化遗产之后，接下来怎样才能写好这篇文章呢？

老师：介绍我国的一处世界文化遗产，我们会理所当然地想用到写景记事的方式来表达，如果这类文体你十分擅长，当然可以这样写。此外，我们也可以根据收集的资料让自己化身小导游，把文章创作成导游词，让读者变成倾听的游客。除了以上形式，我们还可以用调查报告或者解说词的形式介绍。在确定好写作中心后，要根据表达需要对材料进行取舍。因为每一处文化遗产都包含很多方面的内容，在介绍时不可能面面俱到。

星星：写作时有什么要注意的地方吗？

老师：向大家介绍一处世界文化遗产，搜集资料和整理资料是关键，将整理后的材料用自己的话写下来是难点。收集资料要有明确的目的，既要洞察过去的历史，也要了解现在的基本状态。在整理资料时要注意分门别类，呈现资料的方式要灵活，不拘一格。千万不要变成纯粹的资料堆砌或者对自己的活动和感受强调过多，导致对对象的介绍弱化了，变成了叙事作文。

二 对话课文，感悟表达

老师：我们先来学习第七组课文，了解作者是如何介绍一个地方，不同的内容分别用的是不同的呈现方式，我们可以借鉴哪些表达方法。

星星：在《威尼斯的小艇》一文中，作者先介绍了小艇的作用和外观，再从船夫行船速度快，能穿过极窄拥挤的地方，能平稳极快地急转弯这三方面来介绍船夫驾驶技术好，最后描绘了小艇与人们生活的密切关系。

文文：是的，你发现了吗，作者通过描写外观、讲述见闻等方式把威尼斯独特的异国风情呈现在我们眼前，真美啊！

老师：我们再来研读《牧场之国》《金字塔》等课文，寻找作者写作的秘诀。

星星：我喜欢《牧场之国》。文中有很多有趣的拟人句和比喻句。比如，牛群吃草时非常专注，有时站立不动，仿佛正在思考什么。牛犊的模样像贵妇人，仪态端庄。老牛好似牛群的家长，无比尊严。我还知道了作者通过动静结合、描述见闻等方法来介绍牧场上的牛、骏马、羊、小鸡、猪和人们的活动。

文文：你看得很仔细！我发现《金字塔》是由两篇短文组成的，且各有各的特点。《金字塔夕照》是一篇写景记叙文，通过描写、思考和抒情相结合的写作手法，为我们描绘了大漠夕照中金字塔的神奇豪迈。而《不可思议的金字塔》是一篇非连续性文本，作者采用说明文的形式，简单客观，一目了然。

我感悟的方法

三 对话高手，学习方法

认识一下作文高手储泽轩。

他，爱唱歌，爱运动，更爱看书，喜欢吹奏乐器。他已经通过了葫芦丝九级考试，又在学萨克斯。梦想着当上科学家，为那些被疾病困扰的人带去福音。他，喜欢跟同学们聊天，更喜欢读古诗词，在同学们眼中是班级的“领头者”。他的写作水平在班级中也是名列前茅，已有多篇作文发表。

中国人的骄傲——长城

储泽轩

爸爸答应暑假带我去北京参观万里长城，为了游览时做到心中有数，我提前对它进行了一番了解。

长城是一道高大、坚固而连绵不断的长垣，是古代用来阻隔外族侵略者铁骑的军事防御工程。长城主要分布在河北、北京、陕西、甘肃等 15 个省区市。其中陕西省是中国长城资源最为丰富的省份。根据有关部门的调查显示，明长城总长度为 8851.8 千米，秦汉及早期长城超过 1 万千米，总长超过 2.1 万千米，故有“万里长城”之称。

星星的点评

概括介绍长城分布范围和长度以及名称的由来。

修筑长城是一项大工程，从秦始皇开始，凡是统治中原地区的历代皇帝几乎都要修筑长城。从汉代、晋代直到元、明、清代，都不同规模地修筑过长城。在建筑长城时，秦始皇采用的糯米汤和普通砂浆混合制成的建筑材料叫“糯米砂浆”。正是这种珍贵的建材才使万里长城在两千多年的漫长岁月中屹立不倒。而“糯米砂浆”，还与我们现在的混凝土有着异曲同工之妙。

介绍长城修筑历史和长城屹立不倒的原因。特别介绍“糯米砂浆”的成分，与现代混泥土相似。体现古代劳动人民的智慧。

值得一提的是八达岭长城。它是明长城中最具代表性的一段，是居庸关的前哨。海拔高度大约1015米，是明代重要的军事关隘和北京的重要屏障。八达岭长城位于北京延庆县，是开放最早的一段长城，城墙全长 3741 米。八达岭长城的战略地位非常重要，所以这一段长城的修筑工程非常宏大。城墙高大坚固，是用巨大的条石和城砖筑成的。城墙顶上铺着方砖，十分平整，像很宽的马路，五六匹马可以并行。城墙外有2米多高的成排的垛子，垛子上有方形的瞭望口和射口。瞭望口主要作用是观察敌情，射口主要用来射击，消灭敌人。城墙顶上，每隔300多米就有一座方形的城台，是屯兵的堡垒。打仗的时候，城台之间可以互相呼应。城墙随着山峰的走势，蜿蜒起伏，犹如巨龙盘绕。

通过列数字、打比方、作比较等方法说明城墙顶的宽阔。

重点介绍八达岭长城的结构和作用。

长城是当今世界上最长的防御性城墙，1987 年被联合国教科文组织列入“世界文化遗产名录”！

一番了解后，我不禁感慨万千。长城不仅是我国古代劳动人民智慧和力量的象征，它更体现了中华民族的伟大力量和坚强意志，是中国古代文明光辉灿烂的瑰宝！

高度赞扬长城的历史地位和价值。

星星梳理的思维导图：

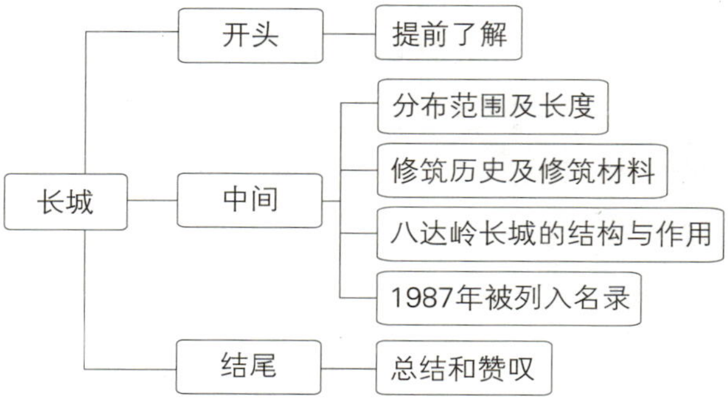

星星：储泽轩，我认真欣赏了你的作文，还梳理了文章的思维导图。我发现你是按照“总—分—总”的方式来写的，对吧？我想问你，你为什么选择这些材料来写呢？

储泽轩：是的，你读得真细心！我先是概括介绍了长城分布范围和长度。我查阅了相关资料，发现原来在秦汉的时候长城就超过万米长了，真令人惊讶！长城不仅长而且历史悠久。我发现从秦汉到现在每个朝代都有修筑。我想知道这么大的工程怎么保存2000年不倒呢？然后我知道了“糯米砂浆”是长城屹立2000年不倒的原因。之后，我将长城中最富有代表性的八达岭长城的结构和作用做了介绍。结尾总结概括，抒发了我对长城的赞叹敬仰之情。

文文：你能告诉我们，你是怎样搜集、整理资料的吗？

储泽轩：我首先去图书馆查阅图书资料，然后又通过互联网搜索到许多长城的知识，最后还请教了不少亲自去过长城的亲戚朋友，采访他们印象最深的是什么。我发现几乎所有去过的人都谈到了八达岭长城，所以我决定对八达岭长城做比较具体的介绍。写之前，我先做思维导图设计好文章大致框架，然后我从大量资料中选取了一些自己需要的内容。在描写八达岭长城时我通过列数字、作比较等说明方法把长城写清楚，这样就具体形象了。

星星：真不错！但是有时候我不知道自己有没有把介绍的内容写清楚，

应该怎么办?

储泽轩：让同学们来帮忙啦！我写完后就把文章给同学们看，同学们提出了许多很好的意见，让我受益匪浅。

我的发现

四 对话佳作，开拓思路

北京故宫导游词

徐若涵

大家好！欢迎来到北京故宫。我是你们的导游，你们可以叫我小徐，很高兴接下来的行程我们一路陪伴。

请大家随我来，我们边走边聊。故宫旧称紫禁城，是中国明清两代的皇家宫殿，位于北京中轴线的中心，被誉为五大宫之首。从明成祖永乐四年开建，到永乐十八年建成。占地面积72万平方米，建筑面积约15万平方米。南北长961米，东西宽753米，四周还有高达10米的朱红色城墙，可见当时工程的浩大。

游客们，北京故宫不仅面积大而且有4个气势不凡的大门，称“故宫四门”，分别为午门、神武门、东华门、西华门。现在我们看到的大门就是午门。午

文文的点评

以导游词开篇，与游客互动。

介绍建筑历史和建造规模。

门是故宫的正门，俗称五凤楼。它的东西北三面以12米高的城台相连，像一个正面广场。正中有重楼，是9间屋子宽的大殿，在左右伸出两堵墙上，还建有4座楼阁，有宽敞明亮的走廊连接。

介绍四门之首的午门。

走过午门，现在我们来到了神武门。神武门在明朝时为“玄武门”。这是为什么呢？玄武是古代四神兽之一，因玄武主北方，所以帝王宫殿的北宫门都取名“玄武”。清康熙年间因避讳才改称“神武门”，神武门有最高等级的重檐式屋顶，但大殿只有五开间加围廊，所以比午门低一个等级。

介绍神武门名称、来历以及它的结构。

请大家跟我来，站在这里能看到东华门、西华门。东华门、西华门遥相对应，门外建有下马碑石，门内有金水，桥北为三座门。它们形制相同，平面的矩形，红色的城台加上白玉须弥座，显得非常壮观。

简单介绍东华门、西华门的形制与构造。

游客朋友们，我的讲解到此为止了。故宫里还有许许多多值得游玩的地方，接下来将由导游小王代替我陪伴大家，祝大家游玩愉快！

以导游词的形式结尾，呼应开头。

文文梳理的思维导图：

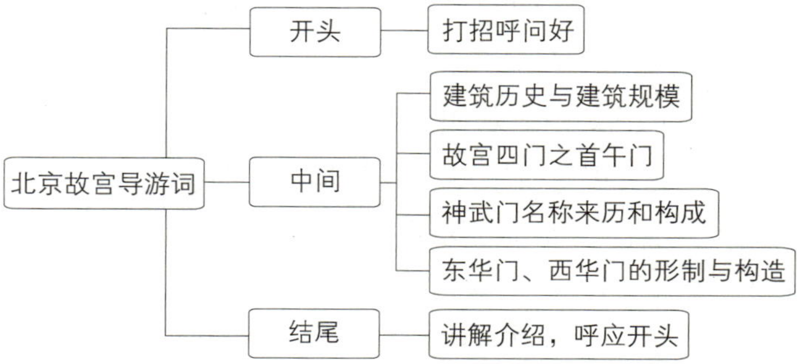

关于苏州园林的调查报告

李夏泉

一、提出问题

我是一个小小建筑迷，对苏州园林的建筑向往已久。这次寒假我对苏州园林的建筑和艺术特点做了一次调查和研究。

二、调查方法

1. 到图书馆查阅相关书籍，了解苏州园林的建筑历史和艺术特色。

2. 上网浏览苏州园林图片，了解其现状。

3. 访问到过苏州园林的亲戚、朋友，倾听他们的讲述。

调查情况和资料整理

信息来源	调查方面	具体内容
书籍、报刊	了解苏州园林的建筑历史、艺术特色	苏州古典园林始于春秋时期吴国建都姑苏时，形成于五代，成熟于宋代，兴旺鼎盛于明清
上网查阅	现状	现保存完整的有60多处，对外开放的有19处，主要有沧浪亭、狮子林、拙政园、怡园等
姑丈的讲述	地理位置和气候特征	位于山水秀丽的江苏省，气候温润，四季分明

三、研究结论

1. 苏州园林享有“江南园林甲天下，苏州园林甲江南”的美称，被誉为“咫尺之内再造乾坤”。苏州古典园林的建筑历史很悠久，始于春秋时期吴国建都姑苏时，形成于五代，成熟于宋代，兴旺鼎盛于

星星的点评

交代了调查研究的目的。

写清楚了研究的具体方法。

对搜集的资料进行分类整理。

针对研究的目的，分条列数得出的结论，简洁、清晰、明了。

明清。到清末苏州已有各色园林170多处，现保存完整的有60多处，对外开放的有19处，主要有沧浪亭、狮子林、拙政园、怡园等。

2. 苏州园林以“四大名园”闻名于世，这其中首推拙政园。它位于苏州娄门内，是苏州最大的一处园林，也是苏州园林的代表作。它的建筑布局疏落相宜、构思巧妙，风格清新秀雅、朴素自然。它的布局主题以水为中心，池水面积约占总面积的五分之一，各种亭台轩榭多临水而筑。

3. “四大名园”之外的沧浪亭，是苏州最古老的一所园林，其造园艺术与众不同，未进园门便设一池绿水绕于园外，园内以山石为主景。进门迎面一座土山，沧浪石亭便坐落其上。山下凿有水池，山水之间以一条曲折的复廊相连。假山东南部的明道堂是园林的主建筑，此外还有五百名贤祠、看山楼、翠玲珑馆、仰止亭和御碑亭等建筑与之映衬。

4. 苏州古典园林在世界造园史上有其独特的历史地位和价值，以写意山水的高超艺术手法，蕴含着浓厚的中国传统思想和文化内涵，是东方文明的造园艺术典范。

星星梳理的思维导图：

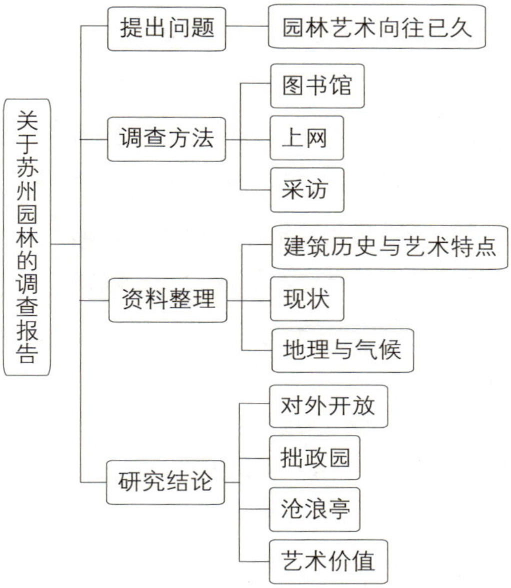

敦煌莫高窟

童贝儿

我是一个小小画谜，对敦煌壁画神往已久。这次，我终于有幸怀着激动的心情参观了敦煌莫高窟。

敦煌莫高窟，俗称千佛洞，坐落在河西走廊西端的敦煌。历经数个朝代的兴建，已经形成了巨大的规模。现有洞窟735座，壁画4.5万平方米、泥质彩塑2415尊，是世界上现存规模最大、内容最丰富的佛教艺术圣地。

莫高窟始建于十六国时期，据唐《李克让重修莫高窟佛龛碑》一书的记载，前秦建元二年（366），僧人乐尊路经此山，忽见金光闪耀，如现万佛，于是便

我的点评

在岩壁上开凿了第一个洞窟。此后法良禅师等又继续在此建洞修禅，始称“漠高窟”，意为“沙漠的高处”。后世因“漠”与“莫”通用，便改称为“莫高窟”。

莫高窟开凿于前秦建元二年（366），至元代基本结束，其间连续近千年的不断开凿，使莫高窟成为集各时期建筑艺术、壁画艺术、彩塑艺术、石刻艺术为一体的佛教艺术宝库。建筑艺术主要表现在石窟的形式多种多样，包括禅窟、殿堂窟、塔庙窟、穹隆顶窟、影窟等，反映出多种文化的融合与发展。彩塑艺术主要反映在对佛、菩萨、弟子、尊神等佛教人物造像上，主要形式以圆塑、浮塑和影塑为主，风格也随时代变迁而迥然不同，被世人称为“形象历史博物馆”。

壁画艺术是莫高窟最为精髓的部分，是一部直观且丰富的文化史，更被誉为“墙壁上的图书馆”。石窟壁画富丽多彩，有各种各样的佛经故事、山川景物、亭台楼阁等，还有建筑画、山水画、花卉图案、飞天佛像以及当时劳动人民进行生产的各种场面等，是十六国至清代1500多年的民俗风貌和历史变迁的艺术再现。

游走在莫高窟各个洞窟之间，精美的画像、艳丽的色彩，给我留下了难以磨灭的印象。啊，敦煌莫高窟，你是中华民族发达文明的象征，更是中国古代美术史的光辉篇章！你不仅为艺术家们提供了丰厚的艺术养分，更为历史学家们提供了无比珍贵的研究史料。

我梳理的思维导图：

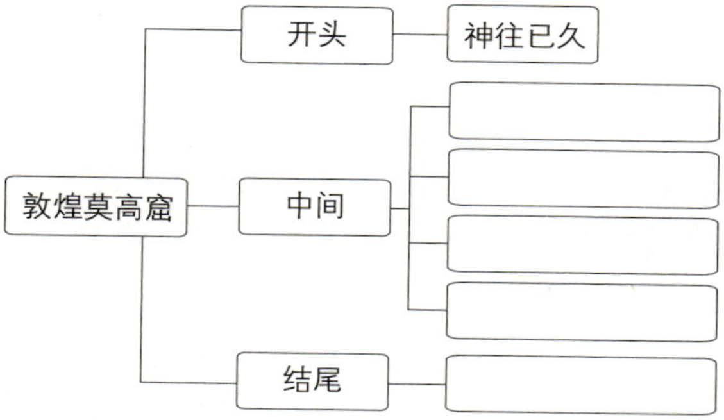

五 对话体验，整理素材

老师：我国是著名的文明古国。源远流长的历史使中国继承了一份十分宝贵的世界文化遗产，它们是人类的共同瑰宝。那么，我们应该写什么？怎么写呢？我们先和小伙伴们来讨论讨论自己的想法吧！

星星：我发现习作要求有“游览”“知道”“感兴趣”这几个词。我知道“游览”是曾经去过的，“知道”是可以听说过的，“感兴趣”是可以想了解的。

文文：也就是说，可以是咱们去过的文化遗产，也可以是我们知道的，还可以是我们不太了解，但是想知道的。我想写我的家乡美丽的丽江古城，但是不知道从何下笔。

星星：来做个思维导图吧！回忆下古城里什么是让你记忆深刻的？把想写的内容罗列下来。然后查阅资料，可以通过图书馆、书店、互联网等方式去寻找你所需要的资料，然后把最感兴趣的、最喜欢的内容记下来。

文文：我知道怎么写了！我还可以用列数字、作比较等说明方法，还可以加上图片来使文章更具体直观。

星星：让我们开始动笔写一写，写完后我们来评一评写得怎么样。

我的素材锦囊

星星：我在一篇文章中看到秦始皇兵马俑的描写，我很感兴趣，打算查阅资料向同学们介绍一下。我准备这样写：

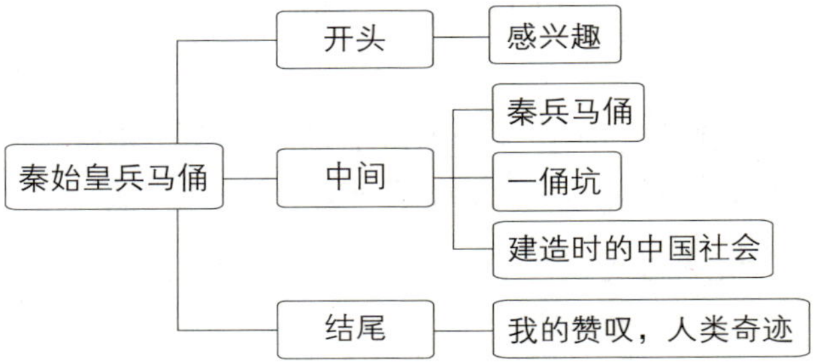

文文：我的故乡在丽江古城，它是我国的世界文化遗产之一，我打算通过导游词的方式进行介绍。这是我的写作思维导图：

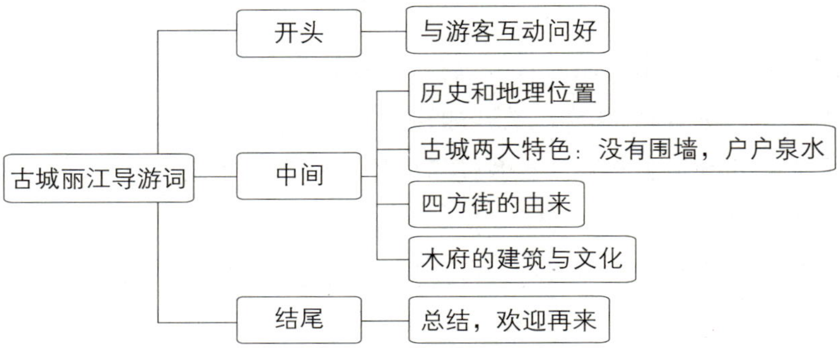

我的思维导图

六 对话积累，激活语言

我收集了许多备用词句，我会根据表达需要选用好词佳段。

一、词语盘点

名胜古迹：风景优美 林木葱郁 幽香四溢 大饱眼福 白玉栏杆
游览胜地 层林尽染 生机盎然 五光十色 金碧辉煌

自然风光：五颜六色 姹紫嫣红 山清水秀 春色满园 千岩万壑
春深似海 秀色可餐 春暖花开 花团锦簇 烟波浩渺

描写建筑：不同凡响 重峦叠嶂 举世闻名 盖世无双 洞天福地
高楼大厦 摩天大厦 雕梁画栋 富丽堂皇 亭台楼阁

高度赞扬：赞不绝口 赞叹不已 叹为观止 交口称赞 万古流芳
山河壮丽 誉不绝口 驰名中外 大名鼎鼎 浩气长存

二、佳句集萃

1. 久慕昆明风景秀丽的大观楼，一向无缘相识；更慕雄踞洞庭的千古名胜岳阳楼，也难得相见。

2. 伊犁河各处展现出她那神话中极乐园般的美景。

3. 洱海，古称叶榆泽，又名昆明池。因这高原湖泊的形状如人耳，才被取名洱海。

4. 古祠设在这绵绵的苍山中，恰如淑女半遮面，娇羞迷人。

5. 大观楼的幽雅壮美，不愧为春城的名胜，滇池的奇绝。

6. 廊柱略向内倾，四角高挑，形成飞檐。屋顶黄绿琉璃瓦相扣，远看飞阁流丹，气势雄伟。

三、精彩首尾

开头：

1. 历史悠悠，我品远古风华；文化绵绵，我读千秋万载。中华五千年悠久绵长的历史长河，淘洗了数不尽的文化遗产。——题记

2. 欢迎大家来到中国历史文化名城——丽江古城。我是今天的导游小胡，很高兴接下来的行程我们一路相伴。请大家随我来，我们边走边聊。

3. 登上长城，你会为它绵延万里的气势所折服，你会为它雄伟壮丽的身姿所震撼，你会为它坚固苍雄的霸气所感慨。这就是中国的长城，世界的骄傲！它巍峨不屈，屹立不倒！每个人登上长城，油然而生一种气吞山河的豪迈。

4. 在拉萨，有一个神奇传说流传最广，那就是从东墙上扔下一只羊，当它掉到墙底的时候，就会被劈成两半；而从另一边的西墙上即便扔下一颗鸡蛋，掉到墙底时却可以完好无损！

结尾：

1. 游客朋友们，古城的魅力不仅在于她优美的自然风光和独特的建筑风格，更在于她悠久的历史文化和浓郁的人文风情。我们今天沿水溯源，仿佛穿越千年。即将分别，祝愿大家旅途愉快！

2. 长城有极高的旅游观光价值和历史文化意义。现在经过精心开发修复，山海关、居庸关八达岭、司马台、慕田峪、嘉峪关等处已成为驰名中外的旅游胜地。登高远眺，凭古怀幽，古战场的金戈铁马似乎就在眼前。如今，中国的长城与埃及的金字塔、罗马的斗兽场、意大利的比萨斜塔等同被誉为世界七大奇迹之一，是中华民族古老文化的丰碑和智慧结晶，象征着中华民族的血脉相承和民族精神。

3. 大运河既已完成，就不是哪个人的了，而是整个中华民族甚至整个人类的。多少年后一声锤响，京杭大运河被认定为世界文化遗产。这也是

对当初通过肩挑背驮，创造这个穿越千年岁月的伟大工程，来为后人传递华夏文明的无数劳动者的肯定和赞颂。

七 对话自我，升格提优

一、左右对比，巩固写作要点

原文：

秀美黄山

周锦楠

黄山位于安徽省南部黄山市境内，是世界文化与自然双重遗产，世界地质公园，国家AAAAA级旅游景区，中华十大名山，被誉为“天下第一奇山”。

黄山原名“黟山”，因峰岩青黑，遥望苍黛而得名。后因传说轩辕黄帝曾在此炼丹，故改名为“黄山”。

天都峰为黄山三大主峰之一，海拔1810米。古称“群仙所都”，意为天上都会，故取名“天都峰”。我们乘坐世界最长的客运索道上天都峰。当坐在索道车上，于空中行进时，只见周围一片苍茫的云海，汹涌地翻滚于群

提升点：

作为文章开篇较长，成了资料的堆积。建议开篇可点题，简述游览地点，另起一段介绍黄山的基本情况。

介绍游览行程和游览体验，明显偏离文章主题，应该删去。

升格文：

秀美黄山

周锦楠

暑假八月中旬，我怀着好奇又兴奋的心情和爸爸妈妈来到了素有“五岳归来不看山，黄山归来不看岳”赞誉的黄山风景区。

黄山位于安徽省黄山市境内，被誉为“天下第一奇山”。黄山一共有七十二峰，主峰莲花峰与光明顶、天都峰并称三大黄山主峰。黄山的代表景观有“四绝三瀑”，即奇松、怪石、云海、温泉；人字瀑、百丈泉、九龙瀑。

我们乘坐世界最长的客运索道上天都峰。天都峰海拔1810米，西对莲花峰，东连钵盂峰。天都峰，古称“群仙所都”，意为天上都会，

山之中，隐隐约约还可以看到高耸入云的险峰。山上石芽遍布，奇石秀木结伴而生，犹如仙人造就的盆景大观园。站在山顶，映入眼帘的是一幅绝美的图画。我俯瞰群山，体会到了古人“会当凌绝顶，一览众山小”的感觉。奇山秀石在浓雾的笼罩下显得格外神秘，山上树木郁郁葱葱，给山峰染上了一层层错综复杂的绿。远处，几只鸟在空中盘旋着，还有一些鸟自由自在地在山峦间飞翔，好不惬意！在阳光的照耀下，鸟儿们的羽毛好像镀了一层金光，恍若天外使者。天都峰上另有仙桃石、天梯、鱼背等奇景，以及探海松、舞松等奇松。

从天都峰下来后，我们很累，就坐在景区的石阶上休息了好一会儿。接下来我们去看莲花峰。

莲花峰海拔1864.7米，是黄山最高峰，也是华东地区第一高峰。站在百步云梯下面的观景台可以看到“老

应该删去记叙“我”活动的句子，建议详细介绍三大主峰的特点。

故取名“天都峰”。此峰特色是健骨竦桀，卓立地表，险峭雄奇，气势博大，在黄山群峰中，最为雄伟壮丽。古时天都无路，难登峰顶，现在则有索道可以直达峰顶。天都峰上有仙桃石、天梯、鱼背等奇景，以及探海松、舞松等奇松。峰壁巨岩上，还有“登峰造极”等石刻。

比天都峰更高的是莲花峰，莲花峰海拔1864.7米，是黄山最高峰，也是华东地区第一高峰。此峰峻峭高耸，气势雄伟。因主峰突兀，小峰簇拥，俨若新莲初开，仰天怒放，故名“莲花峰”。站在百步云梯下面的观景台可以看到“老僧入定”“鳌鱼吃螺蛳”“老鼠偷油”等怪石景观。

介于天都峰、莲花峰之间的是玉屏峰，黄山36个小峰之一，海拔1716米。峰壁如玉雕屏障，故名“玉屏峰”。玉屏峰前有巨石如平台，左有青狮石、迎客松；右有白象石、送客松、立雪

僧入定”“鳌鱼吃螺蛳”“老鼠偷油”等怪石景观。

然后我们就去爬玉屏峰。玉屏峰的迎客松是黄山的代表和象征，更是黄山人的化身和骄傲，她不仅被黄山人视为珍宝，更被中国人视为国宝。

最后，我们到达光明顶。光明顶是黄山第二高峰，海拔1860米。光明顶上不时有云雾翻腾，气势磅礴，犹如人间仙境。

到了告别黄山的时候了，我依依不舍，一步一回头地离开了。我永远忘不了黄山如诗如画的美景，心中更增添了一份对祖国的热爱与自豪。

结尾过多渲染自己的参观感受，没有点明景区特点和文化价值。

台。玉屏峰上的迎客松，则是千千万万黄山松中的至宝，她雍容端庄，仪态万方，让人魂牵梦绕，流连忘返。迎客松是黄山的代表和象征，更是黄山人的化身和骄傲，她不仅被黄山人视为珍宝，更被中国人视为国宝。

黄山景区的雄山怪石、奇松险壑、摩崖古刻、云海烟云构成景区景观的主体。它真是一座风景秀美的自然之山，更是大自然馈赠人类的自然文化遗产。

二、与同学互改互评

同学的修改建议

三、自我修改评价

我的评价

四、此次作文评价参考标准

评价参考标准

1. 内容具体，语句通顺。（加 1 ★）
2. 把某处文化遗产的特点介绍清楚。（加 1 ★）
3. 用了列数字、作比较等说明手法。（加 1 ★）
4. 材料的选择能从多方面多角度介绍中心内容。（加 1 ★）
5. 有一定情感价值观的表达。（加 1 ★）

16 漫画的启示

陈栽英

漫画能让我们会心一笑，也会让我们有所思考。你能读懂下面这两幅漫画吗？从中获得了什么启示？

（图）华君武

这次习作，让我们写一写从漫画中获得的启示。可以从上面两幅漫画中选择一幅来写，也可以写其他漫画。写的时候注意以下几点：

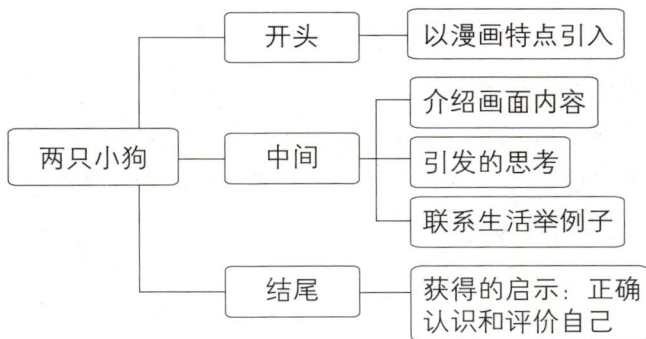

- 两只小狗
  - 开头
    - 以漫画特点引入
  - 中间
    - 介绍画面内容
    - 引发的思考
    - 联系生活举例子
  - 结尾
    - 获得的启示：正确认识和评价自己

写完后，同学互换习作读一读，看看从漫画中获得的启示是不是写清楚了，再根据同学的建议修改。

一 对话名师，明确要求

星星：老师，这次作文要求写漫画的启示，那么什么是漫画？我们又该怎么写这篇文章呢？

老师：漫画是一种具有强烈的讽刺性或幽默性的画面。画家从生活现象中取材，通过夸张、比喻、象征等手法，来讽刺、批评或表扬某些人或事，引人深思，给人启迪。因为漫画多取材于社会现实和热点问题，所以具有强烈的时代感和现实性。同时我们也要写清楚两部分内容：先写清楚漫画的内容，再写清楚受到的启示。而要写清楚这两部分内容，观察漫画、读懂漫画是第一步，也是至关重要的一步。

星星：那么怎样观察漫画，读懂漫画呢？

老师：观察漫画，我们可以从人物的形体、相貌、服饰等，判断人物身份；从人物的表情、动作，推测人物的思想；画中如有文字，不管是画面中人物语言、提示语还是标题，都不要忽视，因为，这些文字恰恰是点明漫画主题或中心的重要凭证。文章有文眼，诗歌有诗眼，漫画也有漫画眼，最能引人发笑、发人深思的地方就是漫画眼所在之处。

文文：老师，写作时有什么注意点吗？

老师：《伊索寓言故事》往往会在篇末揭示寓意，这寓意是通过文字告诉读者的。而漫画的启示则需要通过我们在读懂整幅漫画的基础上，联系现实生活去思考才能得出来。所以写作时，我们除了要写清楚“漫画的内容”和“受到的启示”这两部分内容外，还要注意把漫画可笑之处用幽默风趣的语言细腻地表现出来。另外，启示部分要注意联系实际，选择具体事例进行描述，使自己的观点更清楚，理由更充分。

二 对话课文，感悟表达

老师：我们先来读读第八组课文，看看作者是怎样运用幽默风趣的语言进行表达的？运用了哪些表达方法？

星星：我来说说《杨氏之子》这篇课文。这虽是一篇文言文，但却非常有意思。作者抓住人物的语言、动作描写，将杨氏子“甚聪慧”描写得惟妙惟肖，尤其是杨氏子与孔君平的对话。“此是君家果”字面意思为“这是你家的水果”，实际上是孔君平在以杨梅的“杨”和杨氏的“杨”的联系开玩笑，不露声色地考验杨氏子；而杨氏子也不甘示弱，他的回答也在对方的姓上做文章。这样的对话描写，不仅幽默风趣，更体现出了杨氏子的聪慧机敏。

文文：《手指》这篇课文也很有趣。如大拇指：“……拉胡琴，总由其他四指按弦，却由他相帮扶住琴身；水要喷出来，叫他死力抵住；血要流出来，叫他拼命按住；重东西翻倒去，叫他用劲扳住……”作者将手指当成人来写，使人倍感亲切与有趣。作者还运用准确的动词和排比的手法，如“相帮扶住”“死力抵住”“拼命按住”“用劲扳住”等，写出了大拇指力气大、吃苦耐劳的特点。

星星：我也有同感。你看中指的描写：“他永远不受外物冲撞，所以曲线优美，处处显示着养尊处优。”在作者幽默诙谐的语言中，我们充分感受到了中指养尊处优的幸福。文中，作者还运用恰当的比喻，把无名指和食指喻为关公身边的关平和周仓，不仅生动有趣，而且将三指的关系描述得相当传神。这样的语句，课文中还有很多。

老师：除了这两篇课文，《童年的发现》又有什么有趣的描写呢？

文文：《童年的发现》采取倒叙的方法，一开始就吊起读者的胃口，之后回忆部分按照时间的先后顺序来写，语言风趣幽默，让人忍俊不禁。

星星：“我的发现起始于梦中飞行……”这一段，作者描写了自己在梦中的奇妙经历，利用想象的手法和夸张的描写，让梦里的情境奇妙又有趣。

文文：课文里，“我”与老师的对话也特有趣，尤其是关于胚胎发育的第一次探讨，“我”一直刨根问底地追问老师，每一个问题都表现出“我”极大的好奇心。还有课文的结尾也与众不同，富有趣味。

我感悟的方法

三 对话高手，学习方法

认识一下作文高手童话。

书柜是这个女孩最爱的风景，她喜欢与书中的作者对话，喜欢边喝着奶茶，边让自己的思绪在笔尖流淌。她热爱在古筝声中徜徉，也享受在舞台上拿着话筒侃侃而谈。她拿到了古筝七级证书，也对学了五年的主持情有独钟。她曾代表浙江唯一选手站在北京的舞台演讲，心中一直有一个成为主持人的美好愿望。

假文盲，真“心”盲

童 话

我喜欢漫画，那夸张的画面、风趣的情节，总能让我会心一笑。漫画不仅能带来笑声，同时也能让人陷入沉思……

今天上网时，我看到了华君武的漫画《假文盲》，在忍俊不禁的同时，内心也产生了极大的震撼。在公交车站台旁，有一条母子上车专用通道，通道里站着四个男人，而抱着孩子的妈妈却被挤在一旁，无人问津。这四个大男人：第一个穿着厚大衣，双手插在口袋中，皮鞋锃亮，看起来像是一名公务员；站在他后面的男人身材极为健硕，一身笔挺；第三个男人带着一副眼镜，神态温和，彬彬有礼，好像一位满腹诗书的作家；站在最后的男人穿着一身干净的大衣，带着一个口罩。这四个男人眯着眼睛，斜着脑袋，笔挺挺地站在赫然写着“母子上车处”的牌子下，一副理所当然的模样。

我默默地看着漫画，愤怒之情不由得涌上心头：“母子上车处”是为了照顾妇女和孩子这些弱势群体而专设的，可现在却被这四个大男人捷足先登，难道他们是文盲，不认识牌子上的字吗？不，他们认识，他们衣冠楚楚，满腹学识的模样，怎么可能是文盲呢？他们只不过是为了一己之私，假装文盲罢了。他们怎么站得住？难道他们没有公德心吗？看着漫画，我心里越来越气愤。

由此，我联想到了社会上很多的“假文盲”现象：公交车上的“老弱病残爱心专座”，上面坐着的不是

> **星星的点评**
>
> 开门见山，直接引入漫画。
>
> 具体描述漫画内容，通过人物的动作、神态、外貌等细节描写，表现了漫画中人物的可笑。
>
> 通过一连串的追问，写出了内心的疑惑与愤懑，明确了漫画笑与讽刺之处。
>
> 由漫画联想到生活实际，揭示社会存在的一些“假文盲”现象，引起读者共鸣。

孕妇、老人，而是身强力壮的年轻人；医院到处贴着“禁止吸烟”的警示语，却有人不管不顾，肆意地吞云吐雾；公园里随处可见“不要乱扔垃圾”“小草青青、足下留情”等标语，可是呈现在眼前的却是一片狼藉……

另外，在新冠病毒肆虐期间，一个视频也在网络上流传甚广：某小区门口，人们正在有序地进行体温检测。一个西装革履、手提公文包的男人，横穿队伍，堂而皇之地从“先量体温再进小区”的警示牌前大步流星地走过，对工作人员的提醒置若罔闻。这与那四个男人又有何区别，他们也许是智商极高的社会精英，但却不是道德规范的现代文明人，他们不是现实的“文盲”，是道德的“真心盲”，在私利面前，丑态毕露。

联系当前社会实际，通过具体事例再次揭示社会“假文盲”现象，引起人们深思。

通过对比描写，再次讽刺“假文盲”不可取行为。

社会在进步，有些人的思想品格却日渐堕落，这是多么令人心痛啊！朋友们，让我们携起手来，为社会筑起一道美好、文明的风景线吧！不要做“假文盲”，做一个有公德心的社会文明人！

发出号召，点明主题，使文章首尾相连，浑然一体。

星星梳理的思维导图：

星星：童话，我认真欣赏了你的作文，还梳理了

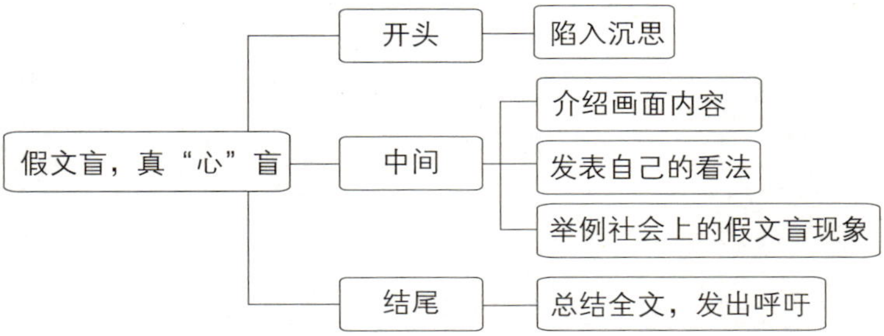

文章的思维导图。我发现你是按照“描述漫画内容——发表自己看法——举出事例说明——最后发出号召”这样的顺序来写的，对吧？我想问你，关于漫画内容的描述，你怎么会写得这么详细？

童话：星星你说得对，我就是按照这样的顺序写的。因为写清楚漫画内容，是写好这篇习作的基础，也是关键。要把漫画内容写清楚，就要仔细观察漫画，不放过任何一个细节，因为画上的每一个符号都是有作用的。每个人物你要细致地描写，一个也不能马虎，我们可以从他们的穿着打扮去推断人物，从他们的动作、神态去推测人物内心思想，然后用幽默、夸张的语言描写出，通过讽刺性语言写出他们的可笑之处。

文文：童话，我看你文章中举了很多事例，这些事例，你是怎么选择的，又是怎么安排的？

童话：对的，我举了五个例子，分成两大类，一类是我们日常生活中经常碰到的不文明、没公德的现象，我采用一句话概括的方式，把它们归到一个自然段，以引起人们思考，呼吁人们不要做“假文盲”；还有一类是发生在新冠肺炎疫情期间的典型案例，两个事例我一详一略进行描写，以启迪人们不管什么时候，都不要做伤害别人、没有公德的事。这些事例都有一个共性：比较典型，又是当前非常热门的。

我的发现

四 对话佳作，开拓思路

不种树，怎乘凉？

王 怡

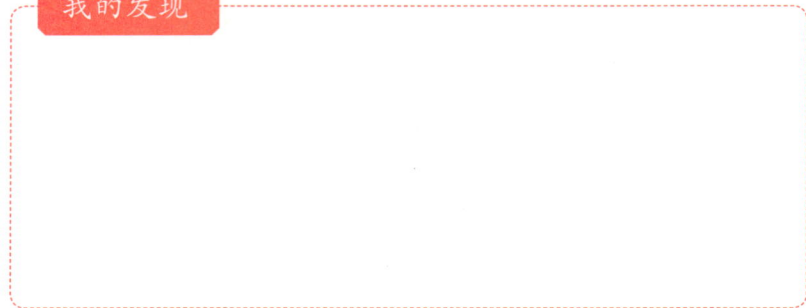

前几天，我在网上看到了一幅漫画，漫画内容让我捧腹大笑。漫画中，有一个戴着眼镜的大男人悠闲自在地靠坐在一棵刚种好的小树苗旁，原本笔直的小树苗被这个大男人靠得背都挺不直了。一个园丁拿着洒水壶站在他的旁边，好奇地问："你在干什么呢？"那个大男人转过头，懒洋洋地回答："等着乘凉。"

看到这，我就开始笑了，同时也替他悲哀起来：这是一棵刚种下的小树苗，你怎么乘凉？难道它顷刻间就会长成参天大树吗？树长大难道不需要水来浇灌吗？你为什么不和园丁叔叔一样拿起水壶来浇灌它呢？难道你就想不劳而获吗？一连串的问题就像洗澡时的泡泡接连不断地从我心中冒了出来。我哑然失笑，笑他痴人说梦，妄想不劳而获；我悲从心来，悲叹他竟然不知道"没有付出就不会有收获"的道理。

在生活中，像这个大男人一样想不劳而获的人也

文文的点评

概括漫画内容，简洁明了，引人发笑。

一连五个疑问，层层递进，表现了漫画中人物的可笑之处。

有很多。

我读三年级时，就有这么一个同学。有一次课上，老师问我们未来想去哪个大学学习。那位同学最先举手回答："老师，我想去国内的高等学府——清华大学。"按照他的这个标准，下课的时候理应努力学习，但是一下课，他就和其他的同学玩游戏、聊天，早把这个愿望抛到九霄云外了。或许，玩的乐趣早已经大过了努力学习的意义。看到这儿，我禁不住想问问他："如果你不努力学习，又怎么可以保持成绩优秀？""如果你成绩不优秀，又怎么可能被清华大学录取呢？"世上可没有不劳而获、坐享其成的好事。

举身边同学与邻居事例来说明，更有亲切感，更容易激起读者共鸣。

我们小区43岁的老王，是一家公司的职员。他认为自己的运气好，一直幻想着买彩票一夜暴富，所以工作不努力，研究彩票倒起劲，从而深深陷在不劳而获的"泥潭"之中。随着时间的推移，"泥潭"越陷越深，业绩也是越来越差。不久之后，老王就被公司开除了，最后结果可想而知，五百万没有到手，债倒是欠了一屁股。

学习不认真，却想着被高等学府录取；工作不努力，却想着买彩票一夜暴富，这些人又与不给树苗浇水，只等待乘凉的大男人有什么区别呢？磨灭同学认真学习的是玩乐，磨灭老王努力工作的是幻想，而这些都离不开"不劳而获"的恶劣思想，这种思想就像虫子，会慢慢地侵蚀他们的心灵，直至颓废。

将两种"不劳而获"的行为，同漫画中人物的行为进行比较，表明了自己的看法，揭示了漫画的内涵。

看着这幅漫画，我不仅感慨道：要收获就必须付出努力。只有拒绝坐享其成的人，才会在奋斗中得到收获。不种树，怎乘凉？不付出，哪来收获？

反问式结尾，引人深思。

文文梳理的思维导图：

- 不种树，怎乘凉
  - 开头
    - 描述画面内容
  - 中间
    - 我的悲叹
    - 联系生活举例子
    - 议论分析
  - 结尾
    - 发出感慨，揭示主题

请抬起你的头

金俊豪

漫画各种各样，有的让人忍俊不禁，有的让人愤愤不平，有的让人念念不忘，而今天这幅漫画，却让人感叹万分。

漫画很简单，一条宽阔的大街上，挤满了人，却散发着一种冷清，仿佛这条街没有一个人一样。造成这样情况的罪魁祸首便是时代的产物——手机。人人一部手机，头不抬，眼不看，即使走路，视线也舍不得离开手机屏幕，只是如同拄着拐杖行走的盲人一般，神情淡漠，毫无情感，也察觉不到危险的逼近。

星星的点评

（我能帮星星补充完整余下部分）

以排比的手法写出漫画的特点，并借机巧妙地引出下文。

用比喻方式写出了手机对人的诱惑之大。

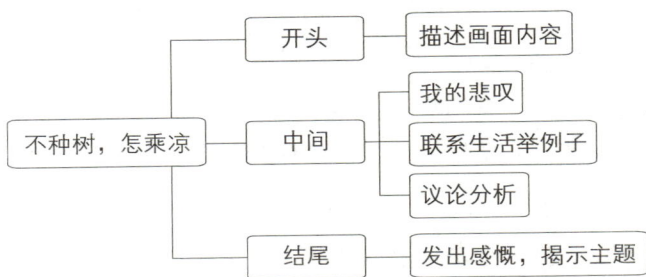

时代的变迁让人们的生活质量有了极大地提升，但却始终无法让生活变得完美。它的迷惑功夫，会让人上瘾，让人沉迷其中。

记得前几天看到一则新闻，一个妇女因过马路看手机，结果被一辆闯红灯的大卡车撞飞……像这样的新闻在社会上已经是屡见不鲜。更为甚者，竟然还有人边开车边看手机，直接将车开到了人行道上，撞坏了护栏，撞伤了行人，撞得车子面目全非。这种行为，无疑就是在玩命，不仅害了自己，害了家人，还害了更多无辜的家庭。

这一切的凶手无疑就是手机，但造成这一切的原因还是我们自身。其实科技的进步本身没有太大的过错，人们需要和世界交流，而手机便扮演了这个角色。手机借着它的优势，慢慢地“绑架”了沉迷于它的人们，让这些“低头族”逐渐沦落为它的“奴隶”，供它差遣、操控。然后，手机还损害着人们的视力，还用它那强大的功能吸引着人们，侵吞人们的亲情。渐渐地，人们交流少了，活动少了，乐趣单一了。手机彻底“俘虏”了人们！

其实，生活不只有手机，还有诗和远方。你可以用刷朋友圈、刷微博的时间来看一本著作；你可以用逛淘宝、追剧的时间来进行一次远足。当你被书中的内容触动心灵并获益匪浅时，当你惊叹于大自然的雄伟壮丽和星空的浩瀚时，你便会真真切切地感受到生活的美好，这都是手机无法给予你的。

请抬起您的头吧，低头一族们！抬起头来，望望前方明媚的阳光和美好的未来吧！

我能帮星星补充完整余下部分的思维导图：

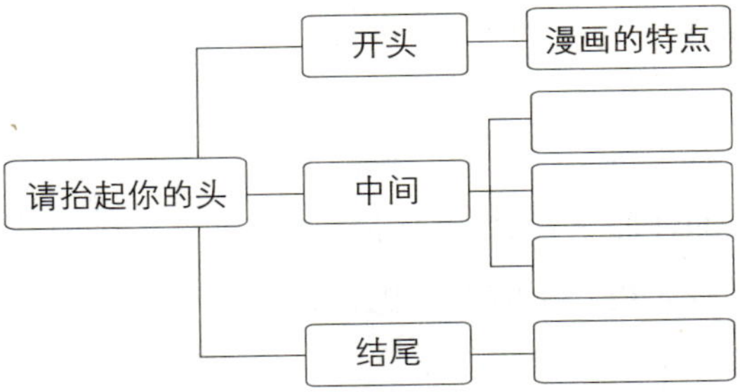

这下面没有水

任佩妤

我的点评

我是个漫画迷，每逢看漫画，都会不由自主地发笑，有时还笑得肚子阵阵发痛。可这幅漫画，却让我怎么也笑不起来。

有一个拿着铁锹、穿着长靴的年轻人，手臂上搭了条白毛巾，正在一块富含水源的土地上挖井找水。他已经连续挖了4口深浅不一的井，最深的一口井，离地下水源只有不到10厘米，如果再继续挖一会儿，就可以挖到清澈的泉水了。但遗憾的是，这个年轻人放弃了，他一边走，一边说：“这下面没有水，换个地方挖。”

看完了这幅漫画，我陷入沉思，脑袋里不住地回放那句话“这下面没有水”。难道这下面真的没有水吗？并不是，是因为他没有坚持下去，因为他没有耐心。要知道，一个人如果不懂得坚持，总是半途而废，那他一件事也做不成。我不禁想起了发明家爱迪生，他发明电灯时，经历了13个月的艰苦奋斗，试用了6000多种材料，试验了7000多次，最终成功发明了电灯；我也想起了古代名医李时珍，他在创作《本草纲目》时，翻山越岭，不畏艰辛，走遍世界各地，访问了许多不同地区的人，不论是农民、工人还是马夫，无一不是他的老师，正因为李时珍这种谦虚勤学的品质和持之以恒的精神，才使他完成了这一巨作。这种种案例，无不说明一个道理——坚持就是胜利。试想一下，漫画中的年轻人如果也有这种精神，继续坚持不懈地挖下去，相信他很快就可以找到水源。

在我们生活中，这种半途而废的人似乎很常见。我的邻居小怡，心血来潮说想学古筝，她妈妈便带她去上古筝课。一个学期下来，她又说古筝太枯燥不想学了。现在，她同我一说起这件事，便只剩下满心的后悔，后悔自己当初为什么要放弃，为什么没有咬咬牙坚持下去。其实，我自己也是一样，看到别人都去学画画，便也凑热闹跟着去，半个学期下来，因学业太忙，怕两边水端不平，便放弃了画画。如今，每逢看到绘画班的同学在纸上绘出的一幅幅优美的作品，心里便不是滋味。还有，平日里我和爸爸妈妈聊天，和叔叔阿姨闲谈，也时常能听到他们这样那样的后悔之意，这都是没有坚持的结果。

这幅漫画再次提醒我们：做任何事情面对困难时，千万不要逃避，更不能半途而废，要学会坚持不懈、锲而不舍。

我梳理的思维导图：

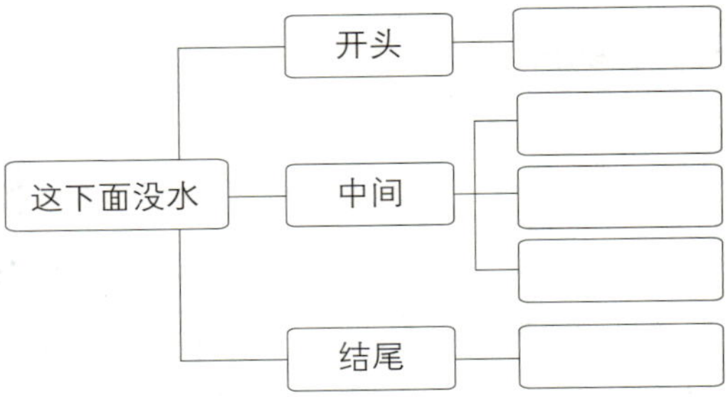

五 对话体验，整理素材

老师：同学们，你们都看过哪些漫画？印象深刻的又有哪些呢？那么多漫画，要你选择一幅作为习作内容，你会怎么选呢？我们先和伙伴们一起讨论讨论吧！

星星：我平时喜欢看漫画，一有空就会翻翻漫画书，或者上网看看漫画图片。让我印象深刻的漫画有很多，如《父与子》《假文盲》《文明只差一步》等。

文文：我也喜欢看漫画，像环保类的、教育问题类的、人类文明素养类的，等等，我都喜欢看。印象深刻的漫画也很多，尤其是《挖井》这幅漫画，更是给了我很多启示，让我改掉了平日里做事虎头蛇尾、半途而废的坏毛病。

星星：我觉得应该选择那些会让我们有所思考、有所启迪的漫画来写，如反映环境问题的，现在有些地方环境污染很严重，我们可以通过写文章激发人们的环保意识。

文文：是啊，我们还可以针对现在比较热门的社会问题来选择，如教育问题，现在家长要么揠苗助长，要么一味溺爱，我们可以通过写文章来提醒他们，还有像人类文明、社会公德方面的也可以写。

星星：我们选择漫画，不仅要关注漫画的笑点，更要关注它所反映的深层意义，这样写出的文章才有意义。

文文：对的，“光说不练假把式”，让我们一起去试试吧！

我的素材锦囊

星星：我看到一幅漫画《脑子里有虫》不禁哑然失笑，我想按照“先写清楚漫画的内容，再写受到的启示”顺序来写。这是我的写作思维导图：

图·周月泉

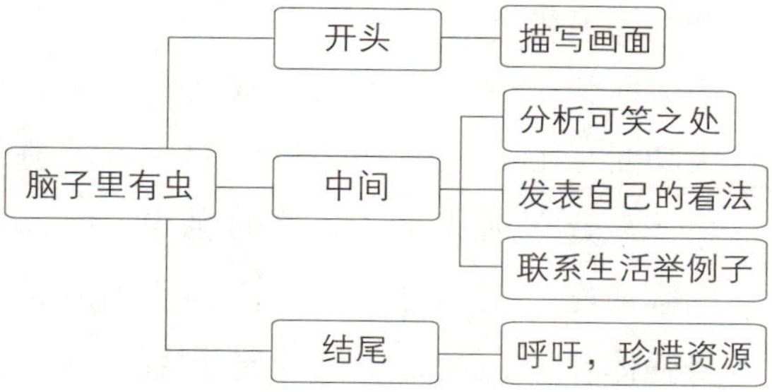

文文：我准备写漫画《两只小狗》，我也想按照“先写清楚漫画的内容，再写受到的启示”这样的顺序来写。这是我的写作思维导图：

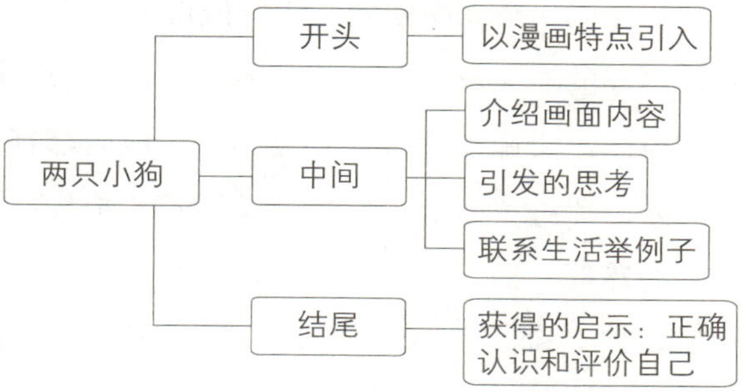

我的思维导图

六 对话积累，激活语言

我收集了许多备用词句，我会根据表达需要选用好词佳段。

一、词语盘点

不劳而获 坐享其成 好吃懒做 游手好闲 好逸恶劳 贪图安逸
无功受禄 自食其力 自力更生 自给自足 独立自主 艰苦奋斗
不辞辛劳 兢兢业业 天道酬勤 独当一面 脚踏实地 努力耕耘
面容消瘦 衣着单薄 衣衫褴褛 蓬头垢面 面黄肌瘦 瑟瑟发抖
身强体壮 衣冠楚楚 衣着光鲜 相貌堂堂 大腹便便 养尊处优
目不斜视 熟视无睹 充耳不闻 无动于衷 若无其事 麻木不仁
尊老爱幼 将心比心 换位思考 设身处地 于心何忍 推己及人

二、佳句集萃

1. 他们一个大腹便便，头发梳得十分整齐，神态自若；一个身材高大，裹着厚厚的军大衣，正在闭目养神；一个戴着眼镜，神情高傲；最后一个戴着口罩，头偏向一方，若无其事。他们都有一个共同点，一看就是有文化的人，却对“母子上车处”五个字熟视无睹。

2. 这些“假文盲”为了一己之私，根本不为他人着想，甚至损害他人利益，他们都是货真价实的“真自私”！这是一种败坏社会公德的行为，是与文明社会水火不相容的可耻行为。

3. 漫画中两人截然不同的行为体现出完全不同的价值观念。前者体现的是“坐享其成”的自私利己和短浅目光，而后者则体现的是“积极努力”的无私奉献和宽广胸怀。

4. 从太空拍摄到的地球，已经没有以前那般绿得生机勃勃了，替代它的是一片片金黄色的沙漠……以前茂密的森林不见了，一棵棵参天大树陆续倒下。为了人类追求的木浆纸，树木一棵棵地牺牲了。

三、精彩首尾

开头：

1. 漫画是各种各样的，有的让我们哈哈大笑，有的让我们愤愤不平，有的让我们念念不忘……今天我看到一幅漫画，它就让我若有所思。（排比式开头）

2. 我很喜欢看漫画，因为幽默诙谐的漫画令我忍俊不禁。而今天，我看了漫画家华君武的作品——《假文盲》，却怎么也笑不出来。（开门见山式开头）

3. 有诗云：“春种一粒粟，秋收万颗子。”但是，吴成同学却不是这么想的。（引用式开头）

4. 今天，我看了一幅漫画，悟出了一个深刻的道理：如果想不付出任何代价就得到幸福，那是神话。（提出观点式开头）

结尾：

1. 勤勤恳恳给小树浇水，才能收获清凉；脚踏实地对待生活，才能收获幸福；自食其力努力奋斗，才能获得成功。（排比式结尾）

2. 让《假文盲》这幅漫画来擦亮那些不讲道德者的眼睛，洗涤他们心中的污点。那么在不久的将来，类似“假文盲”的现象就会消失得无影无踪，我们看到的将是一幅幅人与人、人与自然和谐相处的美好画面。（议论式结尾）

3. 中国古代向来有“百善孝为先”的说法，古代法律也有“不孝者立斩”的法规。地球是人类的母亲，人类这样对待创造自己的母亲，岂不是莫大的不“孝”吗？脑子有虫的人们，要想孝母，还是先治治脑吧！（引

用式结尾）

4. 一个人的举动，可以影响所有人。为了改变人类未来的命运，请珍惜身边的每一滴水，保护我们的蓝色星球，不要再让漫画的事情在我们身边发生！（号召式结尾）

七 对话自我，升格提优

一、左右对比，巩固写作要点

原文：

一幅漫画的启示

袁晨鸣

平日里看漫画，我都会情不自禁地笑出声来。可今天我看了一幅漫画，却怎样也笑不起来。画中大街上，各种车辆在道路上来来往往，川流不息。这时，有三个人行色匆匆，准备跨过护栏横穿马路。人行道上有一个小男孩看见了这一幕，拉住妈妈激动地喊："妈妈，刘翔！"他的妈妈也被"刘翔"这种"潇洒动作"吓出了

提升点：

对漫画内容概述得很清楚，但对漫画中主要人物的描写可以更细致，尤其是这"三个人"，可以用幽默夸张的语言进行描写，以讽刺其可笑之处。

升格文：

一幅漫画的启示

袁晨鸣

平日里看漫画，我都会情不自禁地笑出声来。可今天我看了一幅漫画，却怎样也笑不起来。画中，正值上班高峰期，各种各样的车辆在道路上来来往往，川流不息，街道变得拥堵而忙碌。这时，有三个人行色匆匆，准备跨过护栏横穿马路：一个身穿蓝色西装，手提公文包的高个子男人，抬起大长腿，潇洒地"飞"过了护栏，护栏在他身下形同虚设；一个身着黄色衣服的男子，身材矮小，跨不过，就双手扶住护栏准备翻过去；还有一个穿紫色衣服的阿姨，可能是刚将孩子送到对街的幼儿园，回来时也不顾形象地跨过了护栏。本来秩序井然的车流一下子被打乱了，司机们

一身冷汗。

看完这幅漫画，我的心里不禁产生疑问：“这个‘飞’人真的是刘翔吗？”他和刘翔真的一样吗？不，他不是刘翔，他们和刘翔一点儿也不一样。他们这样做，只会使原本已经危险的马路，变得危机四伏。他们这样不珍惜自己生命的行为，还会给孩子留下不好的印象，让不谙世事的稚子跟着模仿。

由此，我也想到了现实生活中一些不遵守社会公德、不珍惜自己生命的行为：横穿马路、闯红绿灯、乱开车道、趁着黄灯三秒钟时间跑过去……我走在路上，常常遇到这种人。

既有坏，便有好。在生活中，那些遵守社会公德的人也随处

由漫画谈看法写得不错，如果对刘翔能稍作介绍，并让“飞人”与刘翔进行比较，就更能讽刺其不文明行为，也更能突出漫画的寓意。

联系生活实际中的人或事进行说明，不要只是概括地介绍，可以增加一两个具体事例，这样可使论述更详实。

急踩刹车，差点造成起交通事故。人行道上有一个小男孩看见了这一幕，拉住妈妈激动地喊：“妈妈，刘翔！”他的妈妈也被“刘翔”这种“潇洒动作”吓出了一身冷汗。

看完这幅漫画，我的心里不禁产生疑问：这个“飞”人真的是刘翔吗？他和刘翔真的一样吗？不，他不是刘翔，他和刘翔也不一样。刘翔是我国田径史上的一个奇迹，是奥运会冠军获得者，是为国争光的英雄。而这个“飞”人呢，什么也不是。他这样不遵守交通规则，只会给社会带来极坏的影响。他们这样做，只会使原本已经危险的马路，变得危机四伏。他们这样不珍惜自己生命的行为，还会给孩子留下不好的印象，让不谙世事的稚子跟着模仿。

由此，我也想到了现实生活中一些不遵守社会公德、不珍惜自己生命的行为：横穿马路、闯红绿灯、乱开车道、趁着黄灯三秒钟时间跑过去……我走在路上，常常遇到这种人。有一次，有个孩子看到了一个男子横穿马路，便学习男子的模样，从栏杆中间跨过去，幸亏路人将其拦下，不然就是一场悲剧。还有一次，我看到一名男子在路上乱扔垃圾，一

可见，如社区里的志愿者，他们遵守社会公德，扶老奶奶过马路，帮助行动不方便的人购买生活用品，在社区中组织捐款活动……他们为我们树立了学习的好榜样。

这幅漫画，向我们展示了社会中各形各色的人，它仿佛在对我们说：“做人，做事，都要遵守社会公德，保护他人，就是保护自己。”

名环卫工人看见了，便走到公路上去扫，就在这时，一辆重型卡车开了过来……幸亏，车主反应灵敏，及时刹车，不然又会发生惨祸。这样的事例数不胜数。

既有坏，便有好。在生活中，那些遵守社会公德的人也随处可见，如社区里的志愿者，他们遵守社会公德，扶老奶奶过马路，帮助行动不方便的人购买生活用品，在社区中组织捐款活动……他们为我们树立了学习的好榜样。

这幅漫画，向我们展示了社会中各形各色的人，它仿佛在对我们说：“做人，做事，都要遵守社会公德，保护他人，就是保护自己。”

二、与同学互改互评

同学的修改建议

三、自我修改评价

我的评价

四、此次作文评价参考标准

评价参考标准

1. 内容具体，语句通顺。（加1★）
2. 写清楚漫画的内容，写出漫画可笑之处。（加1★）
3. 联系生活中的人或事举例2—3个。（加1★）
4. 写清楚受到的启示，语言简洁明了。（加1★）
5. 语句优美，用上比喻、拟人、排比等修辞手法。（加1★）